21世纪高等院校旅游管理类创新型应用人才培养规划教材

旅游经济学

魏　鹏　杜　婷　主　编

常承明　参　编

王三北　主　审

北京大学出版社
PEKING UNIVERSITY PRESS

内 容 简 介

本书回归“旅游”与“经济学”的本义，借助经济学的思维与方法审视旅游行为与现象，立足于旅游活动中生产什么、如何生产、为谁生产三个核心问题，依据经济学“产品—需求—供给—产品市场—要素市场—市场失灵—产业”的逻辑顺序展开。本书共 8 章，每一章都包括了学习目标、知识结构、正文、本章小结、复习思考题等，正文中穿插导入案例、参考资料、案例分析、知识链接等辅文，对理论在实践中的运用进行展开说明。本书尽量将新的旅游经济理论成果与实证研究结论融入书中，体现前沿性，也引导学习者立足基础理论进一步学习、理解学科前沿。本书每章中的主要知识点均采用案例情景设置与理论介绍相结合的方式，夹叙夹议、深入浅出、贴近实际，在体现系统性基础上，凸显可读性与实用性。

本书可作为旅游管理专业学生的专业学习教材，也可作为旅游管理人员的培训教材与学习参考书，还可作为旅游投资者与旅游者的自学参考书。

图书在版编目(CIP)数据

旅游经济学/魏鹏，杜婷主编. —北京：北京大学出版社，2016.9

(21 世纪高等院校旅游管理类创新型应用人才培养规划教材)

ISBN 978-7-301-26190-3

Ⅰ. ①旅…　Ⅱ. ①魏…　②杜…　Ⅲ. ①旅游经济学－高等学校－教材　Ⅳ. ①F590

中国版本图书馆 CIP 数据核字(2016)第 067458 号

书　　名　旅游经济学
　　　　　Lüyou Jingjixue
著作责任者　魏　鹏　杜　婷　主编
责 任 编 辑　刘　翯
标 准 书 号　ISBN 978-7-301-26190-3
出 版 发 行　北京大学出版社
地　　址　北京市海淀区成府路 205 号　100871
网　　址　http://www.pup.cn　新浪微博：@北京大学出版社
电 子 信 箱　pup_6@163.com
电　　话　邮购部 010－62752015　发行部 010－62750672　编辑部 010－62750667
印 刷 者　北京虎彩文化传播有限公司
经 销 者　新华书店
　　　　　787 毫米×1092 毫米　16 开本　15.75 印张　378 千字
　　　　　2016 年 9 月第 1 版　2021 年 1 月第 3 次印刷
定　　价　35.00 元

前　言

经过改革开放三十多年特别是新世纪以来的发展，我国旅游业已进入大众化、产业化发展阶段，人民群众的旅游消费需求持续增长，旅游产业体系已基本建立。2013年，我国国内旅游市场规模全球排名第一，出境旅游消费量全球排名第一，旅游外汇收入位居世界第四。《中华人民共和国旅游法》《国务院关于加快发展旅游业的意见》《国民旅游休闲纲要》《国务院关于促进旅游业改革发展的若干意见》相继颁布，旅游产业正在成为国民经济的战略性支柱产业和人民群众更加满意的现代服务业。据预测，到2020年，我国境内旅游总消费额将达到5.5万亿元，城乡居民年人均出游4.5次，旅游业增加值占国内生产总值的比例超过5%。

旅游业在国民经济中的地位不断提升，旅游消费日渐成为大众化消费，使得旅游经济理论对旅游产业发展支撑的作用越来越明显，旅游经济学的学科地位越来越重要。为了适应旅游业发展的需要，本书突出以下几个特征。

1．理论规范性

本书依据经济学的规范体系编写，将经济学规范的理论与方法引入旅游领域。本书摒弃了旅游经济学教材对经济学理论或旅游经济应用的堆砌，依据旅游经济学科内在的逻辑体系进行编写，在总体上分解为微观和产业层次。在微观中依据产品—供给—需求—市场的顺序展开，其内容围绕因旅游产品的特殊性而形成的供给与需求的特征，依据微观经济学基本原理，揭示、介绍旅游经济学微观部分的原理与方法。在产业层次上依据构成—运行—效益的逻辑顺序展开，其内容围绕旅游产业作为服务产业以及综合性强、带动系数大的特点，运用产业经济学基本的原理与方法，揭示、介绍旅游经济学产业部分的原理与方法。

2．应用实践性

本书围绕旅游经济运行中的实践展开，主要通过对旅游业中特定经济案例的分析介绍理论内容与分析方法，夹叙夹议，并辅以导入案例、参考资料、案例分析、知识链接等模块。

3．大众通俗性

旅游已成为人们日常生活的必需，旅游经济知识有助于旅游者的合理消费，有助于旅游经营者的科学投资。本书通过通俗的语言、活泼的图片、典型的案例将旅游经济的知识通俗易懂地展现出来。

4．前沿新颖性

本书反映了旅游经济的最新发展，尽量引用新数据，列举新案例，介绍新理论，展现新成果。

本书由魏鹏、杜婷主编，常承明参编，王三北主审。具体编写分工为：魏鹏编写了第1、2、5、6、7章，杜婷编写了第3、4章，常承明编写了第8章。全书由魏鹏统稿。刘瑾、周思敏、魏芸霞、柳清河等参与了文本的校对工作。

编　者

2015年12月

目　录

第 1 章　绪论……1

1.1　旅游经济学的概念与体系……3

1.1.1　经济学的概念……3

1.1.2　旅游的概念……4

1.1.3　旅游经济学的概念……5

1.2　旅游经济学的研究对象与本书的逻辑框架……6

1.2.1　旅游经济学的研究对象……6

1.2.2　本书的逻辑框架……6

1.3　旅游经济与旅游经济学的特征……7

1.3.1　旅游经济的特征……7

1.3.2　旅游经济学的学科特征……8

1.4　旅游中的经济学思维与方法……9

1.4.1　旅游研究中的经济学思维……9

1.4.2　旅游研究中的经济学方法……12

1.5　旅游经济学的历史与现状……14

1.5.1　国外旅游经济研究……14

1.5.2　国内旅游经济研究……16

第 2 章　旅游产品……21

2.1　旅游产品的概念与构成……22

2.1.1　旅游产品的概念……22

2.1.2　旅游产品的构成……24

2.2　旅游产品的类型……27

2.2.1　按旅游产品消费目的分类……27

2.2.2　按旅游产品整合加工的主体分类……29

2.2.3　按旅游产品的开发程度分类……31

2.3　旅游产品的特征……32

2.3.1　旅游产品的异域性……32

2.3.2　旅游产品的体验性……33

2.3.3　旅游产品的综合性……33

第 3 章　旅游需求与消费……35

3.1　旅游需求……37

3.1.1　旅游需求的概念……37

3.1.2　旅游者的决定……38

3.1.3　旅游需求的影响因素……45

3.1.4　旅游需求弹性……53

3.2　旅游消费……59

3.2.1　旅游消费的概念与特点……59

3.2.2　旅游消费结构……60

3.2.3　旅游中涉及风险的消费决策……61

第 4 章　旅游供给与生产……69

4.1　旅游供给的概念与特征……71

4.1.1　旅游供给的概念……71

4.1.2　旅游供给的特征……71

4.2　旅游供给的主要内容……72

4.3　旅游生产的目标与约束……74

4.3.1　企业及其经济问题……74

4.3.2　企业的约束……76

4.3.3　技术效率与经济效率……78

4.4　旅游企业的短期生产……82

4.4.1　旅游生产决策的时间框架……82

4.4.2　短期生产函数……83

4.4.3　短期成本……88

4.5　旅游企业的长期生产……93

4.5.1　长期生产函数……93

4.5.2　长期成本……95

4.6　旅游供给的影响因素……98

4.7　旅游供给弹性……100

第 5 章　旅游市场……104

5.1　旅游市场的形成……105

5.1.1　旅游市场的均衡与市场的形成……105

5.1.2　旅游市场价格的调整……107

5.1.3　旅游市场的动态变化——蛛网理论……113

5.2　旅游市场的类型……116

5.2.1 旅游中的完全竞争市场......116
5.2.2 旅游中的垄断市场......132
5.2.3 旅游中的垄断竞争市场......147
5.2.4 旅游中的寡头市场......157

第 6 章 旅游要素价格与旅游收入分配......164

6.1 旅游中的要素价格与收益......166
6.1.1 旅游中的劳动市场......167
6.1.2 旅游中的资本市场......174
6.1.3 旅游中的自然资源市场......178
6.1.4 企业家才能......179
6.2 要素收入的构成——经济租、机会成本......179

第 7 章 旅游经济中的市场失灵与治理......183

7.1 旅游经济中的垄断......185
7.1.1 垄断与市场失灵......185
7.1.2 垄断的治理......187
7.2 旅游经济中的公共物品......189
7.2.1 公共物品与市场失灵......189
7.2.2 公共物品的治理......191
7.2.3 共有资源的治理......193
7.3 旅游经济中的外部性......197
7.3.1 外部性与市场失灵......197
7.3.2 外部性的治理......202
7.4 旅游经济中的非对称信息......206
7.4.1 逆向选择——隐蔽信息问题......207
7.4.2 道德风险——隐蔽行为问题......214
7.4.3 委托-代理问题......215

第 8 章 旅游产业结构与效益......221

8.1 旅游产业的概念与特征......222
8.1.1 产业和旅游产业......222
8.1.2 旅游产业的特征......224
8.2 旅游产业的结构......226
8.2.1 旅游产业的结构体系......226
8.2.2 旅游产业结构的优化......228
8.3 旅游产业的关联......229
8.3.1 旅游产业关联的概念......229
8.3.2 旅游产业关联的方式......231
8.4 旅游产业的效益......234
8.4.1 旅游产业市场绩效的内涵与评价......234
8.4.2 旅游产业市场绩效的衡量指标......235
8.5 旅游产业的乘数效应......237
8.5.1 旅游收入乘数的计算......237
8.5.2 旅游乘数的作用......238
8.5.3 旅游收入的漏损......240

参考文献......242

后记......243

第1章　绪　　论

学习目标

知识目标	技能目标
① 掌握旅游经济学的概念； ② 掌握旅游经济学研究的对象； ③ 了解旅游经济学的历史与现状； ④ 了解旅游经济学的特征。	① 理解旅游经济学的概念、研究对象； ② 理解并能初步应用旅游经济学的思维与方法。

知识结构

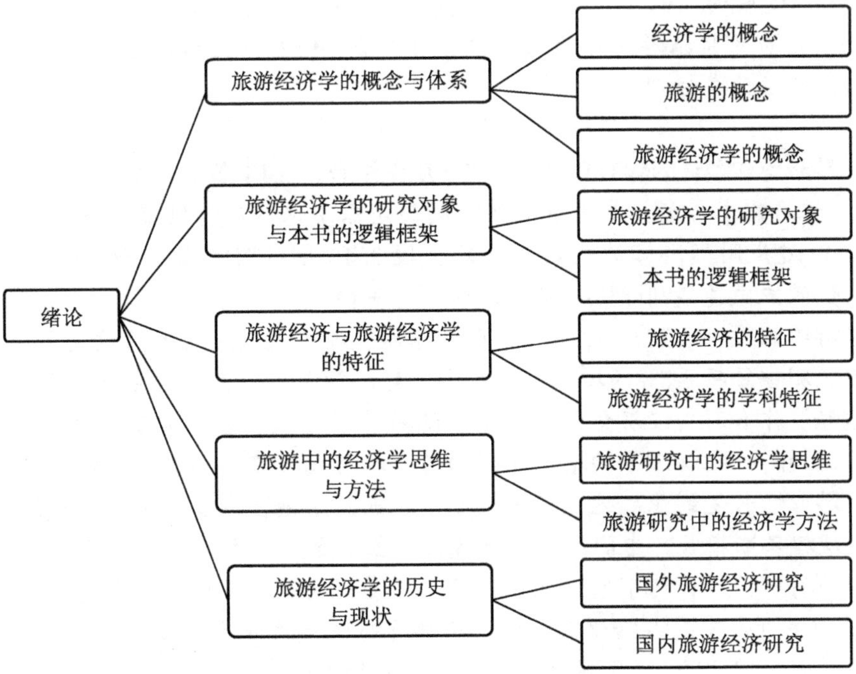

导入案例

(自改革开放以来的)过去35年，我国旅游业从无到有、从小到大，实现了从短缺型旅游发展中国家向初步小康型旅游大国的历史性跨越。

这主要体现在以下五个方面：

——旅游已经从少数人的奢侈品，发展成为大众化、经常性消费的生活方式。国内旅游从1984年约2亿人次增长到2014年的36亿人次，增长了17倍。入境游客从1978年的180.92万人次增长到2014年1.28亿人次，增长了近71倍。

——旅游业已经从外事接待型的事业，发展成为全民广泛参与就业、创业的民生产业。

——旅游业已发展成为综合性的现代产业，旅游业对相关产业贡献大幅提升。

——旅游市场已从入境游为主，发展到入出境旅游并重，深度国际化大交流、旅游外交功能凸显的新阶段。改革开放之初，我国以接待入境旅游者为主，国内旅游仅有小规模的差旅和公务活动，更不存在有规模的出境旅游。经过35年的快速发展，我国形成了国内旅游、入境旅游、出境旅游三大市场三足鼎立的格局。

——旅游业发展由点到面、由局部到整体，形成了各地、各部门全面推进的大格局。几乎所有的省区市都将旅游业作为战略性支柱产业，85%以上的市地州盟、80%以上的市县区将旅游业定位为支柱产业。

(资料来源：李金早. 2015年全国旅游工作会议工作报告(C). 2015-01-16.)

根据世界旅游组织(UNWTO)2014年10月底报告，2014年前8个月，国际旅游接待人次增长5%。旅游需求，尤其是来自北半球的旅游需求依然保持旺盛的增长态势。2014年1—8月，全球过夜国际游客达7.81亿人次，较2013年同期增长3 600万人次。就地区而言，增长最快的依次是美洲(8%)、亚太(5%)、欧洲(4%)。

世界旅游组织预测，2014年全年，国际旅游接待人次的增长率将达到4%～4.5%，略高于该组织预测中每年3.8%的增长率。总体来看，全球旅游继续保持着好于预期的发展速度，为发达经济体和新兴经济体的经济增长均做出了贡献。尤其是在欧洲目的地，国际旅游增长率将达到新世纪以来平均增长率的两倍，旅游成为其经济复苏的重要引擎之一。

世界旅游业增长受到亚太地区的强劲驱动，而亚太地区的发展引擎是中国。第一，国际旅游收入规模不断增长，中国内地在规模上列亚太第一，远高于其他亚太国家/地区；第二，区域内旅游贸易规模均不断增长，区域内贸易成为亚太各国和地区贸易的主要组成部分，18年稳中有升，中国占据亚太区域内旅游贸易规模的首位；第三，亚太和世界各板块间联系更为紧密，13国/地区区域外国际旅游收入均大幅增长，平均年增长率达到5.6%，其中中国增长率最高。

(资料来源：2014年全球经济不景气旅游业成推动经济增长领跑者[DB/OL]. http://travel.people.com.cn/n/2015/0129/c41570-26470482.html[2015-08-12].)。

旅游业是经济社会发展的综合性产业，是国民经济和现代服务业的重要组成部分。近年来，世界旅游经济快速发展，我国旅游经济井喷发展。认识旅游经济发展的内在规律，适应旅游经济发展的趋势，才能推动旅游经济的有序、有效发展。在本章中，我们将学习旅游经济学的概念，它与经济学、旅游学的关系，以及旅游经济学的学科体系、研究方法及提供给我们的思维方法，这是学习旅游经济学首先要了解的部分。

1.1 旅游经济学的概念与体系

1.1.1 经济学的概念

经济学所面临的问题是资源的稀缺性。所有的经济问题都起源于人们所能获得的总是不能完全满足我们的需求。我们想有时间与金钱去旅游，去欣赏体育比赛，去打游戏，去听音乐会；我们想要新鲜的空气、清澈的湖水；我们想拥有宽敞舒适的房子。由于时间、金钱以及我们必须支付的价格及产品等原因，我们每个人所能得到的都是有限的。每个人最后总是有一些欲望得不到满足。从整个社会来讲，我们的生产性资源的多少，决定了我们得到的多少。这些资源包括大自然的恩赐、人类的劳动和智慧以及制造出来的工具和设备。我们的欲望不可能全部得到满足，这种现象称为稀缺性。穷人与富人一样，都面临稀缺。一个孩子想要一个50元的游戏手柄和50元的游乐场项目，但他的口袋里只有50元，他遇到了稀缺性。一位富翁想周末乘坐自己的私人飞机去夏威夷度假，同时又想去北京参加一个企业发展论坛，他也遇到了稀缺性。面对稀缺性，我们必须在各种可能性中进行选择。这个孩子需要选择是游戏手柄还是到游乐场玩，这位富翁需要选择去度假还是参加会议。我们做出什么样的选择，取决于我们面临的激励是什么。激励是鼓励一个人行动的奖赏，或者抑制一个人行动的惩罚。如果这个孩子已经有了一个游戏手柄，他选择到游乐场的激励将大于游戏手柄。如果这位富翁出席这个会议将会使他了解公司未来发展的重要信息，他就有激励放弃去旅行。

思维拓展

没有任何东西的用途比水的用途大，可是它却不能用来交换任何东西……与之相反，一颗钻石几乎没有什么价值，却可以购买到很多别的东西。——亚当·斯密《国富论》

钻石的使用价值不及水，但因为稀缺所以价高。

经济学是研究选择的社会科学。个人、企业、政府都面临选择的问题，因为他们都要与稀缺性以及那些影响和权衡他们选择的激励打交道，这就是经济学需要回答的问题。经济学是研究“人”的选择，从内容上属于社会问题的研究。经济学是科学，它研究并反映的是规律性的问题，但需要明白的是，这些社会领域中的规律性存在于社会整体的现象中而不是单独地存在于个别现象中，它往往以概率的方式反映，这个概率并不是存在于不可知的“可能”中，而是确定的概率。例如，我们真的无法知道随意“一次”上抛硬币落下后到底是正面还是反面，但我们知道任何一面的概率是50%，并且随着我们观察数量的增加，统计结果“必然”越接近于50%；我们真的无法知道当五星级饭店的自助餐打折时某“一个”消费者是否会比平时更多地选择这个自助餐，因为恰好医生叮嘱他只能选择简单的蔬菜，或者他认为带着女朋友去吃打折的自助餐会影响到对方对自己的印象，但我们知道，打折"必然"会使其他没有这些顾虑的人更多地对它做出选择。

经济学分成两个主要的部分：微观经济学与宏观经济学。微观经济学研究个人与企业的选择，这些选择在市场上的相互作用，以及政府对做出这些选择的影响，是关于资源配置的经济学。宏观经济学研究国民经济的运行，其中心问题是在国民经济的整体中，资源如何得到更充分的利用，是关于资源利用的经济学。

经济学的三个重大问题：生产什么、如何生产以及为谁生产。

产品和服务是人们认为有价值并为了满足人们的需要而生产出来的所有东西，是经济学研究"选择"的对象，是生产的结果。产品是有形的物品，如旅游纪念品。服务是为了他人而操作的一种任务，如导游服务。

生产什么，即为人们提供怎样的产品与服务，这一方面取决于现实中人们的需求，也取决于生产者的生产能力。

如何生产，即如何组织安排生产所需的资源。生产产品和服务要用生产性的资源，也就是生产要素，包括四种：①以土地为代表的自然资源，还包括自然景观等；②劳动，是人们生产和服务付出的时间和努力，其质量取决于人力资本的水平；③资本，是用来生产产品和服务的工具、设备、机器和建筑；④企业家才能，是指把土地、劳动和资本组织起来的人力资源，企业家要在生产什么和如何生产上做出决策，并承担这些决策的风险。

为谁生产，即生产出的产品和服务由谁获得，这取决于人们的收入水平。为了获得收入，人们需要把自己拥有的生产要素提供出来：土地获得地租；劳动获得工资；资本获得利息；企业家的才能获得利润。

1.1.2 旅游的概念

旅游包括了"旅"与"游"。"旅"即旅行，是主体在空间上发生位移的过程。"游"即游览，包括观光、度假、商务、会议、疗养、探亲访友、宗教、体育、购物、学习、考察等内容。

图 1.1 旅游——异地的体验

从旅游的关系来看，"游"是目的，是整个活动的出发点；"旅"是实现"游"的条件和手段。所以，一般来说，旅游要求快旅慢游，才能满足人们的实际需要。但是，现代人的旅游动机多种多样，例如有一种动机称为“体验旅行的乐趣”，即以旅行为目的，到了异地不作过多的停留即返回或者顺便在异地停留一下。例如，一种新的交通工具或交通线路就能吸引一些未尝试过它们的人。

从狭义上理解的旅游，仅是指进行旅游主体的活动，不包括其他的活动。但是，在现代旅游活动过程中，旅游主体并不是一个孤立的群体，而是越来越多地与外界发生联系，使外界发生变化。因此，要想了解旅游这种现象，光从狭义上来理解是不够的，更多的人倾向于广义上的理解。广义上的旅游有不少定义，其中最有代表性的是AIEST(国际旅游科学专家协会)定义：“旅游是非定居者的旅行和暂时居留而引起的一切现象和关系的总和。这些人不作主要居留，并且在原则上不从事赚钱活动。”广义上的旅游不仅包含了狭义的理解，还扩展到由这个活动所引起的一切现象和关系，即由此产生的一切社会的、经济的和文化的现象及其关系。

知识链接

旅，，会意字，甲骨文字形，像众人站在旗下，本义为一旗之兵，古代军队五百人为一旅，引申为离家而行。“旅”就要求异地性，旅游者在这个过程中与现实生活空间的暂时的、完全的区隔。

游，，本义为旗子边缘的流苏或锯齿状饰品，它们都是随风而飘荡，后被假借为表凫水之意。想一想游泳的状态，我们就知道“游”要求人的身心参与，并且要求得到自由的、舒适的、身心全面的融入，它表现了人身心体验性的特征。

1.1.3 旅游经济学的概念

旅游经济学是用经济学的方法和语言研究旅游行为和现象的学科，是研究面对旅游中资源的稀缺性，如何进行有效选择的学科。

旅游经济学是经济学学科门类的组成部分，其学科理论基础是经济学，其学科研究对象是旅游行为和现象。它不同于经济学研究把整个社会经济作为一个整体，从生产、交换、分配和消费诸环节的内在联系及其矛盾运动中，揭示整个社会经济发展的一般规律性，而是将经济学的学科方法和语言向旅游行为和现象的聚焦，专门研究旅游经济活动中的特有现象及矛盾，揭示旅游经济发展的规律及其条件、范围和表现形式，从而指导旅游经济健康地发展，属于应用经济学和部门经济学的范畴。

观点争鸣

如果将旅游经济学定义为认知旅游经济现象的学科，那么什么是旅游经济现象？旅游到底是经济现象、文化现象还是社会现象？

1.2 旅游经济学的研究对象与本书的逻辑框架

1.2.1 旅游经济学的研究对象

旅游经济学面对的是旅游活动中稀缺资源如何得到有效配置与利用的问题，是关于旅游中资源配置选择的学科。旅游经济学需要解决在旅游中的三个重大问题。

(1) 生产什么。面对稀缺的资源，我们生产什么产品与服务、各生产多少。例如：只有一定量的土地，是用来生产粮食，还是用来修建度假区；我们有限的时间，是用来开会还是去旅游。关于生产什么，我们需要明确的内容包括旅游产品、旅游需求、旅游供给、旅游市场等。

(2) 如何生产。面对生产所需要的生产要素，如何进行组织安排，使得我们需要的旅游产品得到满足。关于如何生产，我们需要明确的内容包括旅游的生产要素类型与市场配置、旅游产业的构成与运行等。

(3) 为谁生产。面对生产出来的产品所带来的效益，如何进行分配，以满足生产资料提供者获得相应的报酬需求，满足旅游活动得以继续开展的需求，满足国民经济整体对旅游产业发展的要求。关于为谁生产，我们需要明确的内容包括旅游的微观效益与产业效益等。

1.2.2 本书的逻辑框架

本书依据解决旅游经济学面对的三个重大问题的逻辑而展开，借鉴经济学的学科框架，针对旅游活动与运行的特点，系统性地介绍对旅游中稀缺资源进行配置选择的方法，整体的体系框架与篇章安排见表 1-1。

表 1-1 本书的篇章安排

<table>
<tr><th>主要问题</th><th>篇章</th><th>经济学门类</th></tr>
<tr><td rowspan="4">生产什么</td><td>第 2 章 旅游产品</td><td rowspan="8">微观部分</td></tr>
<tr><td>第 3 章 旅游需求与消费</td></tr>
<tr><td>第 4 章 旅游供给与生产</td></tr>
<tr><td>第 5 章 旅游市场</td></tr>
<tr><td rowspan="3">如何生产</td><td>第 4 章 旅游供给与生产</td></tr>
<tr><td>第 5 章 旅游市场</td></tr>
<tr><td>第 7 章 旅游经济中的市场失灵与治理</td></tr>
<tr><td rowspan="2">为谁生产</td><td>第 6 章 旅游要素价格与旅游收入分配</td></tr>
<tr><td>第 8 章 旅游产业结构与效益</td><td>产业部分</td></tr>
</table>

1.3 旅游经济与旅游经济学的特征

1.3.1 旅游经济的特征

任何一门学科的研究对象都是由其学科性质所决定的。旅游经济学之所以能成为一门独立的学科，是由于旅游经济不同于其他经济类型的独特特点所决定的。

旅游活动作为生产与消费活动，也伴随着使用价值的转移和价值的实现。使用价值的实现也必须依附于特定的物，但不同的是其他的消费活动中更多的是随着使用价值的获得而获得物的所有权，而旅游活动中使用价值的获得却不会伴随着物的所有权而转移。换言之，即在交换过程中不会发生物的流动，没有物的所有权的转移。因此，旅游者要想获得旅游对象物的使用价值，必须到达对象所在的地理空间，即旅游经济中的交换是以人的流动为前提的，旅游活动具有异域性与体验性。旅游活动的这种性质，决定了旅游经济许多重要的特征。

(1) 旅游者对对象物只能获得暂时的使用权。旅游者对对象物的消费是转移了的整体消费，某种程度上是旅游者在常住地消费的整体空间转移，消费的是一个包括对旅游吸引物、区间及区内交通设施、住宿设施、餐饮设施等在内的整体。所以，整体集中的某一对象物的销售只发生暂时的使用权转让。对象物的销售受时空的约束，也使旅游者获得使用权的暂时性更为突出。

(2) 旅游者对于使用价值获取的方式具有特殊性。旅游者在旅游过程中购买的产品和消费是一种体验品。体验品的特征决定了顾客一般不可能预先知道所购买的产品质量的好坏，也没有办法先看再买、先试再买。而且由于旅游者的常住地与目的地之间的空间距离，客观上也增加了他们获得直接的产品使用经验的复杂性和困难程度，增加了他们的购买风险，增加了他们进行质量确认的成本，同时也加大了制定尽可能完备的契约的难度。为了降低消费者的信息搜索成本和购买风险，给潜在的旅游者提供足够可信的信息，实施品牌化战略成了旅游相关供给商和旅游目的地营销组织的重要任务。

(3) 旅游产品生产的地域性。旅游经济中生产具有本地化特征。旅游经济中的生产供给不像其他产业供给。在其他产业中，例如制造业，可以通过将生产车间搬到目标市场进行相关产品的生产，也可利用不移动生产车间而将产品运送到世界市场，因为产品是可贸易的。旅游经济中诸如景观供给、住宿供给等生产是不可移动的，是不可以将景观供给、住宿供给移动到客源市场进行消费的。另外，旅游产品的供给具有确定性，即不能在短期内增加“生产能力”，而且在短期内也无法减少“生产能力”，并且供给中的住宿设施也无法通过区际调剂来缓解供求缺口，因此住宿供给市场的竞争存在天然的地域分割性。在统一的市场经济中，同一产业内的市场竞争具有地域扩散性，但是在旅游经济中，即便在发达的市场经济体系中，住宿供给的竞争也只能是区域性的竞争，而不可能向广域性方向发展。

(4) 主体对象物使用上的共享性。因为旅游活动中不发生消费对象物的所有权转移，所以旅游景区(点)向旅游者提供的是共享使用权。共享消费的特点决定了消费者在评价产品效用时的复杂性，从而决定了供给商在市场定位方面的重要性。这样的产品消费方式与传统经济学研究的产品消费方式是有区别的，而且这种产品在旅游者旅游活动中所起的往往是主导性的作用，这在一定程度上确立了对旅游经济进行专门研究的必要性。

1.3.2 旅游经济学的学科特征

旅游经济学作为现代经济学的一个分支，是以经济学的一般理论为指导，研究旅游经济活动中各种经济现象、经济关系和经济规律的科学。其学科特征如下。

图 1.2 只有到那里才能旅游

(图片来源：www.taopic.com)

(1) 旅游经济学具有基础学科的特征。旅游经济学是旅游专业的基础学科，与旅游专业的旅游学和旅游管理学既有联系，又有区别。旅游学是研究旅游活动产生、发展及其运行规律的科学，目的是揭示旅游活动的内在性质、特点及发展趋势；旅游管理学则是在旅游经济学的指导下，研究旅游经济活动的合理组织及科学管理，以提高旅游经济运行的效率和效益；而旅游经济学则是在经济学和旅游学理论指导下，揭示旅游活动在经济领域中所发生的矛盾运动，以及经济关系的发展规律的学科。

(2) 旅游经济学是一门部门经济学。部门经济学是针对某一产业或领域的经济活动进行研究，从而揭示该部门经济外在形式及其内在规律的科学。旅游经济学作为一门部门经济学，是研究旅游经济活动过程中各种经济现象之间的内在联系，揭示旅游经济运行中的特殊矛盾及规律，并把经济学的一般原理用于指导旅游经济活动的学科。

(3) 旅游经济学是一门应用性较强的学科。经济学包括宏观经济学和微观经济学，其中，宏观经济学把整个社会经济作为一个整体，从生产、交换、分配和消费诸环节的内在联系及其矛盾运动中，揭示整个社会经济发展的一般规律性；微观经济学主要以单个经济单位(单个的生产者、单个的消费者、单个市场的经济活动)作为研究对象，分析单个生产者如何将有限的资源分配在各种商品的生产上以取得最大的利润，单个消费者如何将有限的收入分配在各种商品的消费上以获得最大的满足。同时，微观经济学还分析单个生产者的产量、成本、使用的生产要素数量和利润如何确定，生产要素供应者的收入如何决定，单个商品的效用、供给量、需求量和价格如何确定等。无论是宏观经济学还是微观经济学，都属于理论经济学的范畴。而旅游经济学则以理论经济学的一般理论为指导，专门研究旅游经济活动中的特有现象及矛盾，揭示旅游经济发展的规律及其条件、范围和表现形式，用来指导旅游经济健康地发展，因而具有较强的应用性，属于应用经济学的范畴。

(4) 现代旅游经济学越来越具有新兴的边缘学科性质。研究旅游经济不仅要以经济学、旅游学的理论为指导，还必须借助各学科的理论及研究成果来丰富旅游经济学的研究内容。其中，运用心理学、地理学、资源学、社会学、统计学、市场学等学科的理论和方法，来综合考察旅游活动，才能揭示旅游经济内在规律及其运行机制。与数学化、模型化和实验室化的经济学多数领域的研究不同，由于和人类真实的活动、世界社会经济的环境变迁、具体行业的经济现象联系颇为紧密，旅游经济学的领域更多地秉承马歇尔研究真实世界的传统。旅游经济学的研究，更多地和个人需求、空间选择、闲暇时间、环境容量等真实命题结合在一起。旅游经济的学者最需要接触土地、研究市场，从旅游景区里商贩的讨价还价中整理思想，“用脚做学问”和“用脑做学问”并行。好的旅游经济学的研究因此没有过度沉溺于“创造问题”上，没有走向过度的形式化和技术化。无论是中国国内还是国际，在旅游经济学研究中都更多地关注了“解释问题”和“解决问题”。

1.4 旅游中的经济学思维与方法

旅游经济学就是使用经济学的思维与方法对旅游行为和现象进行观察和研究的学科。

1.4.1 旅游研究中的经济学思维

经济学试图要回答的问题给出了经济学的范围。但是，经济学的范围并没有告诉我们经济学家是怎么来思考这些问题并寻找这些问题的答案的。

现在你马上就会看到经济学家处理经济问题的方法了。我们将介绍一下旅游研究中的一些经济学思维方式。这种思维方式需要实践，但它非常有用，你一旦熟悉了它，就会用新的经济学的眼光来看待旅游的现象。

1. 选择与权衡

因为我们面临稀缺性，所以我们必须做出选择。而我们做出选择时，我们是从各种可能性中选择一个。例如，你可以把周末用来完成家务劳动或者与朋友出去旅游。但是你不能同时做两件事。你必须决定在这两个事情上如何分配你的时间。不管你的选择是什么，你不得不放弃另一个选择。

图 1.3 经济学是关于选择的科学

(图片来源：http://sc.imagemore.com.tw)

你可以把你的选择理解为权衡。权衡是一种取舍——为得到某件东西的同时须放弃另一种东西。

在家或去旅游，这是旅游者所要进行的第一个选择，也是旅游者或其他旅游主体需要做出选择的一个典型代表，它也反映出一个基本的定律：如果我们想要得到一件东西，我们就要放弃另一件东西，或用别的东西去交换它。

权衡的思想对经济学而言是一个核心。我们再看一些例子。先从大问题开始：生产什么？如何生产？为谁生产？我们可以根据权衡来逐一分析这些问题。

生产什么？如何生产？为谁生产？这些问题中包含的权衡与在家或旅游之间是类似的。

(1) 提供什么产品的权衡。在旅游中到底生产什么，提供什么产品，取决于旅游者、政府以及提供旅游产品的企业的选择，每个选择都包含权衡。我们每个人如何花钱就面临权衡，本周你和家人去游乐场，但你为了买票而放弃了购买自己心仪的新衣服，你放弃新衣服选择了游乐场的消费。政府在如何使用政府资源问题上也面临权衡，地方政府支持增加旅游基础设施项目用地供给，而削减工业园区的用地供给，政府在旅游项目和工业项目之间平衡。旅游企业在决定生产什么时，也面临权衡。例如，一个旅行社决定把资源集中用于促销和提供九寨沟旅游线产品，但减少了其他旅游线路的资源投入，用九寨沟旅游线产品去换了其他旅游线路产品的提供。

(2) 如何生产的权衡。如何生产产品和服务取决于生产这些产品的企业如何做出选择。它们的选择也是权衡。例如，拙政园景区开通了自助语音导游服务系统，代替了传统的人工讲解，它在劳动与资本之间进行权衡。

(3) 为谁生产的权衡。为谁生产取决于经济效益的分配状况。设想一下怎么来分配大家一起所创造的旅游经济效益，或者说获得的馅饼的分配。如果每个人得到的与其付出的劳动成正比，那么每个人都会卖力地工作并且馅饼会越做越大。但是，假如不管贡献大小，馅饼是人人平均分配的，那么一些精兵强将就会泄气，馅饼就做不大了。馅饼的分配应当取决于生产馅饼的生产要素，馅饼的分配问题也就是生产资料要素的回报问题。

2. 选择带来变化

生产什么？如何生产？为谁生产？这些问题随时间而改变。我们现在的经济条件比上一代人好了很多，旅游产业更是实现了快速的增长，旅游人次和旅游收入几乎都呈线性方式增长，但是经济生活的质量、改善的速度以及产业的快速发展并不纯粹取决于自然条件和运气好坏，而是取决于我们每一个人、政府和企业的选择，而这些选择涉及权衡。

第一个选择是，我们将多少收入用于旅游或其他消费，多少收入用于储蓄。我们的储蓄可以通过金融体系来为企业提供资金和购买新的资本以增加我们的生产。我们储蓄和投资得越多，我们将来能生产出来的产品和服务就越多。你决定储蓄 5 000 元，放弃一次度假旅游，你不仅省下了 5 000 元而且还能够获取利息，用度假旅游去换取将来更多的收入。如果每个人都增加 5 000 元的储蓄，企业用这些钱来兴建更多的旅游景区，提供更多的旅游产品，那么将来每个人可以获得的旅游消费都会增加。作为一个社会，我们是用当前的消费来换取未来更多的消费。

第二个选择是，我们打算多少时间用于旅游休闲和培训教育。培训教育可以提高从业人员的技能，使从业人员变得更有生产率，能提供更多、更好的产品和服务。当你决定再花一年的周末时间去完成一个专业技能培训课程的时候，你牺牲了大量闲暇的时间。你是用今天的闲暇来换取以后更高的收入。假如每个人都能受到更多的培训，生产就能增加，每个人的收入也能增加。从整个产业来说，我们牺牲了当前的消费来换取未来更大的消费。

第三个选择是，旅游企业打算在研究与开发新产品上花多少精力。饭店可以投资对陈旧的客房和落后的服务设施进行改造和升级，也可以选择不改变现有的客房和设施条件，改造和升级可以满足旅游者日益改变的消费要求，从而保障饭店在未来竞争中的地位，但这意味着减少当前的客房数量，这是当前的生产与未来提供产品之间的权衡。主题公园需要投入更多的资本才能满足旅游者新的需求，在当前的资本积累与利润分配之间需要进行选择。

把选择看成权衡强调了一个思想，即为了得到一些东西，我们必须失去另外一些东西。我们失去的就是我们得到一些东西的代价，经济学家把这个代价称为机会成本。

3. 机会成本

“天下没有免费的午餐” 这个说法表达了经济学的一个中心思想：所有的选择都有成本。一件事的机会成本是我们为了得到它而放弃的更有价值的其他事情。

你可以选择假期旅游，你也可以放弃假期继续工作。假如你继续工作，将能够获得工作收入，或许还有假期补贴。假如你选择假期旅游，你就放弃了这些收入，但你获得了期待很久的休闲放松以及到你梦寐以求的地方去看看那美丽的景色的机会，你外出旅游时所放弃的你能够获得的所有收入就是你的机会成本。

我们刚才讨论过的关于生产什么、如何生产和为谁生产的权衡的问题，也包含着机会成本。去游乐场的机会成本是你所放弃的新衣服。带来变化的选择也有机会成本，未来更多的产品和服务的机会成本就是：今天要少消费一些。那么，我们在计算外出旅游成本的时候，就不仅包括了我们支付的成本，也包括在旅游的时候所失去的应该获得的收入。

4. 比较优势

如果一个国家、企业或个人生产一种产品的机会成本(用其他产品来衡量)低于在其他国家、企业或个人生产该产品的机会成本，则他在生产该种产品上就拥有比较优势。人们进行交换的条件就是大家都有自己的比较优势，交换的目的就是获得别人的比较优势，从而使每个人付出的机会成本相对较小。你出外旅行不需要把我们的生活必需品都准备齐全，因为可以在旅游中通过交换获得别人为你提供的商品。我们选择旅行社而不是自己去收集所有的信息并组合所有的产品，因为旅行社有这样的比较优势，而你可以把节约的这些时间去做更需要做的事情。专业化生产是提高比较优势的基本路径。

图 1.4 要发挥自己的比较优势

(图片来源：www.5s365.com)

特别提醒

在旅游中，放轻松一些，把很多事情交给专业的人去做，因为他比你具有比较优势。

5. 在边际上选择

你在成都开完了会，还有一天的空余时间，你是选择待在宾馆，还是选择到都江堰或峨眉山旅游？为了做出这个决定，你需要比较一下各种选择的成本与收益——你是在边际上进行选择的。边际量就是增加一个自变量引起的因变量的变化量。增加一个活动多带来的好处叫做边际效益。增加一个活动的成本叫做边际成本。

为了做出你的决定，你要比较额外增加一个活动的边际成本与边际利益。假如边际成本超过了边际利益，这个活动你就不应该选择了。所谓把资源用到最好的用途中去，就是要比较边际利益与边际成本，并且去选择边际利益大于边际成本的那些行为。

6. 对激励做出反应

我们的选择是对激励做出反应。边际利益或者边际成本的变化改变我们面临的激励，导致我们改变最初的选择。

图 1.5　选择是对激励做出反应

(图片来源：www.zucc.edu.cn)

例如，假设你的上级给你安排了一项工作，并且告诉你完成这项工作后将会提供在工资之外的奖励旅游的机会，而这次奖励旅游是你非常期待的，不用说，这项工作的边际利益是很大的，所以你会尽力又快又好地完成这项工作。相反，如果你的另一位上级也给你安排了另一项工作，并告诉你这项工作没有额外的奖励，你自己也明白完成得不好也不会对你的收入和发展产生任何影响，那么你完成这项工作的边际利益就会很小，也许你就会把这些工作扔到一边。

经济学的中心思想是，我们可以通过考查激励的变化来预测选择的变化。一个行动的边际成本下降或者边际利益增加，这样的行动十有八九就会增加；反过来，一个行动的边际成本增加或者边际利益下降，这样的行动十有八九就会减少。

激励对于协调个人利益与社会利益也是关键的。如果你的选择不符合社会的利益，那是因为我们面临的激励有问题。

7. 人性假设

经济学家把人性视为给定的，认为是自利且理性的。人以个人利益而行动，无论消费者、生产者还是政府的公务员——都追求他们的个人利益。追求个人利益的行为并不必然等于自私。你的投入不仅增进你的幸福，也可能增进他人的幸福。但是，一个自利的行动会为你带来基于你的价值观认定的最大的价值。所谓理性，就是人们能够合理利用自己有限的资源为自己取得最大的效用、利润或社会效益。人性假设，是经济学对在经济社会中从事经济活动的所有人的基本特征的一个一般性的抽象。

1.4.2　旅游研究中的经济学方法

1. 观察与假设

要用经济学的眼光去审视旅游中的行为和现象，第一步是观察旅游行为与现象中的各种科学数据。经济学家观察和测量经济行为各方面的数据，如旅游资源以及旅游景区有多少，旅游线路的长短以及需要花费的旅游时间，旅游景区的空间大小以及能容纳的旅游者数量，旅游者的收入水平以及旅游者可支配的收入状况，旅游者的闲暇时间，旅游产品的价格，旅游产业的资本投入的水平和方式。观察的目的是为建模以及为检验提供原料，也为形成假设提供依据。

基于观察，我们形成假设。由于现象以及影响现象本身的因素是复杂而且动态变化的，只有先假定某一或某些因素不变，才能分析出其他因素的运动变化规律，然后再假设在这些因素不变的情况下其他相关因素的变化情况，这样总结起来就比较能客观地反映事物的运动本质了，因此现象的认识需要假设。经济学中的“假设”的目的是进行条件的设定，它来源于对实践的观察，它肯定不能是“假”的，虽然也不一定完全是“真”的，但肯定基本是“真”的。例如，理性经济人的假设，它来源于经济学家对人的观察，它虽说不完全“真”——肯定也有不利己的人或不理性的人，但事实上大多数人肯定是利己并理性的人，否则我们的世界必然是一个混乱的世界，经济学所针对的是一般人选择的分析，而并不针对情感受到刺激而失去理智的人的选择。

2. 建模

这一步是构造一个模型。一个经济模型是对旅游经济世界某些方面的一个描述。模型抓住的不是旅游经济世界所有的特征，而是与研究目的有关的这些特征。模型比它描述的现实要简单。模型要包含什么、舍弃什么，取决于我们的假设，就是说假设什么是重要的、什么是不重要的。

有一个模型是你天天都碰到的，那就是电视上的气象地图(图 1.6)，它可以告诉你舍弃细节对于理解这个世界是多么重要。气象地图是一个帮助预报未来一段时间的天气的模型。气象地图上显示的线叫等压线，它代表相同的气压。该地图上并没有标出高速公路，其原因是，我们的气象理论告诉我们，决定气象的是气压的变化模式，而不是高速公路的位置。一个旅游经济模型与气象地图很类似。例如，关于收入水平对旅游者需求影响的经济模型可以告诉我们这两者之间的关系，但将会舍弃掉诸如旅游者的性格、职业等因素。

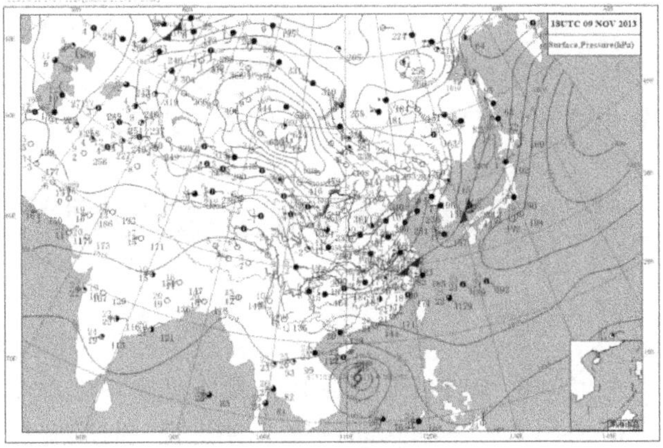

图 1.6 气压线模型

(图片来源：tieba.baidu.com/photo)

旅游经济学中最基本的是旅游者和旅游企业的选择模型，它们的逻辑起点是各自的基本利益诉求，旅游者追求的是效用、旅游企业追求的是效益，这两个模型的简单描述如图 1.7 与图 1.8 所示。

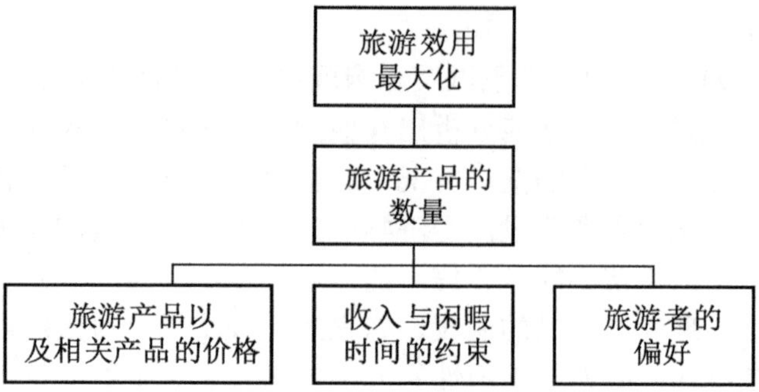

图 1.7　旅游者选择模型

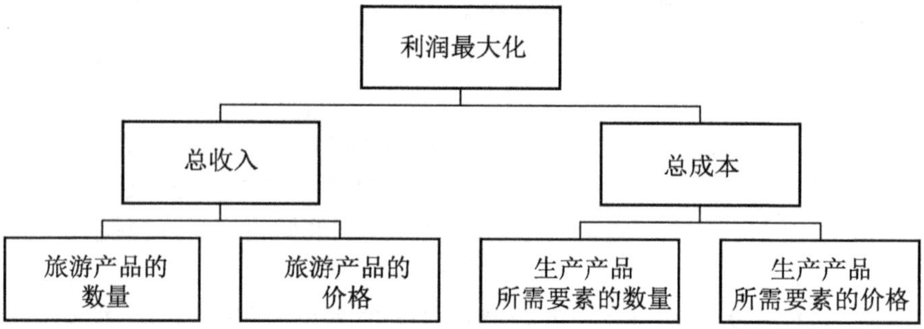

图 1.8　旅游企业选择模型

3．检验模型

第三步是检验模型。一个模型的预测结果可能与事实一致，也可能不一致。用事实来对照模型的预测结果，我们就可以验证模型并提出新的理论。一个经济理论是对那些我们所理解的人们经济选择结论的一般化。它是经济模型与真实经济之间的一个桥梁。

建立和检验模型的过程产生了理论。例如，气象学家有一个理论，气压线在一年的某个特定的时间形成一个特定的模式(模型)，它就下雪(现实)。它们是在不断重复观察事实和小心翼翼地记录气压变化模式的气象资料的基础上发展起来的理论。

1.5　旅游经济学的历史与现状

1.5.1　国外旅游经济研究

人们对旅游现象的研究始于 19 世纪 70 年代，随着欧美两地区之间游客流量的增加，在目的地逗留时间和经济支出大幅度增长的背景下展开的，对旅游经济的关注自然成为旅游现象研究的焦点。在所有有关旅游现象的研究中相对较早地开始了对旅游经济的研究，并随着闲暇时间的私有化和商品化、旅游活动的商品化和社会化这两个方面的进展而逐步广泛、深入地展开。据此，国外旅游经济的研究可以粗略地划分为两个大的阶段：第二次世界大战以前的旅游经济研究和第二次世界大战后的旅游经济研究。

1. 第二次世界大战以前的旅游经济研究

意大利学者为早期旅游经济研究做出了突出的贡献。1899 年意大利政府统计局博迪奥(L. Bodio)发表的《外国人在意大利的移动及其花费》是最早的旅游经济研究文献。另两个意大利人尼塞福罗(A. Niceforo)发表了《外国人在意大利的移动》(1923)，贝尼尼(R. Benini)发表了《关于游客移动计算方法的改良》(1926)。这种从统计角度对游客人数、逗留时同和消费能力等方面的研究，反映了人们早期对旅游现象的经济层面的认知以及取得经济利益的需要。第一次世界大战结束后，急于恢复和发展战后经济的欧洲参战各国更是将旅游活动普遍地视为一种具有重要经济意义的活动。

首次从经济学角度对旅游现象做出系统剖析和论证的是罗马大学讲师马里奥蒂(A. Mariotti)。他于 1927 年出版了《旅游经济讲义》，对旅游活动的形态、结构和要素做了研究，认为旅游活动是属于经济性质的一种社会现象。在书中，马里奥蒂不仅对旅游地区的开发、旅馆业和旅游接待业进行了系统研究，而且首先提出了旅游吸引中心地的理论，主张将旅游活动分为“能动旅游”和“被动旅游”。前者是为了促进游客移动的各种刺激活动，后者是在旅游地游客接受的状态和创造环境的活动。根据他的“旅游吸引中心地”理论，旅游者喜爱的是对艺术、考古、风土、保健等“自然条件”“人为条件”和设施、娱乐、旅店组织等这些外部构造有机结合在一起的目的地，前两者是“自然发生的吸引力”，后者是“派生的吸引力”。1928 年马里奥蒂出版了该书的续编，并于 1940 年出版了修订本，最终完成了该书的理论体系。《旅游经济讲义》及其续编的出版是现代旅游经济学形成阶段的标志。与意大利学者类似，英国学者奥格威尔 1933 年出版了《旅游活动》，用数学统计方法科学地研究了旅游者的流动规律，并从经济的角度给旅游者下了定义。

与以上几位意大利和英国学者不同的是，德国的两位学者对旅游现象的研究不囿于经济视角。1931 年德国学者鲍尔曼(A. Bormann)发表的《旅游论》，认为“旅游论的所属是经济学，它的根本问题不仅属于国民经济学及经营经济学的领域，而且不能不运用各个学科的成果”；1935 年柏林大学葛留克斯曼(G. Glucksmann)出版了《旅游总论》，系统地论证了旅游活动的发生、基础、性质，论及了旅游的经济和社会影响，论述了促进旅游业发展的政策和手段。从研究的视野上认为，旅游现象研究是一个涉及旅游活动基础、发生原因、运行手段及其对社会的影响等问题的范围非常广泛的领域，需要从不同学科去研究而不只从经济学的角度去考察。但鲍尔曼不同意葛留克斯曼将心理学引入旅游研究，认为这样做不符合当时旅游研究的目的。瑞士的汉泽克尔(Hunziker)和克拉蒲(Krapf)1942 年出版的《旅游总论概要》秉承了多学科研究旅游现象的思想，从经济学和社会学两个方面对旅游进行了研究。

2. 第二次世界大战后的旅游经济研究

如同第一次世界大战后一样，第二次世界大战结束后的初期，旅游同样被普遍看成是恢复和发展经济的手段，更由于第二次世界大战后全球社会经济技术的发展推动了旅游活动的商品化、社会化程度不断提高，吸引了更多的专家学者、政府机构、行业组织等参与到旅游经济研究中来，旅游经济研究的深度和广度得到了极大的发展。

第二次世界大战结束后直至 20 世纪 60 年代，学术界主要强调的是发展旅游对经济不发达的国家和地区以及发达国家的边远地区所带来的显著经济利益。期间的一些主要著作有：1954 年，德国学者克拉普特(Koraput)出版的《旅游消费》一书，对旅游消费的动力和过程做了专题研究；1955 年，意大利学者特罗伊西(Troisi)的《旅游及旅游收入的经济理论》对旅游经济概念、旅游收入及旅游经济效益做了比较深入的探讨；1950 年，日本学者田中喜一教授的《旅游事业论》从经济的角度研究国际旅游，从而深化了旅游经济的研究。

20 世纪 70 年代旅游活动迅速发展，在相对集中的时间和空间内涌现的巨大旅游客流，使接待地社会和环境受到了空前压力，在客观上推动了对旅游社会文化和旅游环境与生态的研究快于旅游经济研究局面的形成。若单就旅游的经济研究而言，20 世纪 60—80 年代的研究主体是旅游的经济影响。20 世纪 80 年代后，学者们开始注意宏观范围中的诸如发展旅游的经济效益和代价等问题。

整体而言，欧美学界对旅游的经济学研究涉及了国际旅游分工理论与差别需求、旅游市场问题、旅游企业经营与管理、区域经济发展与旅游(包括乘数效应研究)、资源开发与旅游地建设(包括土地利用)、旅游投资、旅游经济政策、旅游国际合作、发展中国家旅游经济等诸多领域。

在旅游经济影响研究中，国外学者普遍认为旅游经济乘数理论是评价旅游对促进接待地经济发展最有效、最具有说服力的手段，在 20 世纪 70 年代以后的一个时期中，成为旅游经济学研究中的一个热点，阿切尔(Archer)、萨德勒(Sadler)、亨德森(Henderson)与卡曾斯(Cousins)、沃恩(Vaughan)等对旅游经济乘数做了实地考察和验证。英国学者阿切尔在这方面做了大量工作并取得了重要成果，他们先后独立地分别在英国的格温尼德和爱丁堡的洛辛安地区对旅馆等的旅游收入做了调查，在理论和应用两个方面进行了研究，得到了十分近似的结果，验证了旅游经济乘数效应的实践意义；同时他们还运用旅游经济乘数理论调查并研究了这两个地区不同类型住宿业的就业状况，在直接、间接和诱导就业三种就业乘数效应方面取得了可靠的数据，验证了乘数理论在就业现象中的作用。

旅游经济和就业乘数效应研究在 20 世纪 80 年代以后有了发展，引入了投入-产出分析法和经过改进的方法以及一些基本经济模型的应用。相对而言，旅游对于就业的影响方面的经济分析较少，对此做出重要研究贡献的学者有沃恩(Vaughan)等、古多尔(Goodall)、约翰逊(Johnson)与托马斯(Thomas)等。联合国开发计划署也已经开始关注旅游在发展中国家提高收入和扩大就业方面的作用，并且综合了许多研究的调查结果。

1.5.2 国内旅游经济研究

1. 20 世纪 80 年代的理论研究

我国旅游经济研究是从 20 世纪 80 年代开始起步的。在当时，旅游经济研究是一个崭新的研究领域。对旅游经济理论的研究可以从召开的几次全国旅游经济理论研讨会中管窥之。1980 年 12 月召开的第一次全国旅游经济座谈会着重讨论了旅游业的性质和意义。后来，于光远提出：旅游业是带有浓厚文化性质的经济工作，也是带有浓厚经济性质的文化工作。著名经济学家孙尚清指出：中国的旅游业是一个“经济-文化”产业，并将随着国民经济的发展和人民物质文化水平的提高而转化为“文化-经济”产业。1981 年 5 月召开的全国旅游工作会议上传达了中共中央书记处关于“要走出一条日益兴旺发达的中国式旅游道路”的指示。同年 12 月第二次全国旅游经济理论讨论会集中讨论了如何走中国式旅游道路的问题，会上肯定了我国旅游业以发展入境旅游为主的发展方向。1983 年第三次全国旅游经济理论会讨论了我国旅游业经济体制存在的主要弊端以及改革的目标、原则和方案，此外还讨论了旅游业经济效益问题。1984 年 6 月，鉴于我国旅游发展中面临的需求膨胀与供给短缺尤其是饭店严重短缺的矛盾，各个方面进入旅游业的积极性与行业壁垒——“非旅游部门不得办旅游”的禁令的矛盾，行业扩张、性质转变与认识不足、政策不力的矛盾，中央政府在听取旅游工作汇报中适时提出了影响深远的“五个一起上”——国家、地方、部门、集体、个人一起上，自力更生和利用外资一起上的发展政策。吕远对旅游政策做了综合分析和评价。1986 年第四次全国旅游经济理论讨论会将旅游发展战略、旅游市场研究和旅游业宏观管理研究列为会议主题，这也成为 1986— 1988 年最重要的热点主题。1986 年还召开了国内旅游经济理论讨论会，会上西北大学朱玉槐教授等强调国内旅游是我国整个旅游业的重点。

在这一时期，最重要的研究是 1987 年列入国家“七五”社会科学发展规划重点课题、由孙尚清主持于 1989 年完成的“旅游经济发展战略研究”。该研究课题最终成果在 1990 年以“中国旅游经济研究”为名出版。研究中提出了后来支配我国旅游业发展的“旅游业需要适度超前发展”的观点，并提出要尽快结束投入较多、产出较少的第一阶段，转入投入产出平衡的第二阶段，为进入产出大于投入的第三阶段积极创造条件。魏小安、邱毅勇、石建国指出，此前 10 年中国旅游业以高投入支撑了高增长，体现出高投入、高速度、中效益的特征。冯宗苏评论了忽视我国发展国际旅游的投入特点和发展阶段，在认识和宣传上将“投入少、见效快、效益高”的观点绝对化的倾向。官浩兴、胡俊平综合分析了西安地区的旅游经济效益。在该阶段，有学者敏锐地对我国饭店集团发展问题进行了研究，范文清将饭店集团分为纯饭店集团和饭店企业集团，将我国饭店集团发展分为地域相对集中的饭店集团、区域性饭店联合形成的饭店集团、集资联营(股份制的前奏)形成的饭店集团、银行资金和饭店相互渗透形成的饭店集团。

2．20 世纪 90 年代后的理论研究

1990 年召开的第五次全国旅游经济理论讨论会仍以旅游发展战略为中心议题，并围绕《中国旅游经济研究》的出版进行了深入讨论。孙尚清进一步提出尽管条件尚不成熟，但要抓住时机实施“超常规发展”。楚义芳则较早提出旅游发展驱动力从产业内因素转向产业外因素(社会经济大环境)的“大旅游”的思想；之后，钟韵、彭华从旅游开发与城市建设一体化、旅游驱动机制等方面研究了“大旅游”问题。林洪岱指出旅游经济的盛衰并不完全取决于客源市场的起伏，在一定程度上还取决于管理体制和运行机制的先进程度。王兵(1995)对旅游业“投入少、见效快、收益高”的所谓规律性特征从客观性、阶段性、局限性的角度进行了论证分析，并指出在当时中国国情下对该特征如果绝对化地认识可能导致盲目发展、盲目投资、重复建设等负面影响；魏小安提出了“早期高投入低产出、中期中投入中产出、后期低投入高产出”的“三阶段说”。欧阳斌研究了旅游需求的多样性与旅游供给的单一性之

间的矛盾以及解决途径。魏小安和冯宗苏主编的《中国旅游业：产业政策与协调发展》从科学制定旅游产业政策的角度论述了我国旅游经济的诸方面结构。史国详对转轨时期的中国旅游业进行了分析。从理论的基础意义上而言，张辉做出了重要贡献，他从过剩供给与过剩需求、规模经济与地域分割、质量价格与时间价格、点线旅游与区域旅游、综合经济与部门分割等角度对旅游经济现象进行深刻的分析、研究，具有很强的理论和现实指导意义。

申葆嘉在《旅游学刊》发表的系列文章《国外旅游研究进展》，对我国旅游研究包括旅游经济的研究产生了积极的影响。余书炜对旅游理论研究内容框架进行了推导，戴斌、张凌云围绕余书炜构建的框架提出商榷，丰富并推动了旅游经济研究。肖潜辉从单一的观光型旅游产品结构导致的海外市场狭窄、对交通的苛求、对市场秩序的负面作用以及消费水平等方面深刻分析了其对我国旅游经济效益的影响，指出从宏观层面上要优化第一代观光产品、开发第二代主干观光产品、探索设计第三代重点观光产品，大力发展商务、会议等非观光旅游产品；在微观层面上旅游企业要实施差异化以及合理市场分工的战略思想。张文较早地对旅游生命周期理论进行了介绍和分析，杨森林对旅游产品生命周期理论提出了质疑，认为该理论不能自圆其说，缺乏事实根据。之后，李舟、余书炜、许春晓、阎友兵围绕该问题进行了深入探讨，这是我国旅游经济研究中少数的理论交锋之一。

关于旅游产业地位定性及定量统计的问题也是旅游经济研究中的一个重点问题。刑树坤、黄泮光较早地对我国国内旅游统计中存在的水分大、不可比甚至自相矛盾的问题，分析了产生原因和解决方法。徐晓歌根据联合国亚太经社会专家组织会议报告——投入-产出分析法在评价旅游业的经济影响方面的应用，结合马来西亚的实例对旅游业投入产出分析的目的、方法进行了介绍。魏小安指出，1998 年中央经济工作会议上将旅游作为国民经济新的增长点不仅具有实践意义，同样具有理论突破意义。闫敏通过翔实的数据论证了旅游发展与工业化之间的关系，当然也从另外一个侧面反映了旅游业的产业带动作用；李江帆、李美云提出了旅游增加值测算方法；魏小安、厉新建从支出法角度对旅游产业地位衡量提出了新的思路；张吉林则认为传统的投入-产出分析法难以准确衡量旅游业对社会经济的贡献，应该从需求组织的角度进行重新衡量；魏小安、刘赵平介绍了旅游卫星账户的基础知识；张蕾、厉新建提出了旅游产业政策的区域化问题；张凌云进一步从旅游产业范围的超然性、产业地位的层次性和产业政策的适用性等角度对旅游产业在地区经济发展中的地位和产业政策问题进行了研究。

关于旅游企业集团化发展和跨国经营问题的研究，朱谔言较早地以国际旅行社(当时的国旅总社)为例，对我国旅游企业的跨国经营进行了研究；赵西萍、王磊、刘洪涛探讨了我国饭店跨国经营道路问题，认为应该首先在旅游欠发达、饭店发展程度较低的国家以及与我国心理距离比较近的国家实施跨国经营；杜江全面研究了我国旅游企业跨国经营的战略问题，是现阶段我国跨国经营研究方面的集大成者。钟海生对旅行社业的行业结构、批零分离等问题进行趋势性的研究；林洪岱从产权改革的角度对“中国能有现代旅行商吗”的问题进行了分析；张凌云运用经济学理论对我国旅行社的行业规模及其改革进行富有创见的研究；杜江、刘永好则提出我国旅行社经营体系调整的目标模式，倡导进行垂直分工；李天元、王娟对我国之所以难以走向垂直分工的原因进行了分析。唐德鹏、张凌云、王毓南、张士泽对饭店集团化进行了研究，提出要利用股份制经营模式组建集团，以增强饭店集团的凝聚力。毛秀连指出我国饭店集团化将经历拿来阶段、模拟和探索阶段、形成特色阶段三个阶段。裘源则指出只要有各自的行政背景支持，即便经济效益不佳甚至亏损，很多企业对大集团同样会“熟视无睹”。邹统钎对从世界饭店业竞争战略的角度分析了饭店产品/服务差异化与全球性扩张等问题，邹统钎进一步研究了我国饭店集团化的发展模式和政策导向，张晓明、刘文波、戴斌和杜江等也对我国饭店集团化问题进行了研究。

王莹、吴明华从旅游客体、旅游主体和旅游媒介三个角度对旅游消费效果的非合意性成因进行了分析。陈健昌、保继刚指出要加强对旅游者的研究——包括旅游者决策以及空间行为研究。吴必虎、金华、张丽提出的旅游解说系统规划某种程度上也是基于改善旅游者欣赏效果考虑的。但总体而言关于旅游者的研究较少。

本章小结

本章立足于“旅游学”与“经济学”两个学科的交叉，阐释了旅游经济学的概念、研究对象、研究方法；立足于旅游经济的性质，阐述了旅游经济学学科的主要特征；介绍了在旅游活动中的经济思维方式，介绍了旅游经济学学科发展的历史与现状。

复习思考题

一、填空题

1．经济学的中心思想是可以考察________的变化来预测选择的变化。

2．经济主体之间进行交换的条件是各自拥有________。

3．《________》及其续编的出版是现代旅游经济学形成阶段的标志。

4．1931 年德国学者鲍尔曼发表的________，认为“旅游论的所属是经济学，它的根本问题不仅属于国民经济学及经营经济学的领域，而且不能不运用各个学科的成果”。

5．1980 年 12 月召开的中国第一次全国旅游经济座谈会着重讨论了__________。

二、名词解释

1．旅游
2．经济学
3．旅游经济学
4．机会成本

三、简答题

1．简述旅游经济学的研究对象。
2．举例说明旅游中的边际选择。
3．依据比较优势思维，说明旅行社的经济职能。
4．简述旅游经济学研究的性质与学科特征。
5．简述旅游经济学与旅游学的学科差异。

四、案例分析题

1. 表 1-2 是我国入境旅游人次和国际旅游收入的数据统计，请画出它们的时间序列图，据图说明两者的变化趋势以及变化的关系。

表 1-2 我国入境旅游人次和国际旅游收入的数据统计

年份	入境旅游人数/万人次	国际旅游(外汇)收入总计/亿美元
2003	9 166.21	174.06
2004	10 903.82	257.39
2005	12 029.23	292.96
2006	12 494.21	339.49
2007	13 187.33	419.19
2008	13 002.74	408.43
2009	12 647.59	396.75
2010	13 376.22	458.14
2011	13 542.35	484.64
2012	13 240.53	500.28
2013	12 907.78	516.64

2. 西北航空公司拥有一架200个座位的飞机直飞北京到兰州航线每个航班的成本是10万元，每个座位的成本是10万/200=500(元)，就这样看航空公司的售价不能够低于500元/座，但如果航班在起飞前仍有10个座位没有卖出，而等待的旅客同意以300元换取一张票，航空公司会同意这个价格吗？请运用经济学原理判断并解释。

第2章 旅游产品

学习目标

知识目标	技能目标
① 掌握旅游产品的概念; ② 了解不同分类标准下旅游产品的类型; ③ 掌握旅游产品的特征。	① 能辨识旅游产品; ② 能区分不同类型的旅游产品; ③ 能分析旅游产品的特征性。

知识结构

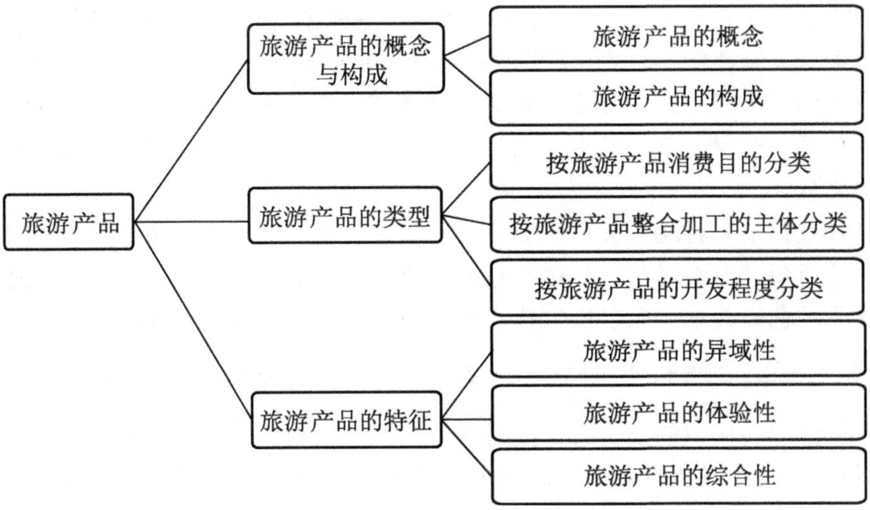

导入案例

陕西两个“美丽乡村”旅游一冷一热的启示

一个坐拥陕南令人艳羡的“绿水青山”，一个“无中生有”打造出浓郁的关中风情；一个由政府主导快速推进，一个以村民为主体协调发展……陕西两个远近闻名的“美丽乡村”——平利县城关镇龙头村和礼泉县烟霞镇袁家村——近年都重点发展乡村旅游业。如今这两个村发展存在一慢一快、一冷一热的显著差别。

两个“美丽乡村”的发展变迁

走进位于陕鄂渝交界处的安康市平利县龙头村，一眼望去，“白壁、青瓦、马头墙、格子窗”的徽派民居建筑群与青山秀水的美景相映成趣。龙头村距县城 5 千米，距离西安五六小时的车程。事实上，从三四年前开始，龙头村的发展就有政府主导因素。也正因此，龙头村很快就建起仿古一条街、秦楚农耕文化园、观光茶园等特色景观，基础设施和生活条件改善明显。然而好景不长，在 2012 年风光过一阵子之后，从 2013 年开始龙头村便逐渐冷清：除重要节假日外，这里游客稀少，早先修建的酿酒、豆腐等 10 个具有当地特色的作坊，已有三四家关门停业，仿古一条街两侧的商铺也基本成为摆设。一位村民说，虽然建起了特色民居，但村民参与的少，项目不多，表演的内容少，没有太多挣钱的路子，带动不了经济发展。

礼泉县烟霞镇袁家村地处关中平原，这里缺山少水，自然和人文条件均不突出，也不是政府重点扶持的“典型村”。但这个村的村干部们带领村民们想办法、出点子，齐心协力硬是以独具特色的关中“农家乐”特色旅游打开了一片发展的新天地。

(资料来源：张伯达, 梁爱平. 陕西两个“美丽乡村”村旅游一冷一热的启示[N]. 三秦都市报, 2015-08-15.)

由于对旅游产品认识的不一致，使得两个“美丽乡村”一个是“项目不多”，“带动不了经济的发展”，一个是“打开了一片发展的新天地”，旅游产品的认识与开发决定了两个乡村一冷一热。

旅游经济活动中生产什么、如何生产、为谁生产所指向的对象是旅游产品，旅游产品是旅游经济活动运行的核心，理解旅游活动所有特征性的出发点是旅游产品。

2.1 旅游产品的概念与构成

2.1.1 旅游产品的概念

产品是指能够供给市场，并能满足人们某种需求的劳动成果。旅游产品能满足人们对异域体验的需求，具有使用价值；旅游产品是劳动成果，具有价值。旅游产品是一种满足旅游者在旅游活动过程中的精神、文化、生活需求的物质实体和非物质形态的服务，它是旅游者支付一定的金钱、时间和精力所获得的一种特殊的经历和体验。在旅游活动中，旅游产品是交换的对象。在市场条件下，旅游经济运行实质上就是旅游者和旅游经营者之间的旅游产品交换过程。

1. 从旅游者(需求者)角度

从旅游者的角度来看，旅游产品是旅游者花费一定的时间与费用所购买的对象，它使得旅游者通过异域的体验获得精神愉悦的心理满足。这种体验的实现是通过对一系列不同的旅游服务和旅游商品组成的综合体的消费而实现的，体验的内容包括旅游者从离开常居地到旅行结束归来的全部过程中所获得的对接触过的事物、事件和服务的综合感受。人们的一次旅游经历便是一个单位的旅游产品，因此，描述旅游产品的数量常用旅游人次来表示。

2. 从旅游生产者(供给者)角度

从旅游生产者(供给者)的角度来看，旅游产品是凭借着旅游资源和旅游设施，向旅游者提供其在整个旅游活动过程中所需的全部服务和商品，它是由多种成分组合而成的综合体，包括以服务形式表现出来的无形产品，也包括向旅游者提供的有形产品。

组成旅游产品的各个异质成分称为单项旅游产品，如乘坐飞机的一个座位，宾馆住宿的一间客房，餐饮消费的一顿美食，景区参观的一次行程等，都是构成一次旅行的单项产品。单项产品也包括硬件设施和服务两个部分。经营单项旅游产品的部门和企业的经营是各自相互独立的，各自围绕自己的目标市场服务，它们大多数并不只是向旅游者提供产品，如交通、餐饮、住宿等都不只向旅游者提供产品，或者说购买这些产品的人并不只是旅游者。这些异质成分各自处于独立的状态，只有当各种成分进行有机组合，才能形成完整的旅游产品，这些单项产品才能转变为单项旅游产品。单项旅游产品组合成为综合性旅游产品的过程是旅游产品的加工生产过程不可或缺的一部分，它可以由专门的企业如旅行社完成并向旅游者提供，也可能是旅游者自己进行组合，这一过程可以看作旅游者参与生产的过程，它类似于自给自足的生产。将单项旅游产品组合的生产过程是旅游产品的特有生产过程，是旅游产品最终形成的标志，这一过程也是将各个单项产品转变为“旅游”产品的必须过程。

图 2.1 旅游产品是综合的

(图片来源：news.hexun.com)

2.1.2 旅游产品的构成

旅游产品的组成成分较为复杂。有的是有形的物质成分，有的是无形的非物质成分；有的是社会提供的，有的是自然存在的。为了更好地了解旅游产品，有必要对旅游产品的组成进行分析。

1. 从产品形态分

从产品形态来看，旅游产品主要有无形和有形两大部分：无形的是旅游服务，有形的包括旅游资源、旅游设施、旅游商品。

旅游服务是旅游服务人员运用一定的旅游设施设备为旅游者提供的满足其在旅游活动中某一需求的非实物形态的劳动成果。旅游服务是旅游产品的组成部分，和其他产品一样，它是劳动成果，因此具有价值，它能满足旅游者的某一方面的需求，因此具有使用价值。旅游服务包括基本服务和辅助服务，基本服务包括导游服务、客房服务、餐饮服务、交通服务、娱乐服务等；辅助服务包括医疗、金融、保险、通信、咨询、出入境手续、托运、签证等服务。

旅游资源与旅游设施是旅游产品不可或缺的一部分，它可能作为旅游产品而被旅游者直接购买，也可能作为旅游服务的生产要素内容而被旅游者间接购买。

旅游资源是自然界和人类社会凡能对旅游者产生吸引力，可以为旅游业开发利用，并可产生经济效益、社会效益和环境效益的各种事物和因素。吸引性是旅游资源最根本的特征，可用性与效益性也是旅游资源的本质要求。自然旅游资源，如名山、森林、草原、峡谷、岩洞、峰林、石林、火山、海滩、沙漠、戈壁、岛屿、湖泊、河流、古树名木等，是在自然界不断发展演化过程中产生的，是自然历史的产物。人文旅游资源，如历史纪念地、古遗址、名人故里、帝王陵寝、寺院、石窟、古建筑、古园林、现代城风貌、公园、游乐场所、民俗风情等，是在人类社会发展变化过程中产生的，是人文历史的产物。

旅游设施为旅游者活动提供方便，是完成旅游活动的必需手段。旅游设施是组成旅游产品的重要因素，它使旅游资源产生的吸引力变成现实的行为。旅游设施分为两大类：

(1) 旅游服务设施，是直接为旅游者提供服务所凭借的物质条件。如为旅游者提供住宿的设施有旅馆、汽车旅馆、别墅、度假村、野营帐篷、游船、农舍等；提供餐饮的有餐馆、餐厅、咖啡屋、烧烤场所等；提供交通服务的有汽车、火车、飞机、游船、缆车等交通工具；提供娱乐服务的有乐园、娱乐场所、影剧院、夜总会、歌舞厅等；提供购物的有旅游商店、摊点等；提供其他服务的有旅行社、咨询服务处、医院、银行和保险公司以及一些政府机构等。

(2) 旅游基础设施，是目的地区域建设的基本设施，如内部交通道路系统；水、电、气、热的供应系统；废物、废气、废水的排污处理系统；邮电通信系统；医疗卫生系统；安全保障系统等，以及从客源地到目的地的外部交通基础设施。旅游基础设施有专门为旅游而建设的，但大多数是为了城镇居民生活、生产需要所建设的。

图 2.2 旅游购物也是旅游活动

(图片来源：travel.cnr.cn)

旅游商品是旅游者在旅游活动过程中所购买的并不完全满足旅游活动中即时消费需求的有形物质产品。旅游商品是旅游产品的重要组成，是旅游六要素中“购”的部分。凡是旅游中异地购买、不即时消费、物质形态的都是旅游商品，因此旅游商品具有多样性，并不局限于某种类型，但其本质是旅游活动异地体验的组成与延伸。具体而言，它可以是具有地域特色的旅游纪念品，其实质是将异域旅游体验物态化；它也可以是具有地域特色的实用商品，这些实用商品本身就是异域旅游体验的对象，从而使得购物旅游成为一种新的旅游类型；它也可能是旅游者体验异域购物过程的附带结果。

案例分析

在 2015 年春节长假期间，大量我国游客涌入日本各处的观光旅游胜地。“中国购物潮”席卷日本列岛，东京的三越银座店在春节长假的前 3 天(18—20 日)免税品销售额达到去年同期的 3.4 倍。尽管也受惠于免税商品范围扩大等，该店宣传部门表示“销售额的增长超过了预期，价值近 100 万日元(约合 5.3 万元人民币)的珠宝饰品等奢侈品也十分走俏”，感到春节商战效果非常好。家电领域除了一直畅销的电饭煲等常规商品外，温水冲洗坐便器今年也大受欢迎。东京秋叶原的“友都八喜”家电商场负责人表示，“进货后马上就卖出了，现在已几乎脱销”。据大型住宅用品公司骊住(LIXIL)的负责人介绍，今年海外规格产品的销量达到了去年的 2 倍多，已开始增加生产。

(摘自新浪财经)

2015 年 2 月，全球最大的购物退税服务体系——环球蓝联集团发布的数据显示，2013 年的第四季度，中国游客的平均花费为 804 欧元，约合人民币 6 727 元，保持了全球第一的位置。中国游客在海外到底买了些什么？奢侈品、纪念品、高科技产品占据了多数。“一个秋高气爽的傍晚，在 2 000 名游客的掌声和欢呼声中，由中青旅包的一艘邮轮从天津港鸣笛起航。在此后八天七晚的海上旅程里，这艘邮轮所到之处免税店里，从奶粉、化妆品、皮具服饰，到钟表、珠宝，都被乘客们蜂拥争购。”这是中青旅一位导游对自己所带旅行团的描述。

为什么中国游客在境外会有这么强烈的购物欲？价格便宜是首要原因。有调查显示，中国游客认为在国外购买奢侈品的价格会比国内便宜，出国顺便购买慰劳自己和家人的占

71%。欧洲不少商品的价格低于国内，特别是奢侈品，在欧洲购买比内地便宜很多。中央电视台曾经做过的调查显示，在中国内地，奢侈品的平均价格比法国高 70%，比美国高 50%。在巨大的价差面前，有奢侈品消费需求的人自然会选择到国外购物。

(摘自新华网财经)

简要分析：到异地购买不同类型或不同品质或不同价格的商品，或体验不同的购物环境也是一种异域旅游体验。

2. 从产品功能分

根据产品功能的不同，旅游产品由餐饮、住宿、交通、游览、娱乐、购物(吃、住、行、游、娱、购)和其他服务等部分组成。住宿、餐饮是旅游者得以在旅游活动中满足自身基本生理需求的产品，也是旅游者异域体验的重要内容；游览和娱乐是旅游的核心产品，是决定旅游者购买的最主要因素；交通为旅游者提供“旅”的功能，是旅游者实现“异域”体验的方式，也是旅游产品特征形成的最主要因素；购物为旅游者提供特色纪念品与实用产品的消费，它是旅游产品满足异域体验的组成与延伸，也逐渐成为旅游吸引物的组成部分；其他服务则包括金融、通信、邮电、医疗保健、保险等，它们为旅游者提供辅助服务。

旅游产品的这些要素可区分为基本需求部分和非基本需求部分。基本需求部分是旅游活动过程中几乎每个旅游者所必需的部分，其弹性较小，如住宿、饮食、交通、游览等。非基本需求部分并非是每个旅游者所必需的，容易受到根据旅游者的兴趣爱好、支付能力、价格水平等的影响，弹性较大，如娱乐、购物以及其他的一些辅助服务。

参考资料

表 2-1 是 2013 年外国过夜游客人均天花费构成(按国别分组)。

表 2-1　2013 年外国过夜游客人均天花费构成(按国别分组)　　单位：美元/人·天

国家	人均天花费	长途交通	住宿	餐饮	游览	娱乐	购物	市内交通	邮电通信	其他
日本	255.13	38.8	14.5	8.6	4.9	6.9	15.5	1.9	1.6	7.3
菲律宾	203.70	24.3	9.5	6.2	5.1	6.3	40.6	1.3	1.7	5.0
泰国	193.32	33.1	12.9	8.2	5.1	6.7	21.1	2.2	2.1	8.6
新加坡	213.79	38.2	15.0	9.7	4.7	6.1	16.5	2.5	1.2	6.1
印度尼西亚	199.79	35.3	12.4	6.4	4.9	5.7	21.0	2.3	2.7	9.3
马来西亚	188.43	35.8	12.9	7.3	5.3	4.6	23.4	1.8	2.3	6.6
韩国	240.80	34.2	13.5	8.0	5.0	7.8	17.6	2.1	1.5	10.3
朝鲜	178.58	39.7	11.3	8.5	3.4	6.5	18.7	2.1	1.7	8.1
蒙古国	232.88	25.3	4.1	4.6	6.6	4.4	48.2	2.1	1.2	3.5
印度	188.96	36.9	14.5	7.2	4.3	6.2	16.3	3.2	1.0	10.4

续表

国家	人均天花费	长途交通	住宿	餐饮	游览	娱乐	购物	市内交通	邮电通信	其他
越南	164.35	42.1	16.1	8.9	8.2	5.0	13.7	1.2	1.1	3.7
缅甸	212.72	31.9	10.2	5.9	7.2	8.0	22.8	1.4	1.2	11.4
哈萨克斯坦	299.88	20.8	5.5	3.0	2.0	5.2	47.1	1.0	1.7	13.7
英国	211.57	35.4	12.1	5.3	3.8	3.4	29.4	1.4	1.6	7.6
法国	240.32	39.4	11.9	6.3	4.6	4.6	21.6	2.0	2.1	7.5
德国	223.58	44.0	13.7	8.1	3.5	6.1	14.0	2.9	1.3	6.4
西班牙	231.40	37.1	14.7	7.0	4.4	4.2	18.9	2.0	1.0	10.7
意大利	231.05	38.1	15.4	8.7	4.0	4.5	16.8	1.5	1.4	9.6
荷兰	229.28	42.7	11.7	7.6	3.9	5.1	19.5	1.9	2.0	5.6
瑞典	215.88	36.3	13.2	7.3	7.9	4.6	21.0	1.8	2.8	5.1
俄罗斯	238.99	29.7	8.6	4.2	3.2	3.6	37.8	2.1	1.8	9.0
瑞士	223.48	41.9	11.0	5.8	4.5	10.1	15.2	1.8	1.0	8.7
乌克兰	180.90	40.7	12.3	6.0	5.9	4.5	16.2	3.1	2.0	9.3
美国	206.52	41.5	13.9	6.9	4.9	4.4	15.4	1.7	1.1	10.2
加拿大	217.18	40.1	12.6	6.9	4.1	5.4	16.4	1.9	1.3	11.3
澳大利亚	220.69	41.4	14.0	9.0	5.4	6.5	14.0	2.3	1.0	6.4
新西兰	236.67	41.7	11.0	7.4	4.8	4.6	19.1	1.8	1.3	8.3
非洲国家	196.89	40.9	14.9	6.6	4.7	6.3	15.4	2.7	1.3	7.2
中南美洲国家	193.51	39.0	16.0	7.3	5.5	6.0	13.5	2.0	1.2	9.5
其他国家	177.80	39.8	14.3	6.6	3.7	4.4	19.2	2.0	1.2	8.8

(数据来源：国研网旅游行业数据库)

2.2 旅游产品的类型

旅游产品的类型具有多样性，依据不同的标准，旅游产品可以分为不同的类型。

2.2.1 按旅游产品消费目的分类

依据旅游产品的消费目的，旅游产品包括以下几种类型。

1. 观光旅游

观光旅游是指以观赏、浏览自然风光、名胜古迹等为目的的旅游产品。这类旅游产品在世界许多国家又被称为“观景旅游”产品，主要有山水风光、城市景观、名胜古迹、国家公园、主题公园、森林公园和海洋公园等。观光旅游是传统旅游产品，其构成了世界旅游产品的主要部分。从现代旅游产品发展趋势看，大部分观光旅游产品不仅仅是纯观光旅游，其往往包含了较丰富的文化、娱乐内涵。

图 2.3　旅游产品的类型是多样的

(图片来源：www.taopic.com)

2．度假休闲旅游

度假休闲旅游是指旅游者利用假期进行休养和消遣的旅游方式。度假旅游通常有海滨旅游、乡村旅游、森林旅游和野营旅游等。度假旅游强调休闲和消遣，通常要求自然景色优美、有良好的气候、令人满意的住宿设施、完善的文体娱乐设施及便捷的交通、通信条件等，是深受国内外旅游者所喜爱的现代旅游产品。

3．公务旅游

公务旅游是指人们以出差、参加会议、经营洽谈、商务活动或交流信息等为目的的旅游活动。公务旅游作为一种新兴的旅游方式，其是以公务为主要目的，以旅行为手段，以游览和娱乐为其辅助活动。随着现代旅游经济的发展，不仅公务旅游越来越频繁，而且公务旅游设施和服务也迅速向现代化发展，并为各类企业家、经营者、营销人员、会议参加者及各种工作人员提供多方面的旅游服务。

4．探亲访友旅游

探亲访友旅游的动机是出于社会原因，也就是说受某种社会义务的驱动，如参加婚礼和葬礼、出席生日或纪念日等，这种旅游可以满足个人的某种需要，如享受和亲友相聚的乐趣。因此，探亲访友旅游对需求变化不敏感，需求弹性较小，旅游流量在一年中各个月份的分布相对来说比较均匀。探亲访友旅游者倾向于选择在感恩节、圣诞节、中秋节、春节等时段出行，而这些时段正是其他旅行活动的淡季，因此，探亲访友旅游具有“熨平”由其他旅游活动所产生的“需求峰谷”的潜力，能在一定程度上补偿旅游需求的季节性变动所造成的不利影响。

5．健康疗养旅游

健康疗养旅游是指能够使旅游者身体素质和体能得到不同程度改善的旅游活动。任何一种旅游活动都有益于旅游者的身心健康，而健康疗养旅游更是如此。健康疗养旅游一般包括体育旅游和保健旅游。体育旅游有滑雪、高尔夫球、探险、漂流、冲浪、滑水、蹦极等；保健旅游主要有健身旅游、疗养旅游、森林旅游等。健康疗养旅游通常需要一定的设施、器材和场地等条件。

6．其他新型旅游

随着旅游业与其他产业的融合，新型旅游产品不断产生。新型旅游产品主要是指旅游者在外出旅游的同时，把学习和探求专业知识、技能作为旅游的主要目的，以增长知识、开阔视野，促进自身业务水平的提高。其类型包括研学旅游、工业旅游、务农旅游、学艺旅游、科技旅游、探险旅游和考察旅游等。这些产品大多数是满足旅游者某一方面的特殊需要，其内容也多数是业务性很强的活动。

参考资料

表 2-2 是 2013 年城镇居民国内游客人均每次花费(按旅游目的分组)。

表 2-2　2013 年城镇居民国内游客人均每次花费(按旅游目的分组)　　单位：元/人次

不同分组类别		人均每次花费	观光游览	度假休闲	公务出差	探亲访友	健康疗养	其他
调查总平均		1 069.8	1 126.5	858.5	2 065.1	893.0	835.1	574.9
按性别分组	男性	1 106.6	1 070.6	858.2	2 025.2	924.5	970.0	631.3
	女性	1 023.1	1 189.2	858.8	2 202.9	856.9	623.9	507.1
按年龄分组	14 岁及以下	718.7	919.7	607.7	—	631.9	259.1	318.3
	15～24 岁	1 085.6	1 186.6	937.6	1 794.2	996.9	564.3	320.1
	25～34 岁	1 258.1	1 286.1	995.8	2 029.2	1 105.5	1 275.2	1 017.6
	35～44 岁	1 260.5	1 259.4	1 036.4	2 363.1	947.3	603.1	1 205.4
	45～64 岁	974.9	1 106.8	761.0	1 923.3	706.0	1 021.3	475.9
	65 岁及以上	608.5	733.7	457.7	1 392.1	577.0	499.8	160.0
按接受教育程度分组	初中及以下	718.7	916.1	627.3	1 081.5	607.3	385.5	304.1
	高中(中专/职高/技校)	910.5	985.9	752.8	1 528.8	840.1	452.6	401.9
	大学本科、大专	1 209.5	1 265.4	952.4	2 158.3	1 004.2	1 255.6	987.0
	研究生及以上	1 508.9	1 211.7	1 182.8	2 868.7	1 159.4	608.7	217.9

(数据来源：国研网旅游行业数据库)

2.2.2　按旅游产品整合加工的主体分类

按照对单项旅游产品进行整合加工的主体不同并引致的旅游销售方式的不同，旅游产品可以分为包价旅游产品和自助旅游产品。

1．包价旅游产品

包价旅游产品，是指旅行社或其他旅游服务企业预先安排行程，提供或者通过履行辅助人提供的交通、住宿、餐饮、游览、导游或者领队等两项以上旅游服务，旅游者以总价支付旅游费用购买的旅游产品。

包价旅游产品，是由旅行社等旅游服务企业将交通、住宿等各个单项旅游产品进行组合加工而形成整体性旅游产品。对单项旅游产品进行加工组合的企业主要是旅行社，这也是旅行社所提供的产品形态，是旅行社活劳动的体现，但随着新型服务方式的出现与发展以及旅游企业间的相互融合，在线旅游服务商及饭店等都可以成为提供包价旅游产品的服务企业。包价旅游产品又包括团体包价旅游产品、散客包价旅游产品、半包价旅游产品、小包价旅游产品和零包价旅游产品。

(1) 团体包价旅游产品是指旅行社把若干旅游者组成一个旅游团体，按照统一价格、统一行程、统一内容所进行的旅游活动。团体包价旅游产品具有以下特点：一是旅游者一旦购买了团体包价旅游产品后，只要随团旅游即可，一切旅游活动均由旅行社负责安排，既方便便宜，又安全可靠；二是旅行社一旦销售出团体包价旅游，就要配备领队和导游，并负责安排好食、住、行、游、购、娱等活动及全程安全等；三是团体包价旅游通常是把旅游者的食、住、行、游、购、娱等全部包下来，但也可以只包其中一部分。

(2) 散客包价旅游产品是指旅游者不参加旅游团体，而是以一个人或一家人向旅行社购买某一旅游产品的包价旅游。散客包价旅游一般没有较多的约束，比较自由，安排也根据旅游者需求而较灵活，受到旅游者的广泛欢迎，因而发展很快，也是现代旅游发展的趋势。但是，散客包价旅游不能享受团体旅游的优惠，因而其价格一般都高于团体包价旅游。

(3) 半包价旅游产品是指在全包价旅游的基础上，扣除中餐、晚餐费用的一种旅游产品形式，其目的在于降低产品的直观价格，提高产品的竞争力，同时也是为了满足旅游者在用餐方面的不同要求。

(4) 小包价旅游产品又称可选择性旅游产品，由非选择和可选择两个部分组成。非选择部分包括接送、住房和早餐等，可选择部分包括导游、节目欣赏和参观游览等。旅游者可以根据需要、兴趣、时间和经济条件等因素自由选择。小包价旅游产品对旅游者而言具有更多的优势。

(5) 零包价旅游产品是一种特殊的旅游产品形态。选择这种旅游产品的旅游者必须随团前往和离开旅游目的地，但在旅游目的地的活动完全是自由的，形同散客。旅游者可获得团体机票的优惠。

2. 自助旅游产品

自助旅游产品是指旅游者不通过旅行社组织，而是自己直接向航空公司、车船公司、旅游饭店、旅游景区预定或购买单项旅游产品，按照个人所需及偏好所进行的旅游活动。自助旅游产品是由旅游者自己将各个单项旅游产品进行组合加工而形成整体性旅游产品。随着旅游消费的大众化、个性化、日常化，以及旅游供给和旅游销售渠道的多样化、便捷化，自助旅游产品消费或者说是旅游产品组合的自助生产成为越来越多的旅游者的选择。

参考资料

《2013—2014 中国自驾游发展研究报告》指出，2013 年，全国自驾车旅游总人数约为 17.3 亿人次，较 2012 年增加 3.7 亿人次，占年度出游人数的 53%。

(摘自华商网)

扬州各景点统计数据显示，自驾游游客逐渐成为出游的重要人群，散客占了旅游人群的大头，2015 年 3 月 21 日，个园散客占比 77%，何园散客占比 70%，茱萸湾散客占比 94%。此外，以休闲度假为主的深度游所占比例也大幅提高。

“更多游客倾向于自行设计线路、通过网络预订门票的自由行方式。以自驾为代表的散客自助游，已经成为我市旺季旅游市场的主力军。”业内人士分析，“相比以往，游客的出游方式更灵活了。而无论哪种形式，‘闲’字当头的自由行已经成为旅游市场最火爆的产品。”

(摘自新浪江苏)

2.2.3　按旅游产品的开发程度分类

为了有效地满足旅游者需求，必须对旅游产品进行开发和提升。按照对现代旅游产品的开发程度可分为全新旅游产品、换代旅游产品和改进旅游产品等。

1. 全新旅游产品

全新旅游产品是指为了满足旅游者新的需求，运用新技术、新方法、新手段或对新的旅游资源进行创新开发而形成的旅游产品，包括新的旅游景点、新的旅游饭店、新的旅游项目、新的旅游线路，以及新的专项旅游活动等。

2. 换代旅游产品

换代旅游产品是指对现有旅游产品进行较大的改造，如对旅游饭店进行改造而提高服务档次和质量；对旅游景点进行改造而丰富游览内容；在旅游度假中增加保健旅游产品；把一般公园改造成主题公园等。换代旅游产品的开发周期虽然相对较短、风险较小，但创新不够。因此，必须针对旅游者的需求变化来进行旅游产品的换代。

3. 改进旅游产品

改进旅游产品实质对原来的旅游产品不进行较大的改造，而是通过局部的改变或添加部分内容以增强旅游产品的吸引力，从而巩固和拓展客源市场。如旅游饭店增加服务内容，旅游景区增加新景点，旅游路线增加新内容等。

参考资料

随着时代的发展和生活水平的提高，国人的旅游消费观念和模式正悄然变化。很多游客不再满足于游览传统景点，而是希望通过旅游达到放松身心或者通过深度游来增长见闻的目的。出游选择日渐个性化，旅游消费也呈现出多元化的拓展趋势，于是乎顺应市场，推陈出新，提供高品质的、差异化的旅游产品也就成了旅游企业发展的必然趋势。如今，那种可看、好看，却人挤人，“花钱买罪受”的旅游方式显然已经不能满足一些人的需要，当他们更多地追求高品质的服务和“花钱买享受”的时候，旅游已然开始成为人们改善生活质量、提升生活品质的重要方式。如今游客出游需求和出游方式已从传统的观光旅游向休闲旅游、度假旅游、乡村旅游、深度游等多种旅游形态转变。人们的旅游消费动机和出游方式多样化、出游时间分散化，对旅行社服务的要求越来越高。如何调整产品结构，满足游客特质化需求，已经成为各大旅行社必须面对的问题。提供高品质的服务和个性化、差异化的产品，是满足游客多层次需求的根本所在。

随着人们旅游阅历的不断丰富，越来越多的旅游者开始追求在旅游目的地深度体验，他们希望能够主动地走进一座城市，在那里更从容地停下来，参与融入当地的文化中去。而从各大旅行社推出的线路也不难看出，像新马泰十日游、欧洲四国十日游等“串连式”的旅行方式正在逐渐被“泰国 6 日游”“济州岛 4 日游”等单一式的目的地取代。而在最近几年，大小景点随处可见三三两两年轻的“背包客”、各大景区停车场内挂着外地牌照的私家车越来越多、遍布于各大网站论坛的“自由行攻略”非常火爆……这些场景也在提醒我们：国内旅游市场已经进入了散客时代，自助游和自由行的比例近年迅速飙升，并且越来越受到年轻旅游爱好者的青睐。

(资料来源：旅游消费观念和模式悄然变化 差异化产品成行业趋势[EB/OL]. http://news.cthy.com/Allnews/10181.html[2015-08-10].)

2.3 旅游产品的特征

旅游活动围绕旅游产品的生产、交换、消费而展开，旅游产品的特征是旅游活动中各种特征性产生的根源。旅游产品的特征来源于其“旅”与“游”的特征性。“旅”使得旅游产品对于旅游者而言具有异域性，消费过程有赖于旅游者的空间位移；“游”使得旅游产品的消费活动是一种体验，效用的表现是满足旅游者身心的愉悦。

2.3.1 旅游产品的异域性

异域性是旅游产品中“旅”的特征性的反映。对于旅游者而言，旅游产品存在于异域的场景中，其生产、交换、消费都是经过“旅”的过程在异域进行的。旅游产品的实现不在于产品本身的流转，而是有赖于旅游者亲身在空间上“旅”的移动，这一个过程既是消费过程，也是对单项旅游产品的组成生产过程。旅游产品的异域性使得进行旅游活动的选择具有以下一些特征：①时间对消费的约束。异域性使得旅游者的消费需要亲身的时间，在旅游者进行产品选择时，其约束条件不仅在于收入，也在于其自身能否进行“旅”所需要的闲暇时间。②信息不对称与风险规避的考虑。异域性是旅游产品的本质特征，追求异域性也是旅游者的要求，但是对于旅游者，异域性不仅带来了更丰富多彩的旅游体验，也带来因为差异而引起的信息不充分以及相应风险性，而这种风险性还需要其亲身的实践，因此规避风险也是旅游者选择的重要约束。

2.3.2 旅游产品的体验性

体验性是旅游产品中“游”的特征性的反映。旅游的过程就是异域的体验，旅游者消费旅游产品的目的就是获得多样、舒适的生活场景、生活方式、生活历程的体验。因此，旅游者的效用感知与效用评价都是依据旅游产品对其体验性需求的满足。名山大川、文物古迹固然是重要的旅游吸引物，但也仅仅是旅游体验的组成部分而不是全部，异域餐饮、异域住宿、异域交通中的人、物以至环境、方式无不是旅游体验的对象。

2.3.3 旅游产品的综合性

旅游产品既具有“旅”的要素，因为旅游者离家外出，需要吃、住、行等基本生活服务；又要具有“游”的要素，为了实现旅游目标，需要游、购、娱等方面的服务。所以要求旅游产品是一个能够提供多种服务的、组成成分复杂的完整产品，任何一个组成成分的缺乏都有可能造成旅游产品无法生产和销售。旅游产品的综合性不仅表现在组成成分的综合上，还表现在满足物质享受和精神享受的综合、直接部门和间接部门的综合、经济部门和非经济部门的综合上。综合性使得在旅游产品的供给方面具有木桶效应，供给的数量与质量取决于最低值的量。

图 2.4 木桶效应

(图片来源：http://pic.baike.soso.com)

旅游产品的整体性使其实现易受多种因素的影响而体现较大的波动，使得旅游产品的供给与需求都显现出较大的敏感性。这些影响因素有旅游产品自身的，也有客源国(地)的、目的国(地)的以及客源国(地)和目的国(地)之间关系等外部因素。任何一个因素的微小变化都有可能导致旅游产品销售量的较大变化。尤其是一些灾难性的因素出现，如地震、疾病的流行、核泄漏、政治危机等，都会对旅游产品造成致命的打击。

知识链接

无形性、不可转移性、不可存储性等服务产品的特征也是旅游产品的“特征”，被学界的许多著述所认同，但相关著述在说明这些特性的时候无一例外地都指出这些是旅游产品的主要方面的特征。实质上旅游产品不能等同于服务产品，其内容也并不完全局限于服务产品。旅游产品的特征之处在于“旅”与“游”的本质特征。因此，以上这些“特征”既不能体现旅游产品的实质内涵，也不能体现旅游产品与其他产品相比的显性差异，也不能支撑旅游经济特征分析，不足以作为旅游产品的“特征”。

本章小结

本章介绍了旅游产品的概念，依据产品的消费目的、整合加工的主体、开发程度等标准介绍了旅游产品的类型，立足于“旅”与“游”的实质内容，阐释了旅游产品的特征。旅游产品是旅游各方主体选择的对象，本章为旅游供、需行为的学习提供了对象内容，也为进一步对旅游活动选择的特征理解提供了逻辑起点。

复习思考题

一、填空题

1．旅游产品的有形部分包括________、________与________。

2．在市场条件下，旅游经济运行实质上就是旅游者和旅游经营者之间的________交换过程。

3．“温泉疗养”是________旅游产品。

4．旅游产品中属于非基本旅游需要的构成要素有________。

5．旅游产品的________，使得旅游者必须离开常住地才可能实现旅游消费。

二、名词解释

1．旅游产品
2．旅游资源
3．旅游服务设施
4．度假休闲旅游产品
5．旅游产品的体验性

三、简答题

1．说明旅游产品的类型。
2．说明旅游产品的特征。
3．举例描述旅游产品的构成要素。

四、案例分析题

随着玉门关、悬泉置两处遗址成功入选世界文化遗产名录，“敦煌号”品牌旅游列车开通，敦煌旅游业知名度和影响力不断提升。2014 年，全市旅游接待人数达到 507 万人次，实现旅游收入 48 亿元，旅游综合效益再创历史新高。

在敦煌国际文化旅游名城建设中，敦煌市多层次、全方位丰富旅游产品，开展旅游宣传推介。为有效拉动冬春旅游市场，敦煌莫高窟参观洞窟数量由旺季的 8 个增至 12 个，其中包含 1 个特级洞窟。敦煌市切实做好航线航班培育，积极争取旅游专列开通。敦煌国际航空口岸临时包机业务获批，永久开放列入海关总署年度审理计划。全年开通的“敦煌号”旅游专列，使旅游通达条件更加便捷。敦煌市不断加强旅游基础设施建设，实施丝绸之路国际会展中心、千年敦煌、莫高窟数字展示中心、敦煌美术馆等新建、续建文化旅游项目 35 个。敦煌市还加大智慧旅游建设，于 2014 年 10 月 15 日起实行线上门票和线路的销售。

(资料来源：张晓亮, 王斌银. 敦煌旅游综合效益创新高[N]. 甘肃日报, 2015-02-09.)

基于旅游产品的构成与特征，对以上材料予以评述。

第3章　旅游需求与消费

学习目标

知识目标	技能目标
① 掌握旅游需求的概念； ② 了解旅游需求的影响因素； ③ 掌握旅游需求函数与曲线的经济学含义； ④ 掌握旅游需求弹性的概念； ⑤ 掌握旅游消费的概念； ⑥ 了解旅游消费的结构与特点。	① 能利用弹性工具实际分析旅游需求的影响因素与影响力； ② 能利用效用分析与无差异曲线分析两种方法分析旅游者消费选择的组合决策方式； ③ 能运用效用与风险理论分析旅游者面对风险时的决策方式。

知识结构

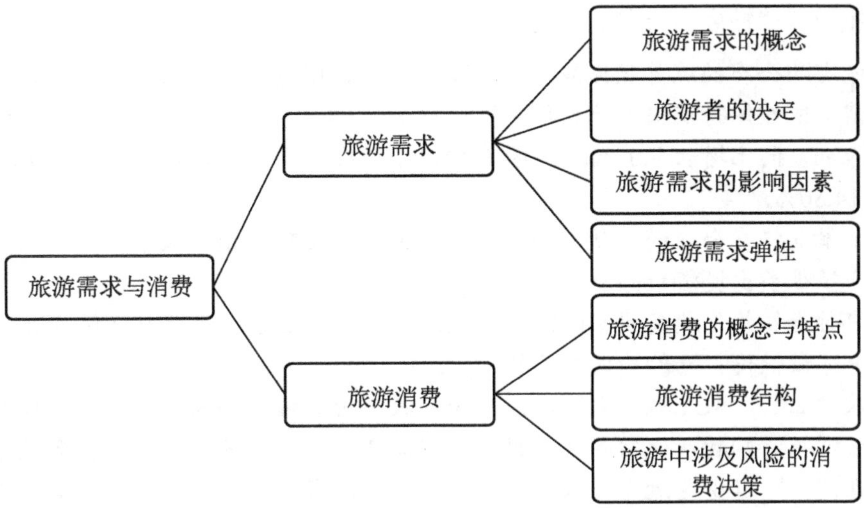

导入案例

经济危机对我国旅游需求的影响

国家旅游局最新统计显示，我国入境旅游特别是外国人入境游人数和外汇收入2008年8、9月份持续下降；与此同时，出境旅游保持旺盛势头，“抄底世界风光”者日益增多，由于与全球经济形势相关度高，我国旅游业呈现出“东边日出西边雨”的形势。

入境旅游：秋风习习

统计数字显示，2008年1—9月，中国实现旅游外汇收入298.28亿美元，同比下降3.26%。1—9月，入境旅游人数为9 729.74万人次，同比下降0.37%。其中外国人1 835.27万人次，下降3.53%。美国次贷危机引发的全球性金融危机对旅游需求特别是入境旅游造成了不利影响。包括酒店在内的旅游业，与宏观经济基本面相关性非常高。金融风暴最先影响的是以欧美市场为主的旅游项目。例如，三峡游轮每年8—11月与欧美等旅行社签订次年订单。目前的订单情况显示，明年境外客源减少可能近50%。维京公司承销的新世纪游轮公司的两条游轮，明年可能放弃一条。由于遭受金融危机影响，维京在欧洲的游船已停开了两艘，在越南和俄罗斯各停开一艘，公司在各国的游客量已下降20%。

出境旅游：“抄底出行”正当时

国家旅游局公布的统计数据显示，与欧美各国出团迅速减少形成对照的是，中国公民出境旅游需求依然保持较快增长态势。统计显示，2008年9月，中国公民出境旅游人数为371.75万人次，同比增长9.04%。1—9月份，中国公民出境旅游人数为3 439.18万人次，同比增长14.80%。

随着金融危机在全球的蔓延，许多发达国家货币出现贬值，股市大幅下跌。人民币相对升值带来了很多出境游新热点。

曾经堪称世界物价最高国家的冰岛，克朗与人民币汇率比两年前贬值将近1倍，很多货品堪称全球最低价，意外地成为购物天堂。

澳元破“五”、欧元破“九”，澳洲游和欧洲游降幅达每人千元之多。现在，中国人欧洲游、澳洲旅游购物，比往年便宜很多。澳洲正值春暖花开季节，澳大利亚著名的驼羊毛被，现在购买可以少花近千元人民币。一些国内游客已经开始预订近期甚至明年元旦春节的澳洲游、欧洲游。

北京各大出境旅行社信息显示，目前出境旅游价格全线下跌，欧洲游报价下降超过20%，美国下降约10%。8月份高达15 800元的欧洲全景游11国14日游，目前报价降至万元以内。

除了欧美外，东亚、东南亚旅游价格小幅下降。日本6日游由6 800元降至5 900元，泰国、印度尼西亚、韩国等旅游线也有所下降。

(资料来源：经济危机下，中国旅游业发展趋势[DB/OL]. http://travel.sohu.com/20081114/n260642989.shtml.[2015-08-18].)

本章我们将学习并理解旅游者的消费选择行为。和其他消费者的选择行为一样，旅游者的消费选择立足于自己的效用要求与经济条件约束，但由于他所消费的对象——旅游产品的特殊性，使得这一选择在内容、方式和结果方面具有自己的特征性。

参考资料

随着我国经济增长和人民生活水平的提高，我国旅游需求呈现快速增长的态势，表3-1是我国近年来旅游人次、旅游消费的基本数据。

表 3-1 我国旅游人次及旅游花费主要数据统计表(2004—2013 年)

年份	入境旅游人数/万人次	国内居民出境人数/万人次	国内旅游人数/亿人次	国际旅游(外汇)收入总计/亿美元	国内旅游收入/亿元	国内旅游人均花费/元	国内旅游总花费/亿元
2003	9 166.21	2 022.19	8.7	174.06	3 442.27	395.7	3 442.30
2004	10 903.82	2 885.00	11.02	257.39	4 710.71	427.5	4 710.70
2005	12 029.23	3 102.63	12.12	292.96	5 285.86	436.1	5 285.90
2006	12 494.21	3 452.36	13.94	339.49	6 229.74	446.9	6 229.70
2007	13 187.33	4 095.40	16.1	419.19	7 770.62	482.6	7 770.60
2008	13 002.74	4 584.44	17.12	408.43	8 749.30	511	8 749.30
2009	12 647.59	4 765.62	19.02	396.75	10 183.69	535.4	10 183.70
2010	13 376.22	5 738.65	21.03	458.14	12 579.77	598.2	12 579.77
2011	13 542.35	7 025.00	26.41	484.64	19 305.39	731	19 305.39
2012	13 240.53	8 318.17	29.57	500.28	22 706.22	767.9	22 706.20
2013	12 907.78	9 818.52	32.62	516.64	26 276.12	805.5	26 276.10

3.1 旅游需求

3.1.1 旅游需求的概念

市场经济条件下的旅游需求是全部旅游经济活动的出发点和归宿点，是决定旅游经济体系中市场结构与发展趋势、厂商导向与生产规模的主导力量。在经济学中，需求和需要不同。需求是指在一定时期内，人们具有支付能力的欲望和要求，又称有效需求，它包含两个方面的含义：一方面，需求产生于消费者的欲望和偏好，是一种主观表现；另一方面需求又必须受消费者收入和支付能力的约束，是一种客观存在。因此，需求是欲望与支付能力的统一。如果消费者仅有购买欲望而无支付能力，就不是需求，只是一种需要。

旅游需求数量是指在一定时期内一定价格水平下，旅游者愿意并能够以一定货币支付能力购买旅游产品的数量。由于旅游产品的特殊性，旅游产品的需求往往被表述为在一定时期内一定价格水平下，对于该旅游产品愿意并能够以一定货币支付能力购买的旅游者数量。

旅游需求价格是指在一定的时期内，对于一定数量的旅游产品旅游者愿意并能够支付的最高价格。由于消费者在购买旅游产品时往往是一个人一次买一个产品(虽然他可能特别喜欢某个景区，但他一般也不会为自己一次买两张门票)，所以旅游需求往往采用需求价格的方式反映。

3.1.2 旅游者的决定

1. 旅游者的偏好与效用

1) 概念

旅游者的偏好是指旅游者对旅游产品或产品组合的喜好程度。旅游者基于偏好对商品做出主观价值判断，并据此对旅游产品及其数量组合所带来满足程度的大小进行排序。偏好为旅游者的行为选择提供了主观指引。

旅游效用是指对于旅游者通过消费旅游产品使自己的需求、欲望等得到满足的一个度量。经济学家使用效用来解释有理性的消费者如何把他们有限的资源分配在能给他们带来最大满足的商品上。旅游效用是旅游者产品消费的目标追求与结果评价，也是旅游者对产品选择的依据。

旅游者的偏好与效用是一组既有联系又有区别的概念，它们的大小决定了旅游者对产品选择的倾向，偏好是效用的主观决定要素，在数量既定的情况下，偏好越大，效用越大。但偏好反映的是旅游者的喜好，而效用则是消费行为的结果评价，它不仅受到偏好的影响，也受到消费数量的约束。经济学中对消费者选择的主观倾向性描述时使用“偏好”，而在分析消费者的实际选择时则是依据效用。

2) 客观化

偏好与效用描述的是消费者选择的倾向与消费结果的评价，都具有主观性。但经济学不是心理学，其分析的工具、对象和结果都应当具有客观特征。在经济学的分析中，须要将偏好、效用等主观性的概念客观化，对其赋予客观特征并使用客观方式予以识别。

消费者主观性的偏好能被客观识别，是立足于经济学关于偏好的三个假设(注意我们在第1章关于假设的认识)，这三个假设来源于实践的一般性观察，是消费者行为研究的“公理”，是进一步研究消费者行为的条件。这三个假设是：完备性，这是说消费者可以比较所有产品或产品组合，能够排列这些产品或产品组合的偏好，如有两个可选择的旅游目的地 A 与 B，虽然旅游者不能计量 A 与 B 的大小，但总可以确定地说清楚他更偏好 A 还是偏好 B，或是两者没有差异；传递性，这是说，如果 $A \geq$[①]B，$B \geq C$，那么 $A \geq C$；单调性，这是说，对于消费者，所有单项产品都是“好”的，消费者偏好越多产品，如在相同的条件下，旅游者对于到两个地方旅游的偏好强于仅到其中一个地方。在经济学理论中，偏好的三个假设是序数效用理论的基础，即认为偏好与效用虽不能计量，但可以排序分析。

---

① “≥”是表示偏好大小的专门符号。

基于经济学自利且理性人的假设，消费者愿意付出的与其所能得到的相一致，因此消费者从一个产品中所能够获得的效用就与其愿意并且能够支付的价格相等，用经济学的术语表达就是边际效用等于需求价格。用需求价格来显现效用，是经济学理论中基数效用理论的思路。

2. 旅游需求的约束

1) 消费可能性

旅游者的选择受到可支配的收入、时间和价格的制约。一个家庭用于支出的收入是固定的，并且不能影响它所购买商品和服务的价格。家庭的预算线描述家庭消费选择所受的限制。

我们来看一看吕岩的预算线。假期快要来了，吕岩查了一下自己的账户余额，其可花费的积蓄余额为 5 000 元。他面临着两个选择，可以出去旅游或者参加自费培训班。旅游时每去一个地方的支出是 1 000 元；参加自费培训班，每个小时的课时费是 100 元。图 3.1 表示吕岩能支付旅游的地方与参加培训班的课时数的各种组合。*F* 点表示他把 5 000 元的可支配收入全部花光，能去 5 个地方而不能参加培训班。*A* 点表示吕岩把 5 000 元支配的收入全部花光，能参加 50 个课时的自费培训而不去任何一个地方旅游了——花光 5 000 元积蓄的另一种组合。表中的其他各行都花掉了他的全部可支配的积蓄。表 3-2 中的数字决定了吕岩的消费可能性，我们可以在图 3.1 中画出吕岩从 *A* 点到 *F* 点的消费可能性。

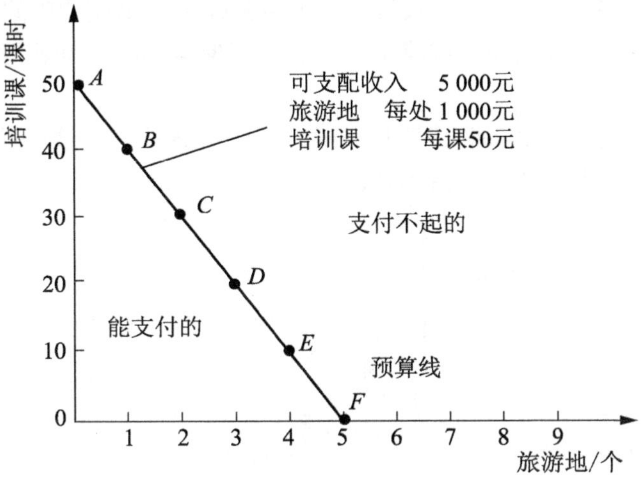

图 3.1 开支预算线

表 3-2 吕岩的消费可能性表

消费可能性	旅游地/处	培训课/课时	消费可能性	旅游地/处	培训课/课时
A	0	50	*D*	3	20
B	1	40	*E*	4	10
C	2	30	*F*	5	0

吕岩的预算线表示他买得起和买不起的界线。表中 3-2 的各行表示吕岩可支配的积蓄为 5 000 元时，他能去的旅游地数量和参加培训班课时数量的组合，去 1 个旅游地的支出是 1 000 元，选择参加 1 节自费培训课程的费用是 100 元。例如，在 *A* 点，吕岩花光全部 5 000 元的收入去参加 50 个课时的培训班而不去任何地方旅游，图 3.1 画出了吕岩的预算线。图中从 *A* 点到 *F* 点对应表中的各行。对于可分的旅游产品，预算线是连接的直线 *AF*。为计算吕岩的预算线方程，我们假设将所有的收入用于支出：

$1\,000Q_T+100Q_E=5\,000$(单位：元)或者表示为 $10\,Q_T+Q_E=50$ 或者表示为 $Q_E=50-10\,Q_T$ (3-1)

一些商品称为可分的商品——能够购买任何想要的数量，如租用以里程计费的旅游汽车。如果假设所有的商品和服务都是可分的，我们就能更好地理解家庭的选择。例如，吕岩可以去 1 个或者 1.5 个地方旅游。当我们假设旅游产品是可分的，消费可能性就不只是图 3.1 从 *A* 点到 *F* 点的几个点了，而是那些点加上中间的点组成的一条从 *A* 点到 *F* 点的直线，这条线就是预算线。

吕岩的消费预算线限制着他的选择。它标出了可买得起和买不起之间的界线。他能买得起线上的和线内的任何一点消费组合，而买不起线外的任何一点。对他消费的限制取决于商品的价格和他的收入，并且，这个限制随着商品的价格和他的收入的改变而变化。

由于旅游的异地性与体验性，使得具有稀缺性的闲暇时间也成为旅游需求最基本的约束条件。时间约束与收入约束形成的旅游可能性分析方式基本一致。不过需要注意的是时间约束受休假制度影响，具有较强的政策性，旅游者对其数量(闲暇时间的总量)及数量组合(闲暇时间的分配)并不完全支配。在我国，休假制度使得闲暇时间相对集中，从而形成较为明显的假日旅游。

可支配收入与闲暇时间共同构成了旅游需求的约束条件，但是对于不同的人群，其约束状况是不一样的，在同一坐标系统中反映，如图 3.2 所示，它可能有以下三种情况。

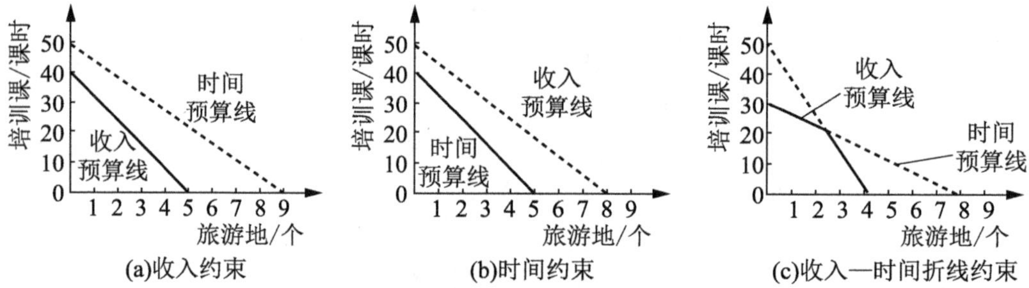

图 3.2 收入与时间对旅游需求约束的三种情况

旅游需求的实际约束受制于收入与时间预算的最低量，在图 3.2 中用实线表示。在图 3.2(a)中，时间预算大于收入预算，旅游需求量的预算线是收入预算线，对于学生等收入少而闲暇时间多的人往往如此；在图 3.2(b)中，收入预算大于时间预算，旅游需求量的预算线是时间预算线，对于有固定职业的人往往如此；在图 3.2(c)中，时间预算线和收入预算线存在着重合点，旅游需求量的预算线是折线型的收入—时间预算线。

2) 预算方程

我们可以用预算方程来表述预算线。预算方程基于可支配收入与时间是旅游需求的两个根本约束条件，但这两者之间确又存在此消彼长的替代关系，使得需求的分析需要纳入双重约束的系统之中。

参考资料

越来越多的学者关注到旅游需求的收入与时间双重约束，以及这两个约束条件本身的替代关系，鲁峰提出的统一性的约束模型值得借鉴，它的表达方式：$\sum_{i=1}^{n} P_i C_i = I_0 + (T - \sum_{i=1}^{n} T_i C_i)$ 或 $\sum_{i=1}^{n}(P_i + rt_i)C_i = I_0 + rT$。

(资料来源：鲁峰. 基于收入、时间双重约束的旅游消费分析[J]. 技术经济, 2008, 27(2): 91-94.)

3. 旅游者的选择

对消费者的选择，经济学中基于效用是否可以量度的分歧，有基数效用理论与序数效用理论两种方法，其表达方式虽然不同，但结论是一致的。下面就旅游者的选择依据这两种理论分别予以介绍。

1) 边际效用和效用均衡

基数效用理论使用可量度的效用进行分析。效用是一个抽象的概念，表示从消费物品中所得到的满足、享受或用处，满足程度的不同就是效用量的大小。旅游者进行旅游消费都希望获得最大的满足，即最大的效用。

图 3.3 边际效用是递减的

(图片来源：http//:tupian.baike.com)

旅游者消费旅游产品会获得不同程度的满足，即不同的效用量，多次消费就会有多个效用。总效用是指消费一定量的产品所得到的总的满足程度或总效用量。边际效用则是每增加一个单位消费量所增加的效用量或者增加的满足程度。如果经常消费同一个旅游产品，就会出现效用递减规律。

想一想，你很喜欢大海沙滩，决定把 5 天的假期都在沙滩上度过，可每一天你的感受是一样的吗?

图 3.4 每天的感受都是一样的吗？

(图片来源：http//:www.nipic.coms)

该规律表明，随着消费某一产品的数量的增加，总效用随之递增，而边际效用则是递减的。边际效用递减到一定的程度，旅游者可能再也不去购买和消费同一产品。

效用均衡则表示在一定的可支配收入条件下，通过购买合理比例的产品进行消费，从而得到最大的效用或最大的满足。要实现效用均衡，必须符合如下条件：花费在每种产品上的每一单位货币的边际效用相等。如果仅消费 x、y 两种产品，那么消费产品 x 所获得的边际效用(MU_x)与其价格(P_x)之比，按照效用均衡的条件，应该等于消费产品 y 所获得的边际效用(MU_y)与其价格(P_y)之比。即

$$MU_x / P_x = MU_y / P_y \tag{3-2}$$

消费者的效用均衡条件是经济学理论中最基本也是最重要的分析结论之一，它的论证过程在所有的经济学或微观经济学教材中都能找到，对它的论证可以简单地表述为：在可支配收入一定的条件下，如果花在 x 产品上的一单位货币所获得的效用小于(或大于)在 y 产品上的一单位货币所获得的效用，那么理性的消费者就不会把这一货币花在 x(或 y)上，而是相反去购买 y(或者 x)，从而使得总体的效用得到增加，也就是说只有每种产品每一单位货币的边际效用相等时，对于既定的可支配收入，效用达到最大化。

利用边际效用和效用均衡原理，可以解释旅游者的一些消费行为。

旅游者消费的是同一旅游产品，那么后一次消费所获得的边际效用比前一次消费所获得的边际效用少。如果要达到两次消费的效用均衡，则必须要求后一次购买的旅游产品价格低。这就说明了为什么经常消费同一旅游产品会得到优惠的价格。

旅游消费的是旅游产品和其他消费品，若要达到两种消费的效用均衡(最大满足)，则要求消费旅游产品边际效用与其花费之比，等于消费其他消费品边际效用与其花费之比。这就说明了为什么用在旅游产品和其他消费品上的花费会成一定的比例关系。

旅游者消费同一个旅游产品，而此产品又包含了许多单项产品，如果旅游者要获得最大的满足，由效用均衡条件可得，消费各单项旅游产品所获得的边际效用与各自的花费的比都是相等的。花费高的单项旅游产品所得到的边际效用也高，这就表明了为什么在一次旅游过程中会有一定的旅游消费结构。

2) 无差异曲线与开支预算线

序数效用理论用无差异曲线来解释消费者的选择。无差异曲线是用来表示两组或两种产品的不同数量组合为消费者所提供的效用是相同的(图 3.5)。一条无差异曲线实际上就是一条等效用线，因此，在一个坐标轴上有无数个互不相交的无差异曲线，离开原点越远的曲线表示的效用越大(图 3.6)。

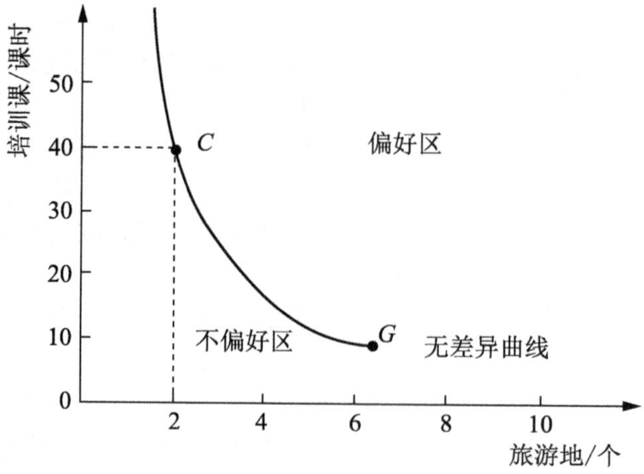

图 3.5　无差异曲线

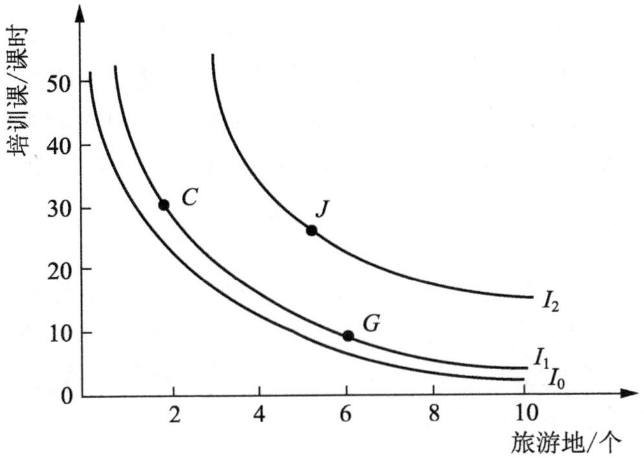

图 3.6 吕岩的偏好

图 3.5 中，吕岩在 *C* 点，吕岩将参加 30 个课时的培训和去 2 个旅游目的地旅游。在无差异曲线所有点如 *C* 点和 *G* 点之间，他的偏好是相同的。他对无差异曲线上部区域中的任一点的偏好大于无差异曲线上的点，且对无差异曲线上点的偏好大于其下部区域中的点。图 3.6 显示了三条无差异曲线 I_0、I_1、I_2，它们是吕岩偏好图中的一部分。他对 *J* 点的偏好大于 *C* 点或 *G* 点，所以吕岩对 I_2 上的任一点的偏好大于 I_1 上的任一点。

无差异曲线必须结合其他条件才能说明问题。图 3.7 中的直线表示的是开支预算线。

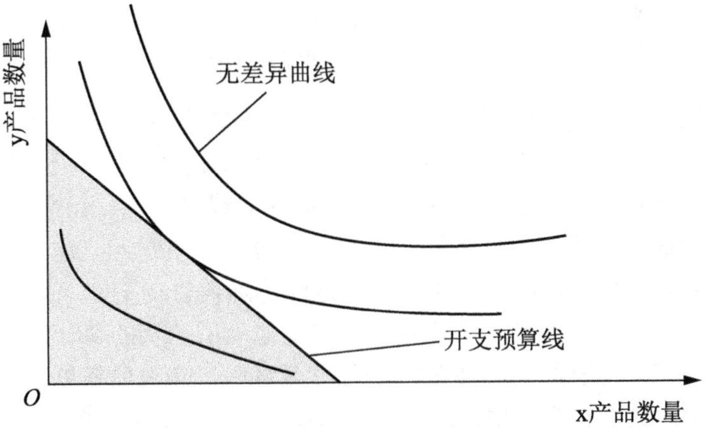

图 3.7 无差异曲线群与开支预算线

旅游者受收入水平的限制，其消费支出是一定的，用一定的消费支出购买 x、y 产品，就产生一条开支预算线。此线上各点所反映的 x、y 产品数量组合恰好用完消费支出，此线以下的阴影部分任意 x、y 产品数量组合旅游者均能消费得起，而此线以上的部分任意 x、y 产品数量组合均为旅游者所不能消费的，因为消费支出不够。所以，不同的消费支出均有各自不同的开支预算线。

每一条无差异曲线都有一条且仅有一条开支预算线与它相切。当消费支出一定时，无差异曲线和开支预算线相切的切点处 x、y 产品数量组合便是旅游者的消费结构，此消费结构不仅符合消费支出，同时也获得了最大的效用(最大的满足)。x、y 产品可以表示旅游产品和其他消费品，或者是两个旅游目的地，或者是同一旅游产品中两个部分。

以上仅是考虑消费支出同无差异曲线相结合，实际上影响旅游消费的因素很多，如果再加上其他限制性因素(如时间)，旅游者的选择决策就困难得多，选择机会也会减少。

4．旅游消费者剩余

我们并不总是必须支付我们愿意支付的最高价格，我们经常进行讨价还价。当人们以小于某产品的需求价格购买该产品时，他们得到了消费者剩余。消费者剩余是一种产品的需求价格(或边际效益)减去为其支付的价格，并且是所有购买量的总和，图 3.8 显示了旅游者个人与整个市场的消费剩余状况。

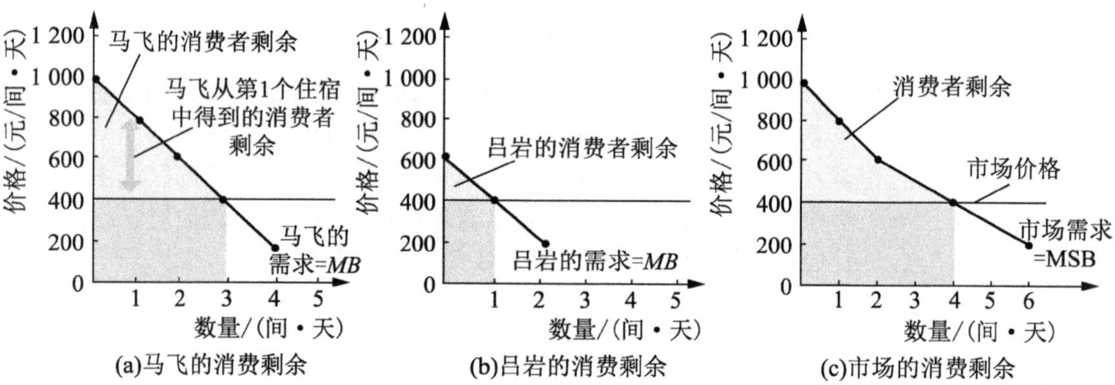

图 3.8　需求和消费者剩余

马飞要在三亚度过自己的假期，如果位于亚龙湾的海景房的价格是 400 元，他将会选择 3 天都住这样的海景房。当价格是 800 元时，他会选择在这住 1 天，但如果高于这个价格，他不得不选择完全放弃在这里住宿，马飞的需求曲线如图 3.8(a)所示。马飞愿意为第一天的海景房支付 800 元，而只愿意为第三天的海景房支付 400 元，这是因为这样的景色对于已经住了两天的马飞来说已经不足为奇了，他的边际效益在下降。如果房价是 400 元，马飞得到消费者剩余，马飞得到的消费者剩余就是他从所购买的每一天的海景房中得到的剩余的总和，这个总和就是图 3.8(a)中的浅灰色三角形——需求曲线以下和市场价格线以上的面积。这个三角形的面积等于底(每 3 天)乘以高(400 元)再除以 2，即 600 元。图 3.8(a)中的深灰色矩形面积是马飞为 3 天住宿所支付的量。

图 3.8(b)表示吕岩的消费者剩余，图 3.8(c)表示整个经济的消费者剩余。整个市场中的消费者剩余是所有消费者的剩余之和。

所有的产品和服务都与我们刚刚研究的住宿的例子一样具有递减的边际利益。因此，人们从其消费中得到的利益大于他们支付的量。

以上分析是针对旅游者面对旅游支出约束时的选择问题分析，在面对时间约束以及其他具有稀缺性资源时的选择问题，分析方法是一样的。

3.1.3 旅游需求的影响因素

以上我们学习了旅游者选择的基本原理，下面让我们更为直观、系统、整体地了解旅游需求的影响因素。

1. 旅游需求的影响因素

旅游产品的需求由多种因素决定，不同的因素其影响的大小也不同。这些因素主要有以下几个方面。

1) 旅游产品的价格

这是对旅游产品需求量影响的决定性因素。在一般情况下，价格越低，需求量越大；反之，价格越高，需求量越小。但也有例外。其他条件不变的情况下，旅游产品的需求量与其价格呈反方向变动，这一规律被称为需求定理。需求定理有几种表现形式，文字表述形式、需求曲线为几何图形形式、需求函数为数学函数式形式。对于产品提供者来说，价格策略也是其在竞争中的重要手段。我们常可以看到的旅游饭店住宿与餐饮产品的价格大战，就是饭店为了增加自己产品的市场需求量而引起的。

图 3.9 价格是影响旅游需求的重要因素

(图片来源：szb.dlxww.com)

旅游需求同价格的关系与其他商品的需求与价格的关系是一样的，即在通常情况下，旅游需求量同旅游产品价格成反方向变化，当旅游产品价格上升时，旅游需求量就减少；当价格下降时，需求量就上升。在不考虑其他因素的前提下，人们在一定时期内对旅游产品的需求量随旅游产品价格的升降而成相反变化的规律，可用图 3.10 表示。

图 3.10 中，纵坐标表示旅游产品的价格(P)，横坐标表示旅游产品的需求量(Q)，于是在坐标图上旅游产品的价格和需求量具有一一对应关系，从而形成了旅游需求-价格曲线(qd 线)。这是一条以两坐标轴为渐近线的曲线，当旅游产品的价格为 p 时，旅游需求量为 q。

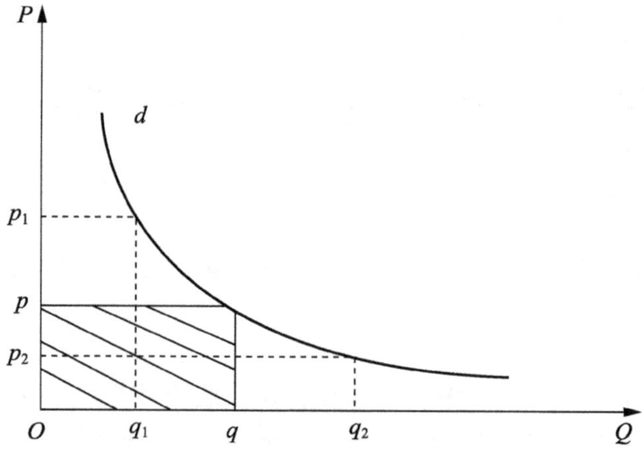

图 3.10 旅游-需求价格曲线

在旅游需求-价格曲线上，可以看出旅游需求量与旅游产品价格之间成反方向变化的关系。当价格从 p 上升到 p_1 时，需求量会减少到 q_1；当价格从 p 下降到 p_2 时，需求量会增加到 q_2。

旅游需求与价格之间之所以具有这样的关系，主要原因是，首先人们的购买能力是有限的，价格上升时，一些人可能无力购买，造成需求量减少；价格下降时，一些原来无力购买的人可以购买了，造成需求量增加。其次，旅游产品是一种人们在满足生存需要之上的消费品，与其他的商品具有冲突关系，当旅游产品价格上涨时，人们可能转而购买其他的商品，使旅游需求量减少；当旅游产品价格下跌时，人们会减少对其他商品的购买，转而购买旅游产品，使旅游需求量增加。

2) 旅游者的收入

一般而言，在既定的价格条件下，收入增加会导致商品需求量的增加。但也有少数低档商品的需求会随人们的收入提高反而减少，如低端的旅游住宿等。旅游需求同可自由支配收入之间也有着密切的关系。一般来说，如果不考虑其他因素的变化，人们可自由支配收入的增加，对旅游产品的需求也随之增加，可自由支配收入减少，旅游需求也随之减少。总之，旅游需求同可自由支配收入之间成同向变化的关系(图 3.11)。

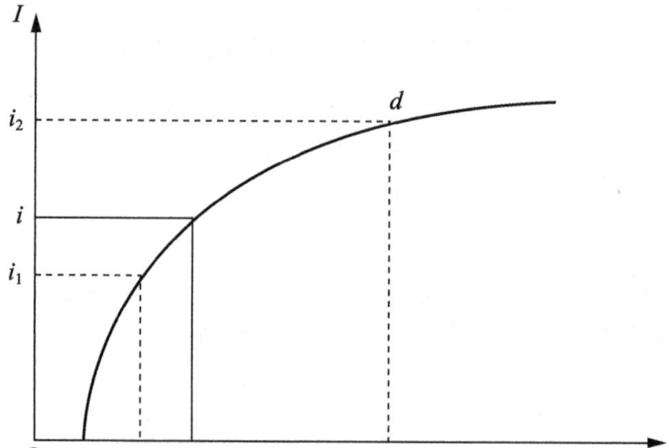

图 3.11 旅游需求同可自由支配收入的关系

图 3.11 中，横坐标表示旅游需求(Q)，纵坐标表示可自由支配收入(I)。观测表明，旅游需求变化的速度比可自由支配收入的变化速度快，所以呈现如图 3.11 所示曲线形状。这条曲线与横坐标有一交点(q_0)，表明可自由支配收入即使为零时，仍有一定数量的旅游需求，这说明了有许多旅游需求与个人可自由支配收入没有关系，如商务旅游、会议旅游等。当平均个人可自由支配收入为 i 时，旅游需求为 q；当可自由支配收入下降到 i_1 时，旅游需求下降到 q_1；当可自由支配收入上升到 i_2，旅游需求上升为 q_2。

可自由支配收入与旅游需求的关系可以用边际消费倾向的大小来反映。边际消费倾向是指消费者对于某个或某一类产品，消费额的变化与消费者收入变化的比值。边际消费倾向被用于描述由于收入变化，而导致消费者对某产品的消费额的变化幅度大小，其公式为

$$\mathrm{MPC}=\Delta C/\Delta Y \tag{3-3}$$

式中，MPC 表示边际消费倾向；ΔC 表示消费的变化值；ΔY 表示收入的变化值。边际消费倾向是需求-收入曲线的斜率。

参考资料

表 3-3 显示了我国旅游消费中各项支出边际消费倾向。

表 3-3　我国旅游消费中各项支出边际消费倾向(依据 2002—2008 年数据)

居民类型	长途交通	住宿	餐饮	市内交通	邮电通信	景区游览	娱乐	购物	其他服务	旅游消费倾向总计
城市居民	0.012	0.004	0.011	0.002	0.001	0.003	0.002	0.016	0.013	0.064
农村居民	0.028	0.006	0.011	0.003	0.002	0.002	0.001	0.036	0.028	0.117

(资料来源：周文丽. 基于 ELES 模型的城乡居民国内旅游消费结构实证分析[J]. 旅游科学, 2010, 24(3):29-39.)

依据我国 1994—2007 年的数据研究显示，收入是影响城乡居民国内旅游消费的主要因素之一。城镇居民自发性国内旅游消费为 214.31 亿元，即使当年年总可支配收入为 0，城镇居民也要动用以前的 214.31 亿元储蓄进行国内旅游消费；其国内旅游边际消费倾向为 0.064，说明城镇居民年总可支配收入每增加 100 亿元，其中的 6.4 亿元会用于国内旅游消费。农村居民自发性旅游消费为-1 414.64 亿元，说明农村居民收入水平还较低，当收入达到一定水平后才会进行国内旅游消费，旅游消费对他们来说仍属于奢侈品而非必需品，其国内旅游边际消费倾向为 0.133 7，说明农村居民年总收入每增加 100 亿元，其中的 13.37 亿元会用于国内旅游消费。农村居民国内旅游边际消费倾向较城镇居民高出 0.059 7。1994—2007 年间，城乡居民收入年均增长速度分别为 15.9%和 8.47%，城乡居民国内旅游消费年均增长速度为 15.5%和 21.57%，城镇居民消费增长速度比收入增长速度低 0.4%，而农村居民旅游消费增

长速度比收入增长速度高 13.1%。同时，从国内旅游边际消费倾向来看，城镇居民国内旅游边际消费倾向从 1994 年的 0.094 下降到 2007 年的 0.081，而农村居民由 0.019 上升到 0.110，论证了当前国内旅游消费对城镇居民来说是必需品而对农村居民来说仍是奢侈品的结论。所以回归模型中得出的农村居民自发性消费为负是合理的，同时说明凯恩斯消费函数中 $\alpha > 0$，β 递减的结论对于奢侈品并不适用。城乡居民内部收入差距与国内旅游平均消费倾向之间存在长期的均衡关系。城镇居民基尼系数每上升 0.1，国内旅游平均消费倾向就会下降 0.005 1，说明城镇高收入阶层的国内旅游平均消费倾向在逐年下降，收入越向高收入阶层集中，总体国内旅游平均消费倾向越低；农村居民基尼系数每上升 0.1，国内旅游平均消费倾向会上升 0.069 4，说明农村居民总体收入水平较低，国内旅游还只是高收入阶层的特权，所以收入越向高收入群体集中，其国内旅游平均消费倾向也越高。

(资料来源：周文丽, 李世平. 基于凯恩斯消费理论的旅游消费与收入关系实证研究[J]. 旅游学刊, 2010, 25(5):33-39.)

3) 闲暇时间

闲暇时间也是影响旅游需求的重要条件之一，它对旅游需求的影响同可自由支配收入对旅游需求的影响是一样的，只不过没有可自由支配收入的影响那么强烈。实践表明：人们的闲暇时间多，对旅游产品的需求会增大，外出旅游的次数和在外旅游的天数也会多起来。反之，如果闲暇时间不足或者缺少闲暇时间，旅游需求就很难出现。在这一点上，旅游需求规律同一般商品的需求规律有所不同。

因此，旅游需求规律可以简单概括为：在其他因素不变的情况下，旅游需求与人们的可自由支配收入和闲暇时间的变化方向相同，而与旅游产品价格的变化方向相反。

案例分析

全国假日办：国内游客总量刷新历史纪录

全国假日办 2012 年 10 月 7 日晚发布假日旅游信息通报显示，2012 年中秋节、国庆节 8 天长假，全国纳入监测的 119 个直报景区整体平稳运行，国内游客总量刷新历史纪录。

据全国假日旅游部际协调会议办公室初步统计，9 月 30 日—10 月 7 日中秋、国庆节长假期间，全国纳入监测的 119 个直报景区点共接待游客 3 424.56 万人次，同比增长 20.96%；旅游收入 17.65 亿元，同比增长 24.96%。9 月 29 日—10 月 6 日，民航全国累计发送 55 926 班次，运送旅客人数 760.71 万人次；铁路全国累计发送旅客 6 095 万人次，同比增长 9.4%。

北京市假日办最新统计显示，2012 年中秋、国庆 8 天长假，北京市共接待中外旅游者 1 312 万人次，比去年“十一”假期增长 22.7%，旅游总收入 87.95 亿元，比去年“十一”假期增长 29.4%。

黄金周双节期间，晴好的杭州西湖人气究竟有多爆棚？杭州西湖风景名胜区管理委员会统计数字最有说服力，八天游客总数量为 518.65 万人，与去年同期相比增长 34%，其中免费公园游客为 409 万人，这是有史以来“十一”黄金周最佳成绩。

湖南省假日办传来消息，“黄金周”全省接待旅游者 2 724.05 万人次，同比增长 44.54 %，实现旅游收入133.88亿元人民币，同比增长56.08 %。全省旅游接待人数和旅游收入再创历史新高，今年中秋、国庆长假成为湖南省假日旅游的“史上最热黄金周”。长假期间，全省各主要景区不断刷新游客接待量的历史新高，旅游饭店入住率大多在90%以上，其中长沙市、株洲市、衡阳市、邵阳市、张家界市、郴州市、怀化市、娄底市、湘西州旅游饭店客房出租率达98%以上。

(资料来源：全国假日办：国内游客总量刷新历史纪录[DB/OL]. http://finance.ifeng.com/roll/20121008/7113983.shtml[2015-08-12].)

简要分析：长假制度为中国人提供了难得的闲暇时间，引发了旅游需求的暴涨。

参考资料

(1) 基于南京中山陵景区的游客调查显示，闲暇时长较短时，如仅有3天假期的“五一”小长假时段，居民出游距离受闲暇时间的约束，以近距离出游为主，旅游地客源更多集中在近程；而随着假日时长的增加，如在“十一”黄金周及暑假时段，居民出游距离受闲暇时间的约束降低，可进行更远距离的出游，因此旅游地远程客源比例增加，从而出现旅游地客源吸引力增大，客源地集中指数降低、距离衰减曲线变缓、距离衰减指数降低的现象。

(资料来源：刘泽华, 顾宗欣, 王楠楠, 等. 闲暇时间约束对中山陵景区国内客源市场空间结构的影响[J]. 地理研究, 2013, 32(9): 1737-1746.)

(2) 依据1994—2010年的我国居民旅游消费开支的统计数据的研究表明，在长期，收入每增加1元，旅游消费将增加0.089元，闲暇时间每增加1小时，旅游消费将增加2.28元。

(资料来源：庞世明. 中国旅游消费函数实证研究——兼与周文丽、李世平商榷[J]. 旅游学刊, 2014, 29(3): 31-39)

2. 旅游需求函数

将一种商品的需求作为因变量，把影响需求的各种因素视为不同的自变量，综合以上几种因素，则可以列出一个多元函数：

$$D=f(P,\ P_r,\ I,\ T,\ E,\ \cdots) \tag{3-4}$$

这就是需求函数。公式(3-4)中，D 为需求；P 为商品的价格；P_r 为相关商品价格；I 为消费者收入；T 为消费者偏好；E 为消费者的预期；等等。

在经济分析中，常常需要借助需求函数。有时把已经确定的具体的需求函数称为需求估计，把预计商品未来的需求趋势称为需求预测。对于某种具体的商品，要视其具体情况来对需求函数的自变量进行确定与取舍。一般情况是，假定其他条件不变，着重研究某一变量对需求 D 的影响。如

需求价格函数为

$$D=f(P) \tag{3-5}$$

需求收入函数为

$$D=h(I) \tag{3-6}$$

在各种需求函数中，最重要的是需求价格函数，即在影响需求的各种因素中最重要的是商品的价格。如果没有特别说明，所说的需求函数，一般都是指需求价格函数。

考虑到价格与收入对于旅游需求的综合影响，旅游需求函数的一般表达公式为

$$D=f(P)+h(I) \tag{3-7}$$

如果某商品与其价格之间是线性关系(需求曲线是一条直线)，那么，这种需求函数就是线性需求函数，其直线方程为

$$D=a-b\cdot P \tag{3-8}$$

如果某商品与其价格之间是非线性关系(需求曲线不是直线)，那么，这种需求函数就是非线性需求函数，其曲线方程为

$$D=a\cdot P^{-\alpha} \tag{3-9}$$

公式(3-8)和公式(3-9)中，a、b、α 均为常数。

3．旅游需求曲线

在日常生活中，我们谈论“用货币得到价值”，当我们使用这种表述时，我们区分了价值与价格。价值是我们所得到的，而价格是我们所支付的。多得到一单位某种产品或服务的价值是其边际利益。边际利益可以表示为人们为再购买一单位某种产品或服务所愿意支付的最高价格。对一种产品或服务的支付意愿决定了对它的需求，需求曲线是边际利益曲线。

需求曲线可以分为个人需求曲线和市场需求曲线。市场需求是个人需求之和，把个人需求曲线水平叠加就可以得到市场需求曲线，如图 3.12 所示。城市中有两家星级酒店，锦江与锦华。在图 3.12(a)中，在 200 元的价格水平下，锦江酒店的标准间的需求量为 30，吕岩是第 30 个决定入住的旅游者(高于这个价格，吕岩将不会入住而选择其他酒店)，他从住宿消费中获得的边际利益是 200 元，即他愿意并且能够支付的最高价格就是 200 元。在图 3.12(b)中，第 10 个愿意选择锦华的旅游者愿意支付 200 元，因此他得到的边际利益是 200 元。那么整个市场经济愿意支付 200 元的住宿客房数量是多少呢？答案就在市场需求曲线中。

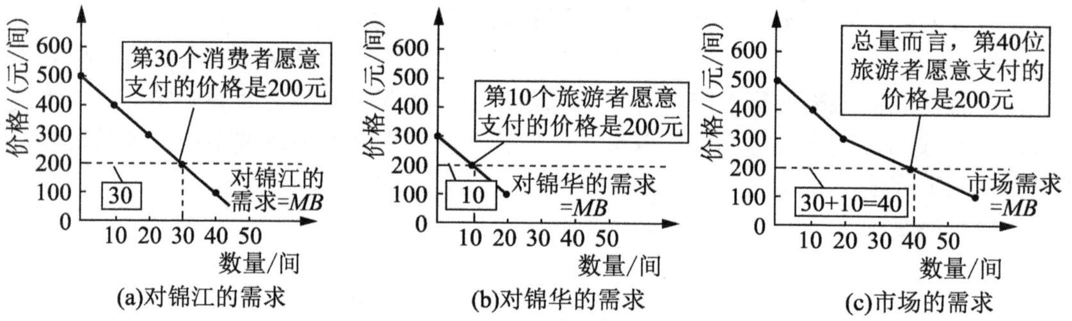

图 3.12　单个需求、市场需求和边际社会效益

需求函数 $D=f(P)$ 表明需求数量与价格之间的一种函数关系，这个关系反映了需求定理。我们确立一个价格 P 和需求量 Q 的平面直角坐标系，把“需求定理”表现在几何图形上，所得到的就是需求曲线。如图 3.13 是某一个沙疗景区的需求曲线，从图中可以看出，需求量和价格是负相关关系，需求量随价格呈反方向变动。需求曲线从左上方向右下方倾斜，曲线的斜率为负，曲线上各点的斜率不同。它的经济含义为较低的价格对应于较大的需求量，较高的价格对应于较小的需求量。

假设该沙疗景区市场仅有 A、B、C 三人，其需求方程分别为

$$Q_{d_1}=a_1-b_1P,\ Q_{d_2}=a_2-b_2P,\ Q_{d_3}=a_3-b_3P \tag{3-10}$$

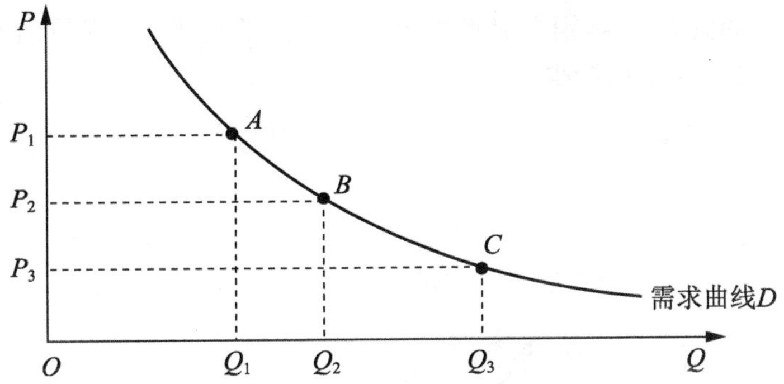

图 3.13 沙疗景区的需求曲线

则这个沙疗景区市场的需求方程为

$$Q_d=Q_{d_1}+Q_{d_2}+Q_{d_3}=(a_1+a_2+a_3)-(b_1+b_2+b_3)P \tag{3-11}$$

由于在经济分析中与数学上的习惯相反，横轴为因变量，纵轴为自变量，因此三人的需求曲线 D_1、D_2、D_3 的斜率的绝对值均大于这个市场需求曲线斜率的绝对值，即

$$\left|\frac{1}{b_1}\right|,\left|\frac{1}{b_2}\right|,\left|\frac{1}{b_3}\right|>\left|\frac{1}{b_1+b_2+b_3}\right| \tag{3-12}$$

图 3.14 反映了市场的需求曲线，看起来市场需求曲线更为平坦一些。

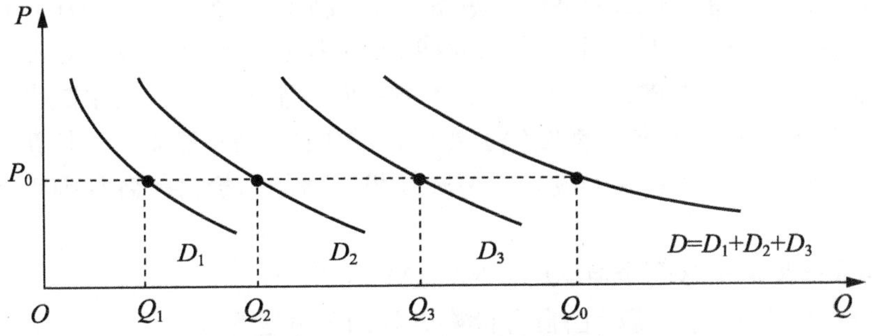

图 3.14 市场需求是个人需求之和

需求曲线有以下几个重要特征：

(1) 一般的需求曲线是一条光滑的曲线，它建立在“价格和需求量的变化都是连续的”

这一假设上。

(2) 需求曲线向右下方倾斜，斜率为负。这说明商品的价格和需求量之间是负相关关系。

(3) 价格和需求量之间的关系可以是线性的，也可以是非线性的。

4．旅游需求量的变动与需求的变动

需求量和需求是两个不同的概念。需求量是指在某个特定价格下买者愿意且有能力购买的商品数量，在需求曲线上是指某一点的横坐标。因此，需求量的变动表现为曲线上的点沿着同一条需求曲线上下移动，而需求曲线本身并未发生变化。如图 3.15 所示，该沙疗景区的价格从 P_1 下降到 P_2 导致消费者增加该沙疗景区的购买，需求量由 Q_1 增加到 Q_2，即需求数量增加。反之，需求量减少。

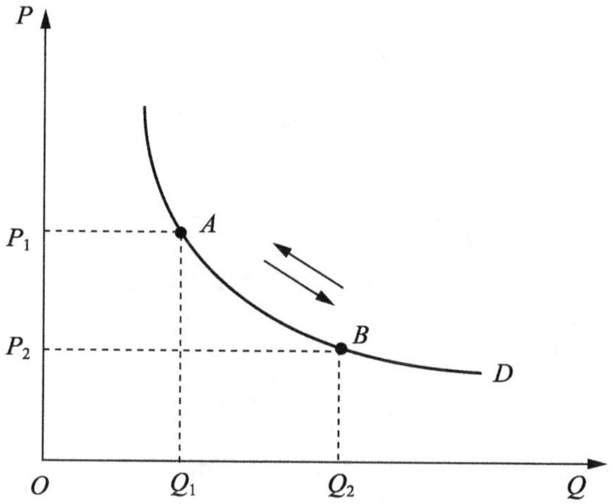

图 3.15　需求数量的变动

显然，在其他影响需求的因素不变的情况下，需求量的变动是由商品本身价格引起的变动。

需求是指除价格以外的其他任何一种因素的变动而引起的商品需求数量的变动，在需求曲线上，表现为整个需求曲线的移动。如图 3.16 由于医学界公布了沙疗有利于人体健康的新发现，在价格 P_1 不变的情况下，需求曲线 D_1 向右上方移动到 D_2，该沙疗景区的需求量从 Q_1 增加到 Q_2，即需求增加。反之，需求曲线向左下方移动，需求减少。原来需求曲线 D_1 所定义的时间、地点和条件都发生了变化，需求曲线 D_2 建立了一种新的价格和需求量之间的关系。实际上，消费者的收入、偏好及相关商品的价格等各种因素都会导致沙疗需求的变动。

在理解需求量和需求这两个概念时，应注意以下几点：

(1) 需求量由价格决定，需求由自身价格以外的各种因素决定。

(2) 在需求曲线上，需求量是该曲线上的一个点，需求则指整条曲线。

(3) 需求量的变动和需求的变动都是需求数量的变动，它们的区别在于引起这两种变动的因素是不相同的，而且这两种变动在几何图形中的表示也不相同。

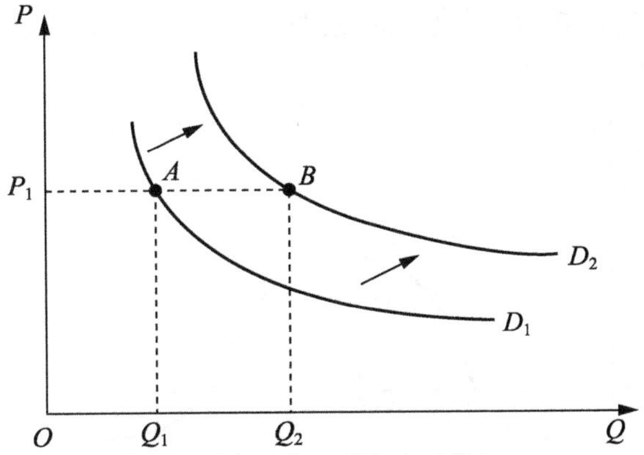

图 3.16　需求曲线向右上方移动

虽然旅游需求的产生和变化受多种因素的制约和影响，但对旅游需求最活跃的、最常见的、具有决定性影响的因素主要还是旅游产品的价格、人们的收入状况和闲暇时间。旅游需求规律指的是旅游需求与这三个因素之间的关系。

3.1.4　旅游需求弹性

旅游需求受多种因素影响，其中任何一项因素的变化都会引起旅游需求量的相应变化。旅游需求弹性就是指旅游需求量对这些影响因素的敏感性，即旅游需求量随某一因素的变化而出现相应变化的现象。测定旅游需求弹性的大小可用旅游需求弹性系数。由于在所有影响因素中，旅游产品的价格和人们的可自由支配收入是两个最直接、最活跃、最常见的因素，所以这里仅分析旅游需求的价格弹性和收入弹性。

1．旅游需求收入弹性

旅游需求规律表明，在其他条件不变的情况下，个人可自由支配收入增加，旅游需求也增加。旅游需求与可自由支配收入之间的关系称为旅游需求收入弹性。旅游需求收入弹性系数的公式为

$$E_i = \frac{q_2 - q_1}{q_1} \div \frac{i_2 - i_1}{i_1} \text{或者} E_i = \frac{dq}{di} \div \frac{q}{i} \tag{3-13}$$

式中，E_i表示旅游需求收入弹性系数；q_1表示变化前的需求量；q_2表示变化后的需求量；i_1表示变化前的可自由支配收入；i_2表示变化后的可自由支配收入。

根据旅游需求规律，旅游需求量随人们可自由支配收入的增减而增减。因此，旅游需求收入弹性系数总为非负数。收入弹性系数也有三种可能情况：$E_i<1$、$E_i=1$、$E_i>1$。由于只有当人们的收入水平达到一定的阈值时，才能够产生旅游需求，因此，这时的旅游需求收入弹性系数小于 1($E_i<1$)；当人们的收入水平超过这一阈值时，收入的增加会对旅游需求产生很大的影响，此时的旅游需求收入弹性系数大于 1($E_i>1$)，即收入的较小变化，会引起旅游需求量的较大变化；但当人们的收入水平继续增加，超过另一较高阈值时，收入的多少已经不是影响旅游需求的主要因素，需求量对收入的反应不敏感，此时，旅游需

求收入弹性系数小于 1(E_i<1)，即收入的较大变化，也只引起旅游需求的较小变化。这种关系可以用图 3.17 来表示。

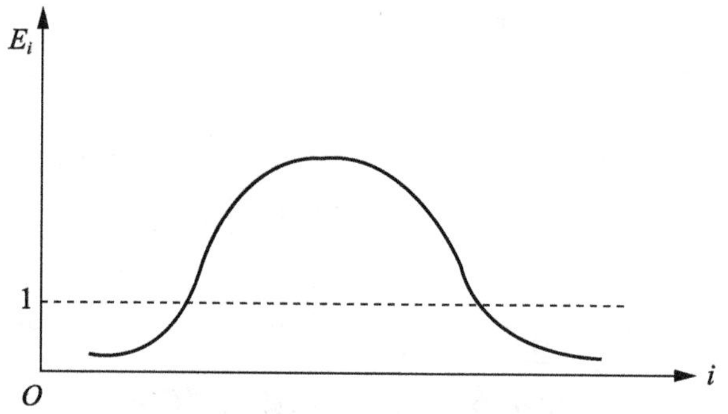

图 3.17　可自由支配收入同旅游需求收入弹性系数的关系

由于具有第一种收入水平的人旅游需求量极少，具有第三种收入水平的人数也很少，所以第二种收入水平的人最能影响旅游需求量的变化，也就是说，旅游需求收入弹性系数一般是大于 1 的。在 20 世纪 70 年代初期，国际官方旅游组织联盟(世界旅游组织前身)曾根据其成员国居民参加旅游活动的整体情况估测旅游需求收入弹性系数为 1.88。但各国的情况有所不同，如在整个 20 世纪 60 年代，法国居民以个人消费支出为基础的旅游需求收入弹性为 2.5，而美国居民仅为 1.1。

认识和研究旅游需求收入弹性的意义，主要在于它有助于旅游目的国(地)和旅游企业预测有关客源市场对其旅游产品的需求变化。

参考资料

表 3-4 显示了我国城乡居民国内旅游消费需求的收入弹性。

表 3-4　我国城乡居民国内旅游消费需求的收入弹性(2002—2008 年数据)

项目	总体	长途交通	住宿	餐饮	市内交通	景区游览	邮电通信	娱乐	购物	其他服务
城乡居民平均	1.37	1.165	1.015	1.25	1.335	0.85	1.8	1.5	1.665	1.69
城镇居民	0.99	0.76	0.56	1.00	0.85	0.69	1.57	1.09	1.39	1.35
农村居民	1.75	1.57	1.47	1.50	1.82	1.01	2.03	1.91	1.94	2.03

旅游产品包括产品核心部分与非核心部分，一般而言核心部分由于是旅游产品的必需构成部分，所以受收入变化的影响小，收入弹性一般较小，而非核心部分的弹性一般较大。以上研究也显现出这一规律，城乡居民的平均弹性由小到大的依次是景区游览、住宿、长途交通、餐饮、市内交通、娱乐、购物、其他服务和邮电通信。城乡居民由于收入水平的整体差异，收入对于旅游需求的影响弹性也不一样，农村居民的旅游需求受收入的影响远远大于城市居民，这与收入水平越低、需求收入弹性越大的一般规律性也

是相适应的。

(资料来源：周文丽，李世平. 基于ELES模型的城乡居民国内旅游消费结构实证分析[J]. 旅游科学, 2010, 24(3): 29-39)

2. 旅游需求价格弹性

旅游需求价格弹性是指旅游需求量随旅游产品价格的变化而发生相应变化的关系。以旅游需求弹性系数反映旅游需求价格弹性大小，即旅游产品价格每增减百分之一时，旅游需求所增减的百分比值。以公式表示为

$$E_p = \frac{q_2 - q_1}{q_1} \div \frac{p_2 - p_1}{p_1} \tag{3-14}$$

式中，E_p表示旅游需求价格弹性系数；q_1表示变化前的需求量；q_2表示变化后的需求量；p_1表示变化前的旅游产品价格；p_2表示变化后的旅游产品价格。

在具体情况下，式(3-13)又分为两种表达式：

$$E_p = \frac{\mathrm{d}q}{\mathrm{d}p} \div \frac{q}{p} \tag{3-15}$$

$$E_p = \frac{q_2 - q_1}{(q_1 + q_2)/2} \div \frac{p_2 - p_1}{(p_1 + p_2)/2} \tag{3-16}$$

公式(3-15)反映的是点形弹性系数，表示当旅游产品价格为p，需求量为q，旅游价格变化很小时，旅游需求的变化。点形弹性系数与需求-价格曲线上当旅游价格为p时的斜率(倾斜程度)有关，在不同的价格水平上有不同的点形弹性系数。公式(3-16)反映的是弧形弹性系数与变化前后的价格关系，为旅游需求量在价格p_1至p_2区间内的平均变化。

根据旅游需求规律，E_p是一个非正的数，表明旅游需求同旅游价格之间的反向变化关系。一般在应用时，往往取其绝对值。因此，在测定旅游产品的需求价格弹性时，可能会出现以下三种情况。

(1) $|E_p| < 1$，反映旅游需求的变化比旅游价格的变化慢，表明旅游需求对价格的变化缺乏弹性或弹性小，即旅游价格有较大的变化时，旅游需求只有较小的变化。具有这种弹性系数的旅游产品很少，只有一些垄断性的旅游产品可能会出现这种情况；另外，当某一旅游产品的定价远远低于其价值时，也可能会出现这种情况。在这种情况下，适当提高价格，对旅游需求量的影响不大，但旅游收入却会增加。

(2) $|E_p| = 1$，反映了产品价格变化会导致旅游需求量同等比率的变化。恰好具有此种弹性系数的旅游产品很少，只是在旅游需求的某一点上可能会出现。在这种情况下，提高旅游产品价格并不能提高旅游收入，但由于旅游需求量的减少，可能会使旅游成本降低，导致利润增加。

(3) $|E_p| > 1$，反映旅游需求的变化比旅游价格的变化快，表明旅游需求对旅游价格的变化有弹性或弹性大，即旅游价格的较少变化，会导致旅游需求量的较大变化。旅游发展的实践表明，旅游产品价格的变化都会导致来访旅游者人次的很大变化，尽管有时在人次变化上可能不大，但旅游者的停留天数却有变化。这些情况都说明了旅游需求价格弹性大。具有这种弹性系数的旅游产品价格下降一点，会导致旅游需求量相对较大幅度的增加，从

而使旅游收入增加。

总之，旅游需求价格弹性的大小，在不同的旅游产品的需求-价格曲线上，以及在同一旅游产品的需求-价格曲线的不同部分上，都可能会有不同的变化。因此，在进行旅游产品的价格调整时要慎重考虑，因为价格的调整会受弹性系数的影响，但不一定会使旅游收入增加。

参考资料

表 3-5 和表 3-6 分别是城镇居民和农村居民国内旅游消费需求价格弹性与交叉弹性(内容见下一小节)。

表 3-5　城镇居民国内旅游消费需求价格弹性

项目	长途交通	住宿	餐饮	市内交通	景区游览	邮电通信	娱乐	购物	其他服务
长途交通	−0.807	−0.034	−0.060	−0.051	−0.041	−0.095	−0.066	−0.084	−0.081
住宿	−0.040	−0.584	−0.053	−0.045	0.036	−0.083	−0.058	−0.073	−0.071
餐饮	0.001	0.001	−1.006	0.001	0.001	0.002	0.001	0.002	0.002
市内交通	−0.003	−0.002	−0.004	−0.863	−0.003	−0.007	−0.005	−0.006	−0.006
景区游览	−0.018	−0.013	−0.024	−0.020	−0.711	−0.037	−0.026	−0.033	−0.032
邮电通信	0.004	0.003	0.005	0.004	0.003	−1.571	0.005	0.006	0.006
娱乐	0.002	0.001	0.002	0.002	0.001	0.003	−1.075	0.003	0.003
购物	0.053	0.039	0.070	0.059	0.048	0.110	0.076	−1.296	0.094
其他服务	0.040	0.029	0.053	0.045	0.036	0.083	0.057	0.073	−1.272

注：上表中主对角线上的元素为自价格弹性，其余元素为交叉弹性。

表 3-6　农村居民国内旅游消费需求价格弹性

项目	长途交通	住宿	餐饮	市内交通	景区游览	邮电通信	娱乐	购物	其他服务
长途交通	−1.487	0.143 1	0.145 7	0.176 9	0.098 1	0.197 3	0.185 1	0.187 8	0.197 4
住宿	0.029 3	−1.519 1	0.028	0.034	0.018 9	0.037 9	0.035 6	0.036 1	0.037 9
餐饮	0.054 3	0.050 9	−1.511 8	0.062 9	0.034 9	0.070 2	0.065 9	0.066 8	0.070 2
市内交通	0.019	0.017 8	0.018 2	−1.839 9	0.012 2	0.024 6	0.023 1	0.023 4	0.024 6
景区游览	0.001 2	0.001 1	0.001 2	0.001 4	−1.037 2	0.001 6	0.001 5	0.001 5	0.001 6
邮电通信	0.015 8	0.014 8	0.015 1	0.018 3	0.010 2	−2.122 4	0.019 2	0.019 5	0.020 5
娱乐	0.009 1	0.008 5	0.008 7	0.010 6	0.005 9	0.011 8	−1.916 9	0.011 2	0.011 8
购物	0.255 6	0.239 7	0.244 2	2.296 4	0.164 4	0.330 5	0.310 1	−1.706 1	0.330 7
其他服务	0.204 1	0.043	0.195	0.236 7	0.131 3	0.263 9	0.247 6	0.251 3	−1.859 1

注：上表中主对角线上的元素为自价格弹性，其余元素为交叉弹性。

(资料来源：周文丽，李世平. 基于 ELES 模型的城乡居民国内旅游消费结构实证分析[J]. 旅游科学, 2010, 24(3): 29-39)

实践应用

模型 1：需求价格弹性和预测销售量已知时的旅游景点门票价格的制定。

设基期旅游景区门票为 P，销售量为 Q，需求价格弹性为 E_P，已知预测期销售量为 a_1，要确定预测期价格 P_1。

记 $\Delta P = P_1 - P$，$\Delta Q = Q_1 - Q$，当较小时 $|\Delta P| = |P_1 - P|$，

$$\frac{\Delta Q}{Q} \div \frac{\Delta P}{P} \approx \frac{\mathrm{d}Q}{Q} \div \frac{\mathrm{d}P}{P} = E_P \quad \Delta P \approx \frac{\Delta Q \times P}{QE_P} \, P_1 - P \approx \frac{(Q_1 - Q)P}{QE_P}$$

由此得到需求价格弹性和预测销售量已知时的价格模型为

$$P_1 \approx P + \frac{(Q_1 - Q)P}{QE_P} = P\left(1 + \frac{Q_1 - Q}{QE_P}\right)$$

本方法适用于需求函数未知且销售量变化不大时景点门票的定价。

某旅游景区本年度的门票价格为 50 元/人，销售量为 80 000 张，经测定需求弹性为 −1.2，预计下年度销售量为 90 000 张，下年度景点门票的价格应定为多少？

解：

$$P_1 \approx P\left(1 + \frac{Q_1 - Q}{QE_P}\right) = 501 + \left[1 + \frac{90\,000 - 80\,000}{80\,000 \times (-1.2)}\right] = 45\,(\text{元})$$

模型 2：需求价格弹性变化较小时旅游景点门票价格的制定。

当旅游价格门票需求弹性变化较小时，可以假设旅游景点门票的需求函数为 $Q = KP^{E_0}$ (K、E_0 为常数)，需求弹性为 $E_P = \frac{P}{Q} \times \frac{\mathrm{d}Q}{\mathrm{d}P} = \frac{P}{KP^{E_0}} E_0 K P^{E_0 - 1} = E_0$，由此得旅游景点门票需求价格弹性变化较小时的价格模型为

$$P = K^{\frac{1}{E_0}} \times Q^{\frac{1}{E_0}}$$

模型 3：需求函数为线性函数时旅游景点门票价格的制定。

设需求函数为线性函数 $Q = a - bP(a、b > 0)$，价格为 P_0 时，销售量为 Q_0，需求价格弹性为 E_{P0}，需求弹性为 $E_P = \frac{P}{Q} \times \frac{\mathrm{d}Q}{\mathrm{d}P} = -\frac{bP}{Q}$，则有 $E_{P_0} = -\frac{bP_0}{Q_0}$，于是 $b = -\frac{Q_0 E_{P_0}}{P_0}$，$a = Q_0 + bP_0 = Q_0 - Q_0 E_{P_0}$，由此得旅游景点门票需求函数为线性函数时的价格模型为

$$P_1 = \frac{a - Q_1}{b} = P_0\left(1 + \frac{Q_1 - Q_0}{Q_0 E_{P_0}}\right)$$

某旅游景点计划年度预计销售门票 80 000 张，上年度的门票价格为 100 元，销售 60 000 张，价格弹性为−3.80。经测定该产品的需求函数为线性函数，问计划期门票的价格应定为多少较为合理？

解： $$P_1 = P_0\left(1+\frac{Q_1-Q_0}{Q_0E_{P_0}}\right)=100\times\left[1+\frac{80\,000-60\,000}{60\,000\times(-3.8)}\right]\approx 91.2\,(\text{元})$$

模型 4：需求函数为线性函数时使总收益最大的旅游景点门票价格的制定。

设需求函数为线性函数$Q=a-bP(a、b>0)$，价格为P_0时，销售量为Q_0，需求价格弹性为E_{P_0}，要确定价格P使总收益最大。需求弹性为$E_P=\frac{P}{Q}\times\frac{\mathrm{d}Q}{\mathrm{d}P}=-\frac{\mathrm{d}P}{Q}$，则有$E_{P_0}=-\frac{\mathrm{d}P_0}{a-bQ_0}$，于是$a=\frac{bP_0(E_{P_0}-1)}{E_{P_0}}$，当$E_{P_0}=-\frac{\mathrm{d}P_0}{a-bQ_0}=-1$时，总收益最大，最大的价格模型为

$$\overline{P}=\frac{a}{2b}=\frac{\frac{bP_0(E_{P_0}-1)}{E_{P_0}}}{2b}=P_0-\frac{P_0(E_{P_0}+1)}{2E_{P_0}}$$

当$E_{P_0}<-1$时，应降价，降价幅度为$\frac{P_0(E_{P_0}+1)}{2E_{P_0}}$。

当$-1<E_{P_0}<0$时，应提价，提价幅度为$-\frac{P_0(E_{P_0}+1)}{2E_{P_0}}$。

例如，某旅游景点的需求函数为线性函数，其现行门票价格为 50 元/张，年平均门票销售量为 80 000 张，经测定此时需求价格弹性为−1.6，问价格定于多少可使总收益最大？

解： $$P=50,\quad Q_0=80\,000,\quad E_{P_0}=-1.6$$

$$\overline{P}=P_0-\frac{P_0(E_{P_0}+1)}{2E_{P_0}}=50-\frac{50\times(-1.6+1)}{2\times(-1.6)}=40.625\,(\text{元/张})$$

即当门票价格定为每张 40.625 元时，总收益达到最大。

(资料来源：段玉. 由需求价格弹性确定的旅游景点门票定价研究[J]. 消费导刊, 2009(2):9.)

3. 旅游需求的交叉弹性

旅游产品的需求不仅与产品价格和人们可自由支配收入关系密切，还受到其他旅游产品的影响。由于旅游产品具有内外部的共生关系和冲突关系，所以一个旅游产品的变化会引起另一个旅游产品的变化，各单项产品之间同样有这种变化的产生。旅游需求的交叉弹性，是指某种旅游产品的价格变化对另一种旅游产品的需求变化所产生的影响。假定有两种旅游产品 x、y，产品 x 的价格由p_{x1}变化到p_{x2}，相应地，产品 y 需求量由q_{y1}变化到q_{y2}，则它们的交叉弹性系数为

$$E_{xy}=\frac{q_{y2}-q_{y1}}{q_{y1}}\div\frac{p_{x2}-p_{x1}}{p_{x1}} \tag{3-17}$$

旅游需求交叉弹性系数因旅游产品之间的关系不同而不同，有以下三种情况。

(1) 当两种旅游产品(x 和 y)无关系时，弹性系数 $E_{xy}=0$，产品 x 价格的再大变化都对产品 y 的需求量毫无影响。一般地，具有这种关系的旅游产品，在时间上、空间上以及目标市场上都有很大的差距。

(2) 当两种旅游产品具有互代关系(即彼此可以相互替代)时，弹性系数 $E_{xy}>0$。它表明在其他条件不变时，如果产品 x 的价格上涨了，则产品 x 的需求量就下降了，一部分人就会转而寻找和购买具有竞争性的价格未变的产品 y，导致产品 y 的需求量上升。反之，如果产品 x 的价格下跌，则产品 y 的需求量也下降。两种旅游产品冲突关系越突出，E_{xy} 越大。在实际应用时，可能表现为一个旅游产品为了在同类产品中竞争，争夺市场份额，宣布降价，而其他的旅游产品为了保持市场份额也不得不随之降价。

(3) 当两种旅游产品具有共生关系时，弹性系数 $E_{xy}<0$。它表明在其他条件不变时，如果产品 x 的价格上涨了，则产品 x 的需求量就下降。由于是共生关系，产品 y 的需求量也随之下降。反之，产品 x 的价格下跌，则产品 x 的需求量就上升，产品 y 的需求量也上升。两种旅游产品的共生关系越强，E_{xy} 的绝对值就越大。在实际应用时，常表现为为了使整个旅游产品的需求量上升，而牺牲某一单项产品的利益，使其价格降低或全免，如公园门票降低或免门票、旅行社降低价格等。

3.2 旅游消费

3.2.1 旅游消费的概念与特点

1. 旅游消费的概念

旅游既是一种生活方式，也是一种消费方式。人们进行消费，是为了满足某种需要，而旅游消费则是为了满足旅游需要的行为。因此，旅游消费是指人们为了满足自身发展和享受的需要，而在旅行游览过程中所进行的各种物质资料和精神资料的消费。旅游消费主要是为了满足人们享乐的一种高层次消费，属于个人消费范畴。

旅游消费是旅游经济运行过程中重要的环节，它既是旅游经济运行一次循环的结束，又促使了下一次循环的开始。这样旅游经济运行沿着生产、交换、消费的环节周而复始地进行。旅游消费使得旅游需求得以实现和满足，并且产生更高一级的消费需求，需要生产新的旅游产品，如此循环往复，使得旅游经济运行朝向更高层次的方向发展。

2. 旅游消费的特点

旅游消费作为一种消费形式，既有与其他消费相同之处，如以货币作为交换媒介、满足人们的需要等，也有其自身一些特点。

1) 旅游消费具有综合性

旅游消费的综合性首先表现在其消费对象(旅游产品)具有综合性，因此它也具有综合性；其次，旅游消费满足了人们的多种需要，如发展、享乐、生存等各层次的需要；最后，旅游消费所获得的效用是多种的，如文化性的、享乐性的、保健性的、宗教性的等。

2) 旅游消费与旅游产品的生产、交换具有同一性

由于旅游产品不可转移、不能运输、不能储存，因此，旅游产品的生产必须以旅游者的到来和实际购买为前提，一旦旅游服务提供了，很快便会被消费掉。旅游产品的生产、交换、消费在空间上和时间上都是统一的。

3) 旅游消费具有不可重复性

从旅游产品的不可储存性可以看出，旅游消费是不能重复的。如果要想消费同一产品，必须重新购买，消费重新生产的产品，而两次所消费的旅游产品在时间上、服务上会有所不同。

4) 旅游消费具有较大的弹性

旅游需求具有较大的弹性，旅游消费是旅游需求的实现和满足，受旅游需求的影响，同样也具有较大的弹性。因为，旅游消费是一种高层次的消费需要，容易受到多种因素的影响。

3.2.2 旅游消费结构

旅游消费结构，是指旅游者在旅游过程中所消费的各种类型的消费资料(物质产品、精神产品、服务)的比例关系。由于存在形式的不同不便比较，如一个座位、同一间客房就不好比较。所以，需要统一转换成货币，这样就能够进行比较，一个座位、同一间客房在价格上可以比较。因此，旅游消费结构也可以指旅游者在旅游过程中用在各种类型消费资料上的花费的比例关系。

旅游消费结构受到旅游需求结构和供给结构的共同影响，是二者共同作用的结果。从集合的角度来说，旅游消费可以说是旅游需求结构和供给结构的交集。需求结构里有某种类型的消费资料而供给结构里没有，则消费结构里也没有这种消费资料；需求结构里没有某种类型的消费资料而供给结构里有，则消费结构里同样也没有这种消费资料。旅游消费结构在数量上、质量上、类型上都受需求和供给结构的影响，因而，影响旅游需求和供给的所有要素都会影响旅游消费结构。

1. 旅游消费结构的组成

从不同的角度可以分析旅游消费结构的组成成分。从旅游需求的层次上看，有生存资料、发展资料和享乐资料三个部分；从消费资料的用途上看，有吃、住、行、游、购、娱以及其他方面的消费；从消费资料的用途上看，有商品性(实物)消费和劳务性消费；从消费重要性上看，有基本旅游消费和非基本旅游消费；等等。一般在应用时把用途和形态结合起来。

2．旅游消费结构的合理化

旅游消费结构在不断的发展变化、不断的调整过程中趋于合理。合理化的旅游消费结构具有以下几个主要特点。

(1) 旅游消费结构的组成成分多样而非单一。这样，从旅游者方面来说，满足了多种需求；从旅游经营者角度来说，收入来源多种多样，保证了旅游收入的稳定。

(2) 旅游消费结构符合旅游需求结构和旅游供给(旅游产品)结构。旅游消费结构符合旅游需求结构，表明旅游需求的满足程度高；符合旅游供给(旅游产品)结构，表明旅游供给与旅游需求相平衡，在旅游产品的经营中，没有浪费资源。

(3) 旅游消费结构中非基本消费占有较高的比例。由于非基本消费的伸缩性比基本消费的伸缩性大，它所占比例的大小反映了旅游经营的好坏和旅游产品发展水平的高低。在一些旅游业发达的国家中，非基本消费所占的比例可达到60%以上。

(4) 旅游消费结构与国际上普遍的旅游消费结构相符合。国际上普遍的消费结构代表着国际上的旅游发展趋势，是许多国家旅游消费结构不断调整后的共同表现。

3.2.3 旅游中涉及风险的消费决策

1．旅游中的不确定性和风险

旅游活动是一个复杂的系统，在外部性上具有空间上的异地性、时间上的暂时性和运行过程中的综合性特点。因此，旅游偏好行为受诸多自然和社会环境因素的影响，任何一个风险的出现都会严重影响旅游业发展。从出境游客的旅游风险感知来看：主要是战争、恐怖主义、政治、犯罪等社会性的安全问题；旅游与传染病、卫生事件等公共卫生问题；地震、洪水、火山、海啸等自然灾害及旅行的价格衡量、外汇价格以及汇率的变动等，成为影响游客旅游风险安全问题。这些结合在一起构成了旅游风险，而其中任何一个方面的因素都会影响到旅游者对该旅游目的地旅游安全程度的感知。

不确定性到底是什么呢？我们生活在一个风险的世界里，风险和不确定性相同吗？我们首先定义不确定性和风险，并把它们区分开来。

不确定性是指可能发生的事情不止一件，但我们不知道哪件发生的一种状态。例如，当旅游者出游时，他们对旅游地的天气是不确定的。用日常语言来说，风险是遭受损失(或其他某种不幸)的概率。在经济学中，风险是不止会出现一种结果而且每种可能结果的概率可以估算的一种状态。概率是0～1之间的一个数，用来衡量某一可能事件发生的机会。概率为0意味着事件将不会发生；概率为1意味着事件一定会发生——确定性的；概率为0.5意味着事件发生和不发生的可能性一样。其中的一个例子是抛硬币面朝上的概率。在多次抛硬币时，面朝上和面朝下都是一半左右。

有时概率可以衡量。例如，抛硬币面朝下的概率是根据多次抛硬币时一半面朝上一半面朝下的事实；旅游地发生车祸的概率可以用警方和保险公司过去的车祸记录估算；你获得免费房间中奖的概率可以用饭店提供中奖免费房间数量除以房间总量来估算。

有些情况无法根据以前观察到的事件的概率进行描述。这些情况可能是特定的事件，例如开发新景区，将能接待多少旅游者？因为景区是新的，所以没有以往经验可用来估算概率。但通过以往相似景区的经验并辅之以一些判断，仍可以解决这个问题，这种判断称为主观概率。无论事件发生的概率是根据实际数据还是主观判断，甚至是猜测，我们都可以用概率来研究人们面对不确定性时做决策的方法。这样做的第一步是描述人们如何评估风险的成本。

2. 旅游中面对风险的决策

一些人比另一些人更愿意承担风险，但在其他条件保持不变的情况下，几乎所有的人都偏好更小的风险。我们用财富的效用表或曲线来衡量人们对风险的态度。财富的效用是一个人赋予某一特定效用的财富水平。其他保持不变，一个人从所从事的活动中获得的效用越多，表明这个人从这项活动中获得的财富越大。较多的财富带来更大的总效用，但是随着财富的增加，额外一单位财富所增加的总效用量减少，也就是说，财富的边际效用递减。

表 3-7 列出了吕岩的财富效用，图 3.18 显示了其财富效用曲线。随着财富的增加，效用增加，但是财富的边际效用递减。吕岩财富效用曲线上从 *A* 到 *E* 各点对应于表中用同样字母表示的各行。你可以看到，随着他的财富的增加，他的总效用也增加了。你也可以看到，财富的边际效用在递减。当财富从 3 000 元增加到 6 000 元时，总效用增加了 20 个单位，但是当财富进一步从 3 000 元增加到 9 000 元时，总效用只增加了 10 个单位。

表 3-7　财富的总效用与边际效用

对应点	财富/千元	总效用/单位	边际效用/单位
A	0	0	
B	3	65	…………65
C	6	85	…………20
D	9	95	…………10
E	12	100	…………5

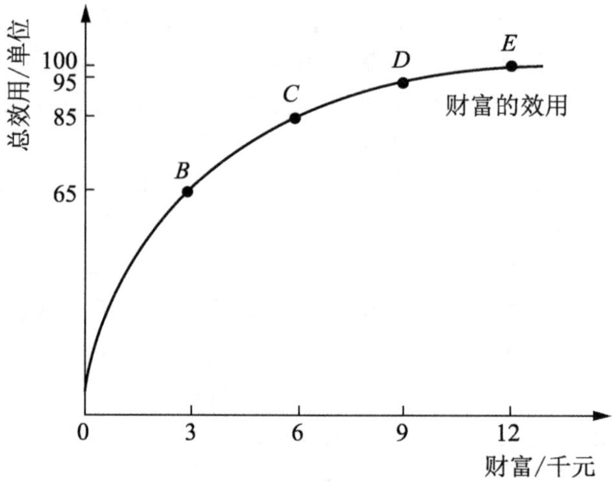

图 3.18　财富的效用

我们可以用吕岩的财富效用函数来衡量他的风险成本。我们来看吕岩如何评价这两个西部旅游目的地的选择。

一个是九寨沟，他能得到80的效用，相对应地获得5 000元的虚拟财富，吕岩的朋友们有多人去过九寨沟，向他详尽地描述了九寨沟的情况，对于吕岩九寨沟旅游没有不确定性，因而没有风险。另一个地方是敦煌，吕岩周边的朋友没有一个去过，但似乎还不错，对于吕岩来说是有风险的。如果吕岩选择敦煌，他所获得的效用大小很大程度上取决于运气。敦煌可能是一个好的或者差的旅游目的地。如果是好的，他可以获得95的效用，相对应地获得9 000元的虚拟财富；而如果是差的，他只能获得65的效用，相对应地获得3 000元的虚拟财富。吕岩假设敦煌是好的或差的旅游地的机会相等——概率都为0.5。吕岩偏好哪一种结果，选择九寨沟还是敦煌。

当存在不确定性时，人们不知道他们从特定行动得到的实际效用，但是有可能算出他们期望得到的效用。期望效用是从所有可能的结果中获得的平均效用。做选择之前，吕岩计算了到某一地旅游的期望效用，显示了他选择的过程。

如图3.19所示，如果吕岩选择九寨沟，他可以得到5 000元的财富和80单位的效用。没有不确定性，因此他的期望效用等于他的实际效用——80单位。但若他选择敦煌，获得9 000元的效用是95单位，而获得3 000元的效用是65单位。吕岩的期望收入是这两地旅游所获得虚拟收入的平均值，即6 000元——(9 000×0.5)+(3 000×0.5)。这个平均值被称作加权平均值，权重是每种结果的概率(本例中都是0.5)。吕岩的期望效用是这两种效用的平均值，等于80单位——(95×0.5)+(65×0.5)。

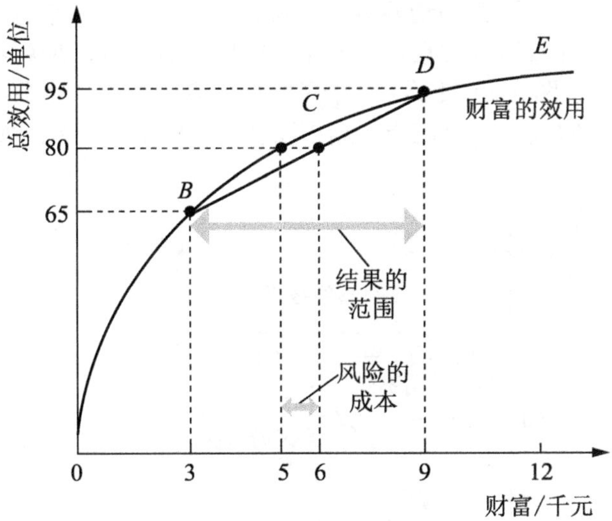

图3.19 不确定下的选择

吕岩选择期望效用目的地。本例中，这两个选择的期望效用相等——都是80单位，所以这两地对他而言无差异。他接受任何一地的可能性是相等的。吕岩从风险目的地中得到的期望财富6 000元和从无风险目的地中得到5 000元之间的差额1 000元，刚好抵消吕岩承担的风险。

通过刚才的计算我们可以衡量吕岩的风险成本。风险成本是与无风险情形具有相同期望效用的期望财富的增加量。在吕岩的例子中，由不确定的虚拟收入 3 000 元或 9 000 元产生的风险成本是 1 000 元。

如果吕岩的财富是 5 000 元而且他不承担风险，他的效用是 80 个单位。财富是 9 000 元时效用为 95，财富是 3 000 元时效用为 65。如果这个事件概率相等，那么他的期望财富是 6 000 元，但是他的期望效用是 80 个单位，这和无风险的 5000 元是无差异的。吕岩在两种选择间是无差异的。吕岩额外 1 000 元的期望财富刚好抵消他承担的风险。

如果吕岩选择九寨沟的财富仍然是 5 000 元，而从敦煌得到的期望收入也保持不变，但其不确定的范围扩大了，吕岩会选择九寨沟。为了说明这个结论，假设好的敦煌赚 12 000 元虚拟财富，而差的敦煌什么都没赚到。敦煌所获取的 6 000 元虚拟财富，但是不确定的范围扩大了。从图 3.18 和表 3-7 中可以看出吕岩从 12 000 元的财富获得 100 单位的效用和从零财富获得 0 单位的效用。所以此时吕岩选择敦煌的期望效用是 50 单位[(100×0.5)+(0×0.5)]。由于现在从敦煌中得到的期望效用少于从九寨沟中得到的，所以他选择了九寨沟。

3. 旅游中的风险规避

马菲喜欢一般性、大众化的旅游项目，而吕岩喜欢刺激性、有挑战的旅游项目，他们之间存在巨大差别。他们对待风险的态度不同，马菲比吕岩更加规避风险。财富效用曲线的形状告诉我们一个人对风险的态度——关于一个人的风险的规避程度。一个人财富的边际效用递减得越快，这个人就越规避风险。考虑风险中性的情形就能看出这一点。一个风险中性的人只关心期望财富而不在意风险有多大。

人们不喜欢风险意味着财富的边际效用递减。一个风险中性者(假定有)财富效用曲线为直线，并且财富的边际效用为常数。对一个风险中性者来说，期望效用不取决于不确定的范围，风险成本为 0。图 3.20 表示了一个风险中性者的财富效用曲线。这是一条直线并且财富的边际效用是个常数。如果这个人期望财富为 6 000 元，无论关于该平均值不确定

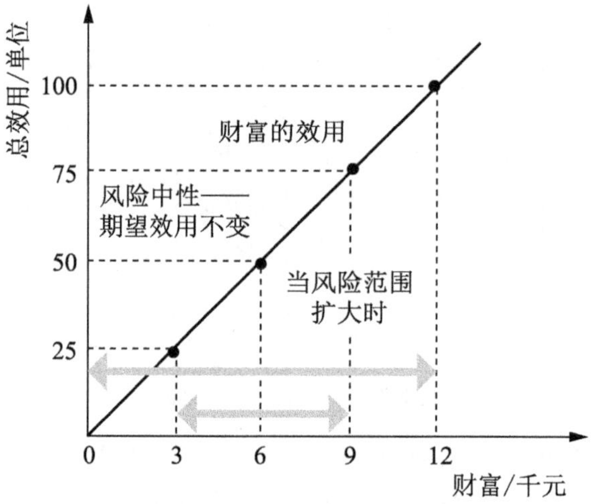

图 3.20　风险中性

性的范围有多大，期望效用都是 50 单位。等概率地拥有 3 000 元或 9 000 元，与 6 000 元的期望效用是相等的。而当吕岩的风险增加到这个范围时，他需要额外的 1 000 元。这个人并不需要，即使是风险的范围变为 0 元到 12 000 元，风险中性者仍然得到和 6 000 元一样的期望效用。现实中大多数的人都是规避风险的，但风险中性的例子说明了财富效用曲线形状对一个人风险规避程度的重要性和由此带来的后果。

4．旅游中的保险

购买保险是我们减少所承担的风险的一种方法。保险如何降低风险？人们为什么购买保险？什么决定我们对保险的花费？此外，我们还以社会保障和失业保险税的形式购买保险。当我们购买私人保险时，我们就与保险公司达成了协定，我们支付协定的价格称为保费，如果某种特定事件发生，我们可以得到保险公司的补偿。旅游中主要的保险是旅行社责任险、旅游人身意外险、交通工具意外伤害险。

保险公司如何运作？保险公司通过分散风险来运作。因为人们是风险规避者，分散风险不仅是可能的，也是有利可图的。对某个人而言发生严重车祸的概率是很小的，但是对于碰上车祸的旅游者来说是巨大的。总体上，一个旅游者发生车祸的概率等于发生车祸的旅游者占总旅游者的比例。由于可以估算出这一概率，因此可以预测车祸的总成本。保险公司可以分散总的风险，并分摊成本。它通过向每个旅游者收取保费并赔偿受到损失的人。如果保险公司的计算正确，它收取的保费应至少等于所支付的赔偿和运营成本之和。

用一个例子来说明人们为什么购买保险以及为什么保险公司是有利可图的。环球旅行社的财富效用曲线如图 3.21 所示。旅行社拥有一辆旅行车价值 10 万元，如果没有发生车祸的风险，其效用将是 100 单位。但是，在一年之内他发生车祸的可能性有 10%(概率是 0.1)。假设旅行社不买保险。如果该车发生了车祸，就一文不值，因此在没有投险时，就没有了财富，效用为零。因为发生车祸的概率是 0.1，不发生车祸的概率就是 0.9。所以旅行社的期望财富是 9 万元(10 万×0.9+0×0.1)，其期望效用是 90 单位(100×0.9+0×0.1)。

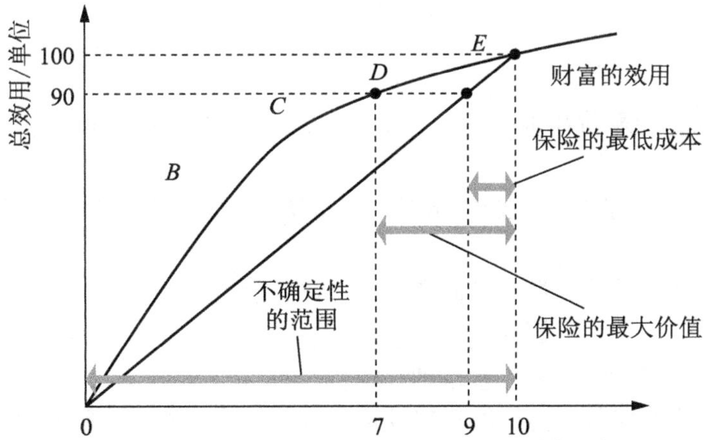

图 3.21　保险的收益

从图 3.21 中可以看出，在没有不确定性并且财富为 7 万元，旅行社的效用是 90 单位。对于旅行社来说，无风险的 7 万元等同于 10%的机会失去 10 万元。但若他花费 3 万元为价值 10 万元的汽车投保，他的财富将为 7 万元而且不承担风险。这样他的效用为 90 单位，这与承担风险的效用是一样的。但若该车险保费低于 3 万元，他的总效用就会提高。因此，当 10 万元投保额的财富低于 3 万元时，旅行社就有保险需求。

如果有很多像环球旅行社这样的个人或企业，保险公司就可以分担他们的风险。分担风险被称为风险分散。为了分散旅行社和其他类似的人的风险，保险公司同意向发生车祸的人赔偿 10 万元。保险公司向 1/10 的投保者赔偿 10 万元，或者平均每个投保者 1 万元，这是保险公司对此类保险的最低保费。因为旅行社是风险规避者，该保费低于旅行社的保险价值。他愿意支付这些钱来降低他承担的风险。假设保险公司的经营费用是 1 万元，并提供 2 万元1份的保险，那么该公司弥补了其全部成本——对投保者的赔偿加上公司的运营费用。环球旅行社以及所有类似他的人将通过投保达到效用最大化。

本章小结

本章首先阐述了旅游需求的概念，然后立足于规范分析的方法，对抽象的一个旅游者的选择进行了分析，阐释了旅游者选择的经济学原理。依据这样一个规范分析的结果，再从整体上阐析了旅游需求的影响因素、需求函数及需求曲线，以及需求的变动。在此基础上，进一步介绍了旅游需求弹性的概念、计算方式以及实际的应用价值。本章还介绍了旅游消费的概念、特点与结构。最后针对旅游消费中突出的不确定性与风险，提供了旅游中涉及风险的消费决策的分析方法，介绍了旅游中的风险规避方法——保险。

复习思考题

一、填空题

1．旅游需求与旅游价格成________变化；可自由支配收入同旅游产品需求量之间成________变化。

2．当$|E_p|$_1 时，我们说旅游需求是富有价格弹性的，此时旅游经营者往往采取提价的经营策略。

3．对于是互代关系的旅游产品而言，它们在旅游需求中是________变化的。

4．旅游需求交叉弹性系数有________、________和________三种情况，旅游饭店和旅行社需求交叉弹性系数为________，它们是________。

5．在其他因素不变时，一国的货币升值，会使该国的入境旅游人数________。

6．对于需求价格弹性大的产品，定价应选择________的方式。

7．一般来说，旅游需求价格弹性表现为________。

二、名词解释

1. 旅游需求
2. 旅游需求收入弹性
3. 旅游消费
4. 旅游消费结构
5. 旅游中的风险
6. 无差异曲线

三、简答题

1. 简述旅游需求曲线上消费者愿意支付的价格告诉了我们什么。
2. 简述影响旅游需求的因素，并说明其影响的结果。
3. 简述旅游者实现效用最大化的两个条件。
4. 简述旅游者实现最佳可支付商品购买组合的条件。
5. 举例说明旅游中的替代性产品与互补性产品。
6. 举例说明旅游中的风险决策。

四、案例分析与计算题

1. 表 3-8 给出了张晓、张军、张华乘火车旅行的需求。

表 3-8　张晓、张军、张华乘火车旅行的需求

价格/(元/千米)	需求量/千米		
	张晓	张军	张华
3	300	250	300
4	250	200	200
5	200	150	100
6	150	100	0
7	100	50	0
8	50	0	0
9	0	0	0

(1) 如果市场中只有张晓、张军、张华，绘制出市场需求表。
(2) 当数量为 500 千米时，边际社会效益是多少？为什么？
(3) 当价格为 4 元/千米时，每个旅行者的消费者剩余是多少？
(4) 当价格为 4 元/千米时，整个经济的消费者剩余是多少？

2. 王宏参加了海边素质拓展运动旅游团，他喜欢冲浪和攀岩，表 3-9 表示他从这两种运动中获得的边际效用。

表 3-9　王宏从冲浪和攀岩中获得的边际效用

小时	冲浪的边际效用	攀岩的边际效用
1	120	40
2	100	36
3	80	30
4	60	22
5	40	12
6	12	10
7	10	8

王宏每天计划花费在自己喜欢的这两个项目的总支出是 550 元，运动时间不受限制，冲浪的费用是 100 元/小时，攀岩的费用是 50 元/小时。

(1) 画图说明王宏的消费可能性。

(2) 王宏分别花费多少时间在冲浪和攀岩上，才能使得他的效用最大？

3．上涨的机票价格使得旅游产品的报价水涨船高，丝路旅游产品的报价从 2 000 元上涨到 3 000 元，游客量从 100 万人次减少为 60 万人次，在这个范围内：

(1) 需求的价格弹性是多少？

(2) 描述丝路旅游线路的需求。

4．全国各地景点门票涨声四起的时候，作为世界著名风景旅游城市的杭州却反其道而行之，继续实行免票制。到 2003 年 4 月，没有围墙、不收门票的完整西湖已将自己的每一寸绿地和每一处景观还给了广大市民和游客。据有关专家介绍，免收门票后，每年全市少了几千万元的门票收入。运用相关理论说明这一决策的经济合理性。

5．张华到甘肃旅游，他原计划预留 900 元购买甘肃特产，由于甘肃旅游景观迷人，因此张华打算再多停留几天。但是，他可支配的旅游消费支出仅剩下 900 元，拟购买的旅游特产品单位价格为 20 元，而每日旅游食宿平均花费为 150 元。对于张华，表 3-10 中各种组合的旅游效用是相同的，也是他预期的效用。

表 3-10　相同旅游效用的各种组合

组合	A	B	C	D
旅游天数/天	5	4	3	2
旅游特产品/件	9	15	13	35

(1) 画出张华旅游消费的开支预算线与无差异曲线。

(2) 简述张华的最佳效用组合选择。

第 4 章　旅游供给与生产

学习目标

知识目标	技能目标
① 掌握旅游供给的概念及其主要内容; ② 熟悉旅游供给的特征; ③ 了解旅游供给的影响因素; ④ 掌握旅游供给弹性的概念与特征。	① 能够运用所学知识区分并评价旅游企业的成本、收益与利润; ② 能够判断在短期中旅游企业的决策，产量(供给量)决策与继续生产决策; ③ 能够判断在长期中旅游企业的决策内容。

知识结构

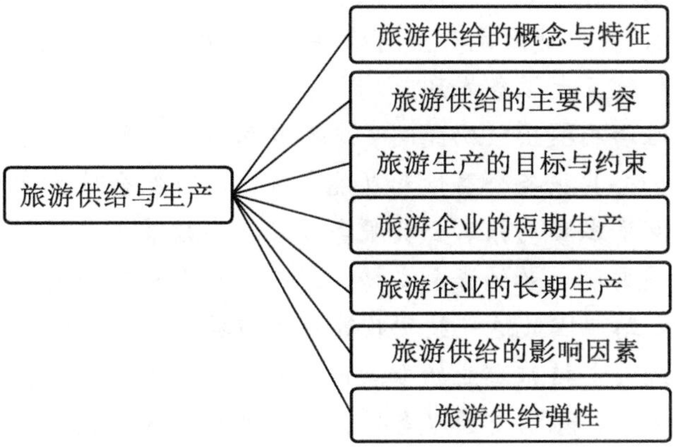

导入案例

旅游业发展两大瓶颈：金融支撑与土地政策

旅游业作为新兴服务产业，具备高附加值、高成长性的特点，近年来更是成为拉动内需消费的重要途径之一，也是社会资本追逐的新热点。随着行业法规和扶持政策的相继出台，旅游业将逐步进入规范化的快速增长期，未来有望成为国民支柱产业之一。

值得注意的是，旅游业发展有两大瓶颈：金融、土地。为此，国家旅游局强调加大对民间旅游投资金融支持力度、加大对民间旅游投资用地保障力度。2012 年 7 月，国家旅游局正式颁布了《关于鼓励和引导民间资本投资旅游业的实施意见》引起了业界的广泛关注。国家旅游局强调，支持参与国有旅游企业改制重组。鼓励和引导民营企业通过参股、控股、资产收购等多种形式参与国有旅游企业改制重组。

分析人士认为，从目前的情况来看，旅游业仍然面临旅游基础设施建设和公共服务体系建设的滞后、旅游市场主体不强、市场配置资源能力仍相对较弱、旅游业投融资渠道不畅等突出问题，这些都需要进一步通过相关政策来解决。

2012 年 6 月 11 日，国家旅游局发布的《关于进一步做好旅游公共服务工作的意见》提出，到 2015 年年末，基本建设完善全国旅游信息咨询、旅游安全保障、旅游交通便捷、旅游便民惠民、旅游行政五大服务体系。

与此衔接，国家旅游局提出鼓励民间资本参与旅游公共服务体系建设，鼓励公共服务主体多元化。在不影响公共服务公益性和功能条件下，可结合地方实际，招标选择民间资本进行合作。对于民间资本参与旅游公共服务项目，在政策上与国有投资平等对待。在业界看来，旅游业的发展需要大量的资金支持，进一步扩大旅游业对民间资本的开放范围，是提升旅游业的必由之路，因此这一鼓励政策将给旅游业注入新的活力。

专家建议，明确政策支持旅游业的重点产业领域，对于具有公共服务性质的旅游基础设施、旅游信息服务体系、旅游交通服务体系、旅游安全保障服务体系、旅游人才建设等领域，财政投入要给予长期的重点支持。对还处于市场培育阶段的乡村旅游、红色旅游、旅游新业态等领域中的小微企业，要放宽市场准入门槛，积极引导各类社会资金投资旅游业，通过市场化的机制形成旅游业发展的稳定资金来源，待市场逐步成熟后政策要及时退出，让市场来支持相关产业的发展。

(资料来源：徐科. 旅游业发展两大瓶颈：金融支撑与土地政策[N]. 证券日报, 2013-09-27.)

旅游经济的发展立足于旅游供给的支撑。本章我们将学习旅游企业的选择行为，和其他行业中的企业的选择行为一样，旅游企业选择是立足于自己的利润追求，利润是收入与成本的差值，同时由于旅游产品的特殊性，使得旅游企业的选择也具有区别于其他行业的特征性。

4.1 旅游供给的概念与特征

4.1.1 旅游供给的概念

旅游供给从狭义上来看是旅游经济部门在一定时期内以一定的价格向旅游市场提供的旅游产品的数量。从广义上来看是旅游经济部门和非经济部门提供的旅游产品的数量，因为有些旅游产品的组成内容(如旅游资源、基础设施、咨询服务等)可能来自非经济部门。旅游供给应从广义角度来理解，即凡是能够提供给旅游者的服务及其凭借物都是旅游供给的内容。

旅游供给主要是旅游目的地所提供的。但也有一些服务是在客源地和连接客源地、目的地的线路上所提供的。

旅游供给提供的是旅游产品，而旅游产品主要由服务构成，所以旅游供给所提供的也主要是旅游服务。但是提供旅游服务必须凭借各种实物(如旅游资源、旅游设施及一定的旅游商品)才能实现。旅游供给并非只提供一种单项旅游产品，而是各种产品的综合，是一系列满足旅游需求的服务与产品。这些综合服务的完成，还必须依靠其他服务的支持，即间接供给的支持。旅游供给同旅游产品有相同的组成成分。

4.1.2 旅游供给的特征

旅游供给是旅游产品生产者的行为，这种行为涉及国家和社会的各个方面，但主要的行为者是旅游从业者，他们的活动构成了旅游产品的直接供给。从直接供给角度来看，旅游供给具有以下特征：

图 4.1　旅游供给是综合的

(图片来源：roll.sohu.com)

1. 综合性

综合性是贯穿于旅游经济各个运行环节的普遍特征，旅游产品、旅游需求、旅游消费、旅游供给都具有这一特征，因为旅游供给提供的是旅游产品，而旅游产品具有综合性，所以旅游供给也具有综合性，即提供完整的旅游产品。旅游供给的综合性体现在有直接供给，也有间接供给；有基本供给，也有非基本供给；有物质产品的供给，也有精神产品和服务的供给；有旅游经济部门提供的，也有其他经济部门和非经济部门提供的；等等。旅游供给是由社会多个旅游企业与多种行业共同协作完成的。

2．产地消费性

地域固定性是旅游产品的一大特点，因此，旅游供给在地域上是不可移动的，只能是在固定空间上的产品供给，而旅游者要消费这些旅游产品，就只能通过流通环节，到旅游供给的产地进行消费，这使旅游产品在生产、供给规划上与一般的产品存在很大的差别。一般产品的供给，物流环节是规划要重点考虑的内容；而旅游产品的供给，景点、景区的环境容量和承载力则是规划首先要明确的问题，它决定着未来旅游供给的数量和水平。

3．低弹性

影响旅游供给的因素是多方面的，概括起来主要有自然条件、历史条件、社会经济发展状况及科学技术的发展水平等。在这些因素中，很难找到一个因素，它的变动能在较短的时间里产生大量的旅游供给。旅游资源大都是自然的和历史的结果，而某些旅游的设施要增加，其建设不仅需要大量的资金投入和必要的科技手段，也需要一定的时间。由此可见，旅游供给表现为一种低弹性。

4．多样性

旅游供给的存在是以需求为前提的，由于旅游产品的使用价值在于满足人们的心理和精神需要，这种需要千差万别，所以，旅游供给具有多样性的特点。这要求旅游供给者在旅游产品的生产和供给过程中，要充分考虑旅游者在物质和精神方面的需求，把所有相应的物品和服务都纳入经营的范畴，在大力发展传统大众旅游产品的同时，针对特殊旅游者的特殊需求，积极开发个性化的旅游产品。

4.2　旅游供给的主要内容

旅游供给总的来说可以分为实物和服务两大部分，但旅游产品是一边生产一边消费，产品离不开生产的物质基础，即服务离不开实物，实物也只有与服务结合起来才能形成供给。由于许多内容前已述及，在此不再详细论述。

1．旅游资源与游览服务

一般地，旅游资源需经过开发成旅游吸引物，才能提供给旅游者。旅游资源成为旅游供给的首要内容。如果没有旅游资源，旅游设施就没有存在的必要，旅游供给也就无从谈起。旅游供给中的旅游资源要求特色鲜明、内容丰富，要有名、古、特、奇、美、用等特征，给旅游者以知识、情趣、享乐、新奇、独特的感受。

2. 旅游基础设施及服务

基础设施为一些公用设施，如道路交通设施、供排水设施、电力设施、电信设施、废物处理设施等。这些设施要求充分与合理，保证旅游服务的顺利提供。它们对于旅游的成功和旅游专门设施与服务有重要影响。

3. 旅游专门设施及旅游服务

旅游专门设施多样，旅游服务内容丰富，它们同旅游资源一起构成了旅游供给的主体，直接为旅游者服务。

(1) 交通运输设施，如轮船、飞机、火车、出租汽车、缆车、索道等，为旅游者的旅行提供服务。这类服务要求方便、快速、准确、安全、舒适。

(2) 住宿接待设施，如饭店、汽车旅馆、度假村、野营地、公寓及私人出租房等，为旅游者提供住宿服务。这类服务要求清洁卫生、安静舒适、方便安全。

(3) 饮食设施，如餐馆、快餐店、咖啡馆、酒吧，以及旅馆内附设的餐厅、酒吧等，为旅游者提供饮食服务。这类服务要求清洁卫生、美味可口，满足旅游者物质和文化的需求，获得色、香、味、美的感受。

(4) 娱乐设施，如游乐园、游乐场等以及一些只有娱乐性的旅游资源，它们有的构成旅游资源，有的是为了丰富旅游者生活，为旅游者提供娱乐服务。这类服务要求给人以快乐、有情调、有刺激的感受。

(5) 购物设施，如工艺美术商店、古玩店、百货商店、购物中心以及旅馆中附设的商店等，向旅游者提供纪念品、工艺美术品、旅游用品(包括旅游者生活用品)等旅游商品。旅游商品要求具有纪念性、艺术性、礼品性、实用性等特性。

(6) 其他服务，包括商业性和非商业性服务，如导游、翻译、预订、咨询、出入境等方面的服务。这类服务要求热情、周到、礼貌、效率。

参考资料

表 4-1 列出了我国主要旅游企业(旅行社、星级饭店、旅游景区)2005—2013 年的基本情况统计。

表 4-1 我国主要旅游企业基本情况统计(2005—2013 年)

年份	合计		(一)旅行社		(二)星级饭店				(三)旅游景区	
	从业人员/人	企业数/家	从业人员/人	企业数/家	从业人员/人	饭店数/座	房间数/间	床位数/张	从业人员/人	企业数/家
2005	2 604 231	35 280	248 919	16 245	1 517 070	11 828	1 332 083	2 571 664	540 131	4 392
2006	2 713 413	38 147	285 917	17 957	1 580 403	12 751	1 459 836	2 785 481	564 689	4 584
2007	2 720 476	48 747	307 977	18 943	1 668 095	13 583	1 573 784	2 969 434	640 743	8 266

续表

年份	合计		(一)旅行社		(二)星级饭店				(三)旅游景区	
	从业人员/人	企业数/家	从业人员/人	企业数/家	从业人员/人	饭店数/座	房间数/间	床位数/张	从业人员/人	企业数/家
2008	2 721 318	49 444	321 655	20 110	1 669 179	14 099	1 591 379	2 934 758	593 146	7 844
2009	2 749 298	49 720	308 978	20 399	1 672 602	14 237	1 673 475	3 064 684	689 514	7 775
2010			276 751	22 691	1 580 963	11 779	1 476 359	2 566 382		
2011	2 044 000	37 133	299 755	23 690	1 542 751	11 676	1 474 889	2 586 298	201 494	1 767
2012	2 135 247	38 275	318 223	24 944	1 590 590	11 367	1 497 188	2 677 436	226 434	1 964
2013	2 080 423	39 766	339 993	26 054	1 502 469	11 687	1 539 141	2 705 013	237 961	2 025

(资料来源：依据国研究网数据整理)

4.3 旅游生产的目标与约束

4.3.1 企业及其经济问题

2013 年中国有约 4 万家不同的生产规模和经营范围的旅游企业，但是，它们都在完成相同的基本经济功能。每家企业都是一个雇佣生产要素并组织这些要素进行生产并销售产品和服务的机构。我们的目标是预测企业的行为。因此，我们需要了解一个企业的目标及其所面临的约束，我们从这些目标开始。

1．企业的目标

如果你问不同旅游企业家他们要达到什么样的目的，你可能会得到许多不同的答案。有些企业家谈到要生产高质量的产品，有些则谈论企业的发展，还有些谈到了市场份额和员工对工作的满意度。所有这些都可能是追求的目标，但它们并不是基本目标，这些只是为达到更深层次目标的手段。

企业的目标是利润最大化。一个不追求利润最大化的企业要么被淘汰，要么被追求利润最大化的企业收购。准确地说，企业所追求的最大化利润是什么呢？为了回答这个问题，让我们看看吕燕的旅行社。

2．企业利润的测量

吕燕成功地经营着一家旅行社。吕燕的旅行社销售年收入是 400 万元。它用于支付旅行社成本的是 80 万元，用于电力的支出是 20 万元，用于工资的支出是 120 万元，用于房租的是 5 万元，另外还有 5 万元作为银行贷款的利息支出。在收入 400 万元和支出 230 万元的情况下，吕燕的旅行社每年盈余 170 万元。

吕燕的会计师把这个数字减去了 25 万元来作为企业的各种设备的折旧(会计师根据财

务会计标准协会建立的标准用内部收益服务规则来计算折旧)。因此，会计师的报告称吕燕的旅行社一年的利润是 145 万元。会计师衡量了成本和利润，以保证企业能够正确地支付所得税并向银行显示其贷款的使用情况。但我们想要预测企业的决策，这些决策是对机会成本和经济利润的反映。

3. 机会成本

任何一种行为的机会成本是放弃的价值最高的另一种行为。你放弃的行为的最高价值就是你选择采取的行为的成本。对于一个企业来说，生产的机会成本是企业资源在其最佳用途上的价值。机会成本是一种实际放弃的选择。但是为了比较一种行为与另一种行为的成本，我们用货币单位表示机会成本。一个企业的机会成本包括显性成本与隐性成本。

(1) 显性成本。显性成本是货币支出。为获得一种资源而支出的货币可以用于其他物品的支付上，因此，它是使用资源的机会成本。对吕燕的旅行社来说，用于旅行费、电力、劳动、租金和利息上的支出就是显性成本。

(2) 隐性成本。当一个企业放弃某种活动但又没有得到补偿时，就引起了隐性成本。在下列情况下，企业发生了隐性成本：①使用自己的资本；②使用所有者自己的时间或金融资源。企业使用自有资本的成本是隐性成本，也是机会成本，因为该企业可以把这些资本租给其他企业。放弃的租金收入就是这个企业使用自有资本的机会成本。这种机会成本被称为资本的隐性租金率。如果一家企业使用其自有资本，那么就产生了隐性成本，它包括：①经济折旧；②放弃的利息。经济折旧是资本的市场价值在某一时期内的变动。它可以用资本在期初的市场价格减去期末的市场价格来计算。例如，假设 2010 年 12 月 31 日吕燕可以把所有的办公设备以 100 万元的价格卖掉。如果 2011 年 12 月 31 日出售同样的资本能够获得 75 万元，那么 2011 年期间的经济折旧就是 25 万元——办公设备的市场价值下降了。这 25 万元就是在 2011 年吕燕使用资本的隐性成本。用于购买资本的资金也可以用于其他用途，而且在其他次优用途上，这些资金也会带来利息收入。这种放弃的利息也是使用资本的一部分机会成本。例如，吕燕的旅行社可以购买政府债券来代替经营旅行社，放弃的债券利息就是经营旅行社的隐性成本。

所有者资源的成本。企业所有者通常提供企业家才能——一种组织企业做出决策、创新和承担企业经营风险的生产要素。企业家才能的报酬是利润，而且企业家期望得到的平均报酬被称为正常利润。企业家的正常利润是企业机会成本的一部分，因为它是放弃的另一种选择——经营另一家企业的收益。如果旅行社行业的正常利润是一年 50 万元，那么，这就是吕燕的正常利润，并且它也构成了吕燕旅行社的机会成本的一部分。

除了企业家才能，企业的所有者还可以提供劳动，而劳动的报酬是工资。企业所有者劳动的机会成本是他放弃的在其他岗位上工作所能获得的最高收入。假设除了作为企业家之外，吕燕可以向另一家企业提供劳动并获得一年 40 万元的收入，那么为自己的企业工作，吕燕就要放弃这笔收入，因此这笔收入也构成了吕燕旅行社的机会成本的一部分。

4. 经济利润

什么是企业的盈利或者亏损呢？企业的经济利润等于它的总收益减去总成本。企业的总成本是其显性成本与隐性成本之和。而且请记住，隐性成本包括正常利润。企业家才能的报酬大于正常利润，企业就获得正的经济利润；而企业家才能的报酬小于正常利润，企业就获得负的经济利润——企业发生了经济亏损。

表 4-2 总结了经济账目。吕燕的旅行社的总收入是 400 万元。它的机会成本(显性成本加隐性成本)是 365 万元，它的经济利润是 35 万元。

表 4-2　旅行社的经济账目

项目		数量/元
总收益		400 万
成本	旅行费	80 万
	电费	20 万
	工资	120 万
	房租	5 万
	利息	5 万
	总显性成本	230 万
	吕燕放弃的工资	40 万
	吕燕放弃的利息	20 万
	经济折旧	25 万
	吕燕的正常利润	50 万
	总隐性成本	135 万
	总成本	365 万
经济利润		35 万

4.3.2　企业的约束

为了实现利润最大化的目标——经济利润最大化，一个企业必须进行 5 项基本决策：①生产什么样的产品和服务？生产多少？②怎样生产？使用何种生产技术？③怎样组织管理者及员工并支付报酬？④如何营销自己的产品以及如何为产品定价？⑤企业自己生产什么？从其他企业购买什么？在所有这些决策中，企业行为要受到它所面临的约束的限制。我们接下来的任务就是了解这些约束。企业环境的四个方面，即技术、信息、市场和环境限制了企业能赚到的最大利润。

1. 技术约束

经济学家定义的技术是广义的。技术是任何一种生产产品和服务的方法，技术既包括旅游交通工具的改进、旅游项目的设计与安排，又包括旅游企业的组织。例如，旅行社拥有专业化提供旅游过程服务的技术，它不同于游乐场的技术，而游乐场的技术又区别于旅游景区。企业的利润受到技术的限制可能让人感到惊讶，因为技术进步似乎一直在增加企业赢利的机会。几乎每一天我们都会听说一种令我们吃惊的技术进步。景区使用旅游者身份识别系统，旅游者能够驾驶着在陌生的旅游地自动定位导航的轿车，我们能做比以往多得多的事情。技术在不断进步，但是在每一时点上，为了生产更多的产品和获得更高的收益，企业就必须投入更多的资源并花费更多的成本，企业可以实现的利润增长要受到现有技术的限制。例如，使用现有的城市到景区的交通工具，景区日接待游客量达到了最大值，交通成为景区发展的瓶颈因素，从而限制了景区利润的增加，为了能够更多地接待旅游者，就必须投入更多的资源增加采用更先进、更便捷的交通工具。

2. 信息约束

我们不可能拥有做出决策所需要的全部信息，我们缺乏有关未来与现在的信息。例如，假设你打算外出旅游，你应该到什么地方呢？问题的答案在于不同旅游地的旅游项目、环境以及价格的比较，为了最好地完成交易，你必须逐一比较你所了解的各个旅游地，这种比较的成果受到了你所拥有信息的数量与质量的约束。同样，一个旅行社也要受到它所雇佣员工的素质和努力程度、顾客现在与未来的购买计划，以及竞争对手的计划等方面有限信息的约束。当管理者相信员工们正在努力工作时，员工们可能已松懈下来。顾客可能转向与其竞争的其他旅行社，企业不得不与新进入的企业竞争，企业试图为员工们创造激励机制，以确保他们能够在无人监督的情况下也能勤奋工作。同时，主题公园开发企业花费数十万元用于市场调查，但是这些努力和支出并不能消除不完全信息和不确定性问题。而且，应付有限信息的成本本身又限制了利润。

3. 市场约束

每家企业可以出售什么产品以及产品的销售价格要受到顾客支付意愿和其他企业生产的产品价格和营销努力的制约。同样，每家企业可以购买的资源和购买资源需要支付的价格也要受到人们的工作意愿和企业的投资意愿的限制。旅游目的地或旅游企业一年要把数千万元用于市场营销以销售它们的产品，为了制作出能够最大限度吸引人们眼球的电视广告，一些具有创新精神的人绞尽了脑汁。旅游目的地或旅游企业必须克服的市场约束和为此而付出的费用限制了企业能够获得的利润。

4. 环境约束

旅游企业特别是景区企业所能够提供产品的数量，表现为其能接纳的旅游者数量，还要受到环境容量的约束。旅游环境容量又称旅游承载力，它是在一定时间条件下，一定旅游资源的空间范围内的旅游活动能力，即满足旅游者最低游览要求，包括心理感应气氛以及达到保护资源的环境标准，是旅游资源的物质和空间规模所能容纳的游客活动量。景区承载力强调了土地利用强度、旅游经济收益、游客密度等因素对旅游地承载力的影响，在内容上包括资源空间承载量、环境生态承载量、心理承载量、经济发展承载量、社会地域承载量等基本内容，一个旅游地的旅游承载力是这些承载力的综合能力。由于环境条件的约束，旅游产品的供给达到一定量后，将逐渐表现为稳定性，不会随着价格的增长而无限增长，其供给曲线可能表现为如图 4.2 所示。

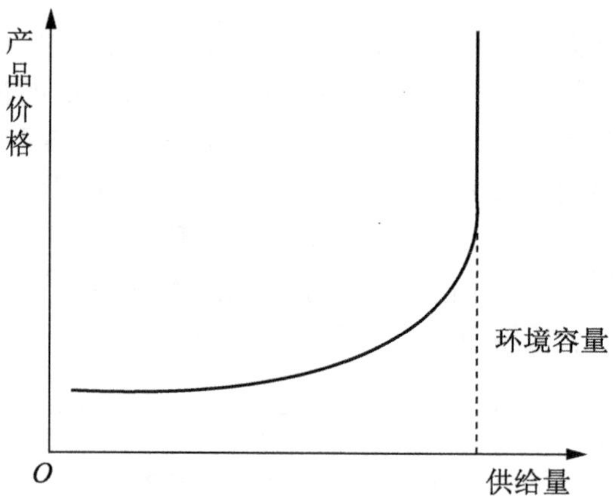

图 4.2　受环境约束的旅游供给曲线

参考资料

2015 年 4 月 1 日起实行国家旅游局颁布的《景区最大承载量核定导则》，要求各大景区核算出游客最大承载量，并制定相关游客流量控制预案，景区应逐步推进旅游者流量监测常态化。

景区瞬时空间承载量 C_1 由以下公式确定：

$$C_1 = \sum X_i / Y_i \tag{4-1}$$

式中，X_i 为第 i 景点的有效可游览面积；Y_i 为第 i 景点的旅游者单位游览面积，即基本空间承载标准。

景区日空间承载量 C_2 由以下公式确定：

$$C_2 = \frac{X_i}{Y_i} \times \mathrm{Int}(T/t) = C_1 \times Z \tag{4-2}$$

式中，T 为景区每天的有效开放时间；t 为每位旅游者在景区的平均游览时间；Z 为整个景区的日平均周转率；$\mathrm{Int}(T/t)$为 T/t 的整数部分值。

(资料来源：国家旅游局：景区最大承载量核定导则。)

4.3.3　技术效率与经济效率

旅行社是劳动密集型企业，雇佣了大量的劳动力，并且大多数的员工都拥有高额的人力资本，但该企业只使用少量的物质资本。与此相反，一个景区开发公司投入大量的资本进行景区的开发，而使用较少劳动力。为什么？答案在于效率的概念。有两种生产效率的概念：技术效率和经济效率。当企业投入最少的要素生产既定的产量时，就实现了技术效率。当企业用最少的成本生产既定的产量时，就实现了经济效率。现在我们通过一个例子来说明这两种效率的概念。

兰生是一家以传统染织工艺品为主营产品的旅游纪念品生产公司，假设有四种技术可以用来生产设计好的传统染织工艺品：①机器人生产，一个人监控整个计算机控制的生产过程；②生产线，只有当产品通过生产线从他们身旁通过时，工人才专门从事一小部分工作；③工作台生产，工人专门从事一小部分工作，但为了完成自己的任务要从一个工作台走到另一个工作台；④手工工具生产，一个工人用一些手工工具生产染织工艺品。表 4-3 列出了这四种方法每天生产 1 000 件商品所需要的劳动和资本量。这些方法中哪一种在技术上更有效率呢？

表 4-3　四种每天制造 1 000 件旅游商品的方法

方法	劳动	资本
A 机器人生产	1	1000
B 生产线	10	10
C 工作台生产	100	10
D 手工工具生产	1000	1

1. 技术效率

回想一下，当投入最少量的要素生产既定的产量时，就实现了技术效率。观察表 4-3 中的数据我们会注意到，方法 A 使用了最多的资本但劳动最少；方法 D 使用的劳动最多但资本最少。比较方法 B 与方法 C，方法 C 需要 100 个工人和 10 单位的资本来生产 1 000 个旅游纪念品。而生产同样数量的旅游纪念品，方法 B 需要 10 个工人和 10 单位的资本。因为方法 C 使用的资本数量与方法 B 相同，但劳动的数量较多，所以方法 C 在技术上是无效率的。还有其他方法在技术上是无效率的吗？答案是否定的。其他三种方法在技术上都是有效率的。方法 A 使用了更多的资本但使用的劳动比方法 B 少，方法 D 使用了更多的劳动但使用的资本却少于方法 B。

参考资料

岳宏志等采用 DEA 模型，以旅游产业从业人员(单位：人)和旅游产业固定资产投入为投入指标，旅游企业营业收入为产出指标测量 2001—2007 年我国 31 个省份旅游产业技术效率值，评价结果见表 4-4。

表 4-4　2001—2007 年我国 31 个省份旅游产业技术效率值

省份	2001 年	2002 年	2003 年	2004 年	2005 年	2006 年	2007 年	均值
北　京	0.904	0.959	1	1	1	1	1	0.98
天　津	0.875	0.949	0.565	0.771	0.548	0.67	0.663	0.72
河　北	0.695	0.18	0.177	0.409	0.546	0.296	0.417	0.389
山　西	0.434	0.365	0.192	0.624	0.548	0.996	0.723	0.555
内蒙古	0.476	0.209	0.291	0.389	0.22	0.591	0.4	0.368
辽　宁	0.305	0.279	1	0.405	0.48	0.457	0.447	0.482
吉　林	1	0.256	0.21	0.422	0.314	0.46	0.399	0.437

续表

省份	2001 年	2002 年	2003 年	2004 年	2005 年	2006 年	2007 年	均值
黑龙江	0.416	0.23	0.192	0.368	0.361	0.353	0.361	0.326
上　海	1	1	0.969	1	1	0.787	0.929	0.955
江　苏	0.579	0.486	0.462	0.757	0.889	0.806	0.817	0.685
浙　江	0.644	0.577	0.503	0.806	0.887	1	0.898	0.759
安　徽	0.43	0.385	0.243	0.653	0.523	0.859	0.678	0.539
福　建	0.438	0.401	0.437	0.642	0.685	0.878	0.735	0.602
江　西	0.407	0.387	0.281	0.558	0.438	0.489	0.495	0.436
山　东	0.691	0.523	0.423	0.602	0.61	0.688	0.633	0.596
河　南	0.598	0.191	0.66	1	0.544	0.773	0.772	0.648
湖　北	0.417	0.181	0.195	0.329	0.495	0.615	0.513	0.406
湖　南	0.63	0.235	0.238	0.547	0.618	0.19	0.452	0.416
广　东	1	1	1	1	1	0.79	0.93	0.96
广　西	0.497	0.321	0.343	0.64	0.52	0.736	0.632	0.527
海　南	0.401	0.383	0.504	0.676	0.344	0.507	0.509	0.475
重　庆	0.6	0.565	0.334	0.623	0.532	0.958	0.704	0.617
四　川	0.403	0.236	0.241	0.502	0.54	0.58	0.541	0.435
贵　州	0.619	0.403	0.284	0.461	1	0.059	0.507	0.476
云　南	0.505	0.391	0.167	0.528	0.733	0.849	0.703	0.554
西　藏	1	1	1	0.384	0.235	0.353	0.324	0.614
陕　西	0.56	0.313	0.15	0.497	0.446	0.534	0.492	0.427
甘　肃	0.455	0.353	0.171	1	0.278	0.327	0.535	0.446
青　海	1	1	0.222	1	1	0.646	0.882	0.821
宁　夏	0.732	0.491	0.611	0.473	0.625	1	0.699	0.662
新　疆	0.558	0.312	0.27	0.58	0.438	0.613	0.544	0.474
均值	0.603	0.47	0.43	0.637	0.593	0.641	0.624	0.571

(资料来源：岳宏志, 朱承亮. 我国旅游产业技术效率及其区域差异：2001—2007 年[J]. 云南财经大学学报, 2010(2):36-44.)

2．经济效率

回想一下，当企业用最小的成本生产出既定的产量时，就实现了经济效率。假定劳动的成本是每人每天 75 元，资本的成本是每台机器每天 250 元。表 4-5(a)计算了使用不同方法时的成本。通过观察该表，你会发现方法 B 的成本最低。尽管方法 A 的劳动较少，但资本太昂贵。方法 D 使用了较少的资本但使用了太多昂贵的劳动。方法 C 在技术上是无效率的，在经济上也是无效率的。它使用了与方法 B 同样数量的资本，但劳动量是 B 的 10 倍。因此，它的成本更高。技术上无效率的方法绝不会在经济上具有效率。虽然在本例中方法 B 在经济上是有效率的，但在不同的要素价格下，方法 A 或方法 D 也可以在经济上具有效率。假设劳动的成本是每人每天 150 元，而资本的成本每台机器每天只有 1 元。表 4-5(b)表示了生产旅游纪念品的成本。在这种情况下，方法 A 在经济上是有效率的。现在的资本相对于劳动是廉价的，所以使用最多资本的方法是经济上有效率的方法。接下来，假设劳动的成本只有每人每天 1 元，而资本的成本变成了每台机器每天 1 000 元。现在，因为方法 D 使用了大量的劳动和很少的资本而花费成本最小，所以成为经济上有效率的方法。从这些例子中我们看到，技术效率仅取决于可行性，而经济效率还取决于资源的相对价格。经济上有效率的方法是使用少量更昂贵的资源而使用大量更廉价的资源的方法。一个经济上没有效率的企业是无法实现利润最大化的。市场竞争选择支持有效率的企业，而反对无效率的企业，最终，无效率的企业退出经营或被成本较低的企业取代。

表 4-5　一天制造 1 000 件旅游纪念品机的不同方法的成本

(a)四种制造旅游纪念品的方法

方法	劳动成本 (每天 75 元)		资本成本 (每天 250 元)		总成本	每件旅游纪念品的成本
A	75	+	250 000	=	250 075	250.08
B	750	+	2 500	=	3 250	3.25
C	7 500	+	2 500	=	10 000	10.00
D	75 000	+	250	=	75 250	75.25

(b)三种制造旅游纪念品的方法：高劳动成本

方法	劳动成本 (每天 150 元)		资本成本 (每天 1 元)		总成本	每件旅游纪念品的成本
A	150	+	1 000	=	1 150	1.15
B	1 500	+	10	=	1 510	1.51
D	150 000	+	1	=	150 001	150.00

(c)三种制造旅游纪念品的方法：高资本成本

方法	劳动成本 (每天 1 元)		资本成本 (每天 1 000 元)		总成本	每件旅游纪念品的成本
A	1	+	1 000 000	=	1 000 001	1 000.00
B	10	+	10 000	=	10 010	10.01
D	1 000	+	1 000	=	2 000	2.00

参考资料

唐晓云采用相对效率评价的DEA模型对我国各省份的旅游产业经济效率进行了评价，其要素产出指标依据旅游企业营业收入，要素投入指标依据固定资产、劳动力以及知识进展和制度因素，研究结果见表4-6。

表4-6 1998—2007年各省份旅游要素的生产投入-产出的DEA均值

东部省份	DEA相对效率(%)	中部省份	DEA相对效率(%)	西部省份	DEA相对效率(%)
广东	252.67	河南	90.23	贵州	71.53
北京	120.47	安徽	81.17	云南	65.24
上海	11.37	湖南	67.09	新疆	58.22
江苏	90.23	山西	61.71	陕西	57.22
浙江	81.17	江西	53.18	内蒙古	52.7
天津	81.04	湖北	46.93	四川	50.63
河北	67.4			青海	48.98
福建	66.63			广西	48.56
山东	65.63			宁夏	45.68
吉林	58.08			甘肃	45.54
黑龙江	58.08			西藏	36.25
辽宁	49.26				
海南	45.51				
均值	88.27		66.72		52.78

可见我国旅游产业经济效率较低且区域差距突出，呈现东高西低的态势。东部地区12个省的平均相对效率远远高于中部和西部地区，且以广东、北京和上海三个区域最优。从各省的投入-产出相对效率分析结果看，经济越发达的地区，旅游业要素投入-产出的相对效率较高。

(资料来源：唐晓云.生产要素视角的中国旅游经济发展区域差异研究[J].经济地理, 2010, 30(10):1741-1746.)

4.4 旅游企业的短期生产

4.4.1 旅游生产决策的时间框架

企业的经营者要做出很多决策，所有的决策都是为了实现一个首要的目标：可实现的利润最大化。但并非所有的决策都同等重要，有些决策是重大决策，一旦做出，修改它就要付出高昂的代价，如果这些决策是错误的，就可能导致企业的经营失败。有些决策是小决策，很容易改变，如果这些决策中有一个是错误的，公司可以改变行动而生存下来。

旅游企业所做的最重大的决策就是进入旅游行业。对企业家来说，他们的知识背景、兴趣、现在所拥有的资源以及对于市场发展前景的判断促成了这一决策。我们要研究的旅游企业已经选择了它经营所处的行业，也选择了最有效的组织方法，但它没有决定生产的数量、使用生产要素的数量以及产品的销售价格。关于生产数量和销售价格的决策取决于企业所处的市场类型。完全竞争、垄断竞争、寡头和垄断都使企业面临一些特殊的问题(本书将在下一章中讨论这些问题)。但是，关于如何生产既定产量(供给量)的决策并不取决于市场类型，这类决策对所有类型市场上的全部企业来说都是相似的。企业可以采取的影响产量(供给量)与成本之间关系的行为取决于企业想采取行动的快慢。一个计划明天改变生产率的企业选择的余地小于计划从现在起 6 个月或 6 年后改变生产率的企业。为了研究旅游企业产量(供给量)决策和成本之间的关系，我们区分了两种决策的时间框架：短期与长期。

1．短期

短期，是至少有一种生产要素的数量固定的时间框架。对于大多数企业来说，资本、土地和企业家才能都是固定的生产要素，而劳动则是可变的生产要素。我们把固定的生产要素称为设备：在短期中，企业的设备是固定的。对于吕燕的旅行社来说，固定的设备是租用的办公室与办公设备。对于锦华饭店来说，固定设备是它的建筑物、房间装修、客房家具等。在短期中为了增加产量，企业必须增加它所使用的可变要素的数量，这种可变要素通常是劳动。所以，为了提供更多的产品，吕燕旅行社必须雇佣更多的劳动。同样地，兰生公司要想增加产量就必须雇佣更多的工人。短期决策很容易改变，企业能够通过增加或减少它所雇佣的劳动数量来增加或减少其短期产量。

2．长期

长期，是全部生产要素的数量都可以改变的时间框架。也就是说，长期是企业可以改变其设备的时间框架。在长期中为了增加产量，企业可以选择是否改变其设备规模以及是否增加雇佣劳动的数量。吕燕旅行社可以选择增加办公空间与设备，重新组织管理体系，或者雇佣更多的劳动。长期决策很难改变，一旦做出改变设备规模的决策，企业必须维持该规模一段时间。为了强调这一事实，我们将过去花费在那些无法转卖的设备上的成本称为沉没成本。沉没成本与企业的现期决策无关。影响企业现期决策的成本只有短期企业改变劳动投入的成本和长期企业改变设备投入的成本。

4.4.2 短期生产函数

为了增加短期产出，企业必须增加其雇佣的劳动数量。我们通过三个相关概念描述企业产出与所雇佣劳动之间的关系：总产量、边际产量、平均产量。可以用产量表和产量曲线来说明这些产量的概念。

1. 产量表

锦华饭店是一家非常有地方民族特色的饭店，表 4-7 显示了锦华饭店的总产量、边际产量及平均产量的数据，它的产量是以其能够提供的床位数来反映的。这些数据向我们揭示了锦华饭店的产量如何随着雇佣的服务工人人数的增加而增加。这些数据还告诉我们它的劳动的生产率。

表 4-7　总产量、边际产量和平均产量

对应点	劳动/(服务员数/天)	总产量/(床位数/天)	边际产量/(床位数/每增加一个服务员)	平均产量/(床位数/服务员数)
A	0	0		
B	1	14	············14	14
C	2	30	············16	15
D	3	39	············9	13
E	4	45	············6	11.25
F	5	48	············3	9.6

首先注意标为“劳动”和“总产量”的两栏。总产量是指既定劳动数量的最大产出。你可以从这些数字中看出，随着锦华饭店雇佣服务员人数的增加，总产量增加。例如，当锦华饭店在现有的规模情况下，雇佣 1 个服务员时，总产量是每天提供 14 张床位，而当它雇佣 2 个服务员时，总产量是每天 30 张床位。每多雇佣一个服务员都会引起总产量的增加。劳动的边际产量是在其他要素投入保持不变的情况下，所雇佣的劳动数量增加 1 单位引起的总产量的增量。例如，在表 4-7 中，当锦华饭店雇佣的服务员从 2 个增加到 3 个且没有改变其资本(饭店所拥有的客房数)时，第 3 个服务员的边际产量是 9 张床位——总产量从 30 张增加到了 39 张床位。

平均产量向我们揭示了服务员的平均生产率，劳动的平均产量等于总产量除以所雇佣劳动的数量。例如，在表 4-7 中，3 个服务员的平均产量是每个服务员 13 张床位——每天提供 39 张床位除以 3 个服务员。

如果仔细观察表 4-7 中的数据，可以看到一些变化模式。随着锦华饭店雇佣更多的劳动，边际产量先增加然后开始下降。例如，边际产量从第 1 个服务员的每天提供 14 张床位增加到第 2 个服务员的每天提供 16 张床位，然后减少到第 3 个服务员的每天提供 9 张床位。平均产量也是先增加然后减少。可以通过观察产量曲线更清晰地看出劳动与三种产量之间的关系。

2. 产量曲线

产量曲线是表示与以上三种产量概念之间关系的图形。它显示了总产量、边际产量及平均产量是如何随劳动的变化而变化的，也显示了三种产量概念之间的关系。

总产量是生产的总量，边际产量是增加 1 单位劳动所引起的总产量的变动量。如表 4-7 所示，当劳动从每天 2 个服务员增加到 3 个服务员(从 *C* 行到 *D* 行)时，总产量从每天 30 张床位增加到 39 张，从 2 个服务员增加到 3 个服务员的边际产量是 9 张。平均产量是总产量除以雇佣的劳动数量。如表 4-7 所示，4 个工人的平均产量是 11.25 张。

1) 总产量曲线

图 4.3 显示了锦华饭店的总产量曲线 *TP*。随着雇佣劳动的增加，提供的床位数量也在增加。曲线上 *A* 点到 *F* 点与表 4-7 中的各行对应。这些点表示总产量随着每天雇佣劳动数量的变化而变化。但是，劳动可以细分成小时数甚至数分钟的劳动，通过将劳动变化量的单位改变成可能的最小单位，我们可以画出图 4.3 所示的连续的总产量曲线。请注意总产量曲线的形状，随着每天雇佣的人数从 0 增加到 1、2，曲线变得更陡峭。然后，随着每天雇佣人数增加到 3、4 以及 5，曲线变得平缓了。总产量曲线与生产可能性边界有些类似，它是可达到的产量水平与不可达到的产量水平之间的分界线。所有曲线上方的点都是不可达到的，在曲线下方区域内的点都是可以达到的，但是，它们是无效率的——它们使用的劳动多于生产这些既定产量所必需的数量。只有总产量曲线上的点才是经济上有效率的。

根据表 4-7 的数据画出总产量曲线 *TP*。它表示饭店提供床位的数量是如何随劳动量的变化而变化的。总产量曲线是可达到产量水平与不可达到产量水平之间的分界线，*TP* 曲线以下的各点是无效率的。

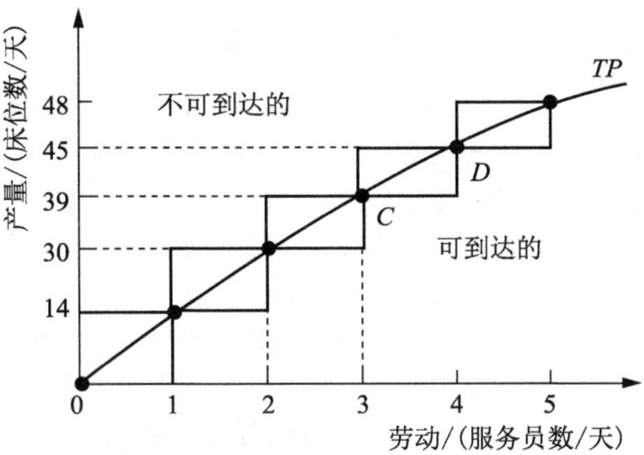

图 4.3　总产量

2) 边际产量曲线

图 4.3 是总产量曲线，图 4.4 表示边际产量曲线 *MP*。在图 4.3 中，灰色矩形表示劳动的边际产量，每个矩形的高度值就是边际产量，也可以用总产量曲线的斜率来表示边际产量。回忆一下，一条曲线的斜率是当我们沿着曲线移动时，y 轴的变化值——产量除以 x 轴的变化值——劳动。当服务员从 2 个增加到 3 个，劳动增加 1 单位，产量从提供 30 张床位增加到 39 张床位，所以从 *C* 点到 *D* 点的斜率是每个服务员 9 张床位，与我们刚刚计算的边际产量相同。再按可能的最小的单位变动劳动量，我们就可以画出图 4.4 所示的边际产量曲线。这条曲线的高度衡量某一点时总产量曲线的斜率。图 4.3 表示劳动从 2 个服务员

增加到 3 个服务员时，产量从 30 张床位增加到了 39 张(增加了 9 张床位)。在图 4.4 纵轴上表现为 2 个服务员到 3 个服务员的边际产量。我们在 2 个服务员与 3 个服务员之间的中点画出边际产量的点。要注意的是，图 4.4 中的边际产量在 1.5 单位劳动时达到了顶点，而且，在这一点时，边际产量是 16 张床位。顶点出现在 1.5 单位劳动时，因为当服务员数从 1 个增加到 2 个时，总产量曲线最陡峭。不同企业以及不同产品的总产量曲线和边际产量曲线不同。旅行社的产量曲线不同于景区，而景区的产量曲线又不同于锦华饭店。但是，产量曲线的形状是相似的，因为几乎每一个生产过程都有的特点：边际报酬最初递增，但最终递减。

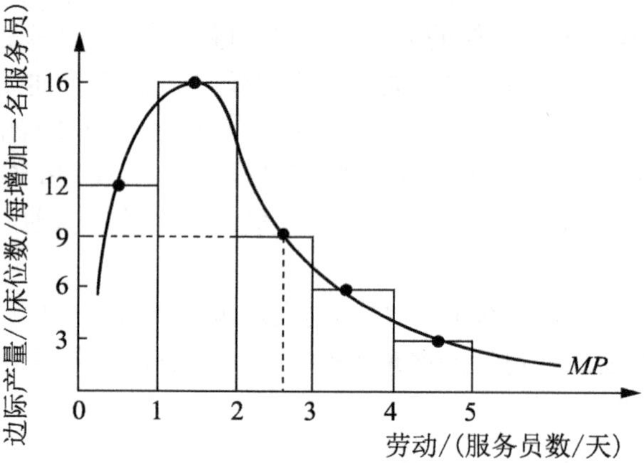

图 4.4　边际产量

边际产量的数值实质是总产量的斜率，图 4.4 的值越大，图 4.3 越陡峭。

(1) 边际报酬递增。当增加一个服务员的边际产量大于前一个服务员的边际产量时，边际报酬递增就发生了。边际报酬递增是因为生产过程中的专业化及劳动分工的提高。例如，如果锦华饭店只雇佣一个服务员，那么这个服务员必须学会客房服务的全部工序：公共区域保洁、客房保洁、铺床、布草清洗、物品补充。所有这些任务必须由他一个人完成。如果锦华饭店再雇佣一个服务员，那么这两名服务员就可以将客房服务过程专业化成不同的部分。结果，两个服务员的产量多于一个服务员的产量的两倍，第二个服务员的边际产量就大于第一个服务员的边际产量。所以说边际报酬是递增的。

(2) 边际报酬递减。大多数生产过程最初都经历了边际报酬递增。但是，所有的生产过程最终都会到达边际报酬递减的点。当增加一个服务员的边际产量小于前一个服务员时，边际报酬递减就发生了。边际报酬递减产生于越来越多的服务员使用同样的资本在同一个空间里服务的事实。随着服务员人数的增加，新增服务员工作的生产率越来越低。例如，如果锦华饭店雇佣第三个服务员，产量的增加就不像雇佣第二个服务员时增加得那么多了。在这种情况下，当雇佣到两个服务员后，专业化和劳动分工的所有利益都利用了。在雇佣第三个服务员时，饭店能够提供更多的床位，但清洗客房布草的设备的运转已经接近极限。不断地增加越来越多的服务员，增加了产量，但增加的数量越来越少。边际报酬是递减的。这种现象如此普遍以至于被总结出一个“规律”——边际报酬递减规律。其表述为：在固定生产要素数量不变的情况下，随着企业使用可变生产要素数量的增加，可变要素的边际产量最终是递减的。

3) 平均产量曲线

图 4.5 表示了锦华饭店的劳动的平均产量，以及平均产量与边际产量之间的关系。平均产量曲线 *AP* 上的 *B* 点到 *F* 点与表 4-7 中的各行对应。当服务员数从 1 个增加到 2 个时，平均产量增加(在 *C* 点达到了最大值)，但是，当雇佣更多的服务员时开始下降了。值得注意的是，平均产量的最大值出现在平均产量和边际产量相等时。也就是说，边际产量曲线从平均产量曲线的最大值点穿过。边际产量大于平均产量的劳动水平时，平均产量增加。边际产量小于平均产量的劳动水平时，平均产量减少。平均产量与边际产量曲线之间的关系是任何一个变量的平均值与边际值之间关系的一般特征。

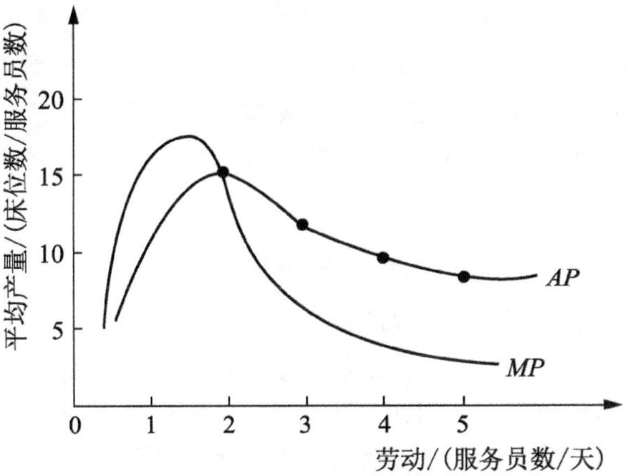

图 4.5 平均产量曲线

图 4.5 显示了劳动的平均产量，以及平均产量与边际产量之间的关系。当雇佣 1 个服务员时，边际产量大于平均产量，因此，平均产量增加。当雇佣 2 个服务员时，边际产量约等于平均产量，因此，平均产量最大。当劳动的数量大于 2 个服务员时，边际产量小于平均产量，因此，平均产量减少。

知识链接

任何一个变量的平均值与边际值都存在这样的特征，即：边际量大于平均量时，平均量增加；边际量小于平均量时，平均量减小；边际量等于平均量时，平均量达到最值，有可能是最大值，也有可能是最小值，这取决于边际量是增加还是减小。这种关系可以通过数学方法来证明，也可以通过简单的例子来理解。例如，你们班上男生的平均身高是 1.75 米，今天来了一位新同学，他的身高是 2.26 米，相对于全班男生的总身高，新来的这位同学的身高就是全班男生的边际身高，毫无疑问，他的到来使全班男生的平均身高增加了。相反，当新来的这位男生的身高不足 1.75 米时，他就拉低了全班男生的平均身高。

4.4.3 短期成本

锦华饭店关心它的产量曲线是因为这些曲线影响它的成本，现在让我们看看它的成本。为了在短期生产更多的产品，企业必须雇佣更多的劳动，这就意味着必须增加成本。我们通过三个概念，即总成本、边际成本(marginal cost，MC)和平均成本来描述产量与成本之间的关系。

1．总成本

企业的总成本是企业使用全部生产要素的成本。我们将总成本划分为总固定成本(total fixed cost，TFC)是与总可变成本(total variable cost，TVC)。

(1) 总固定成本是企业投入的固定要素的成本。对于吕燕旅行社，总固定成本包括租用办公室的成本和正常利润——吕燕的企业家才能的机会成本(参见表 4-2)。固定要素的数量不随产量的变化而变化，所以固定成本在所有产量水平下都是相同的。

(2) 总可变成本是企业投入的可变要素的成本。对于锦华饭店，劳动是可变要素，所以这项成本就是工资。总可变成本随总产量的变化而变化。总成本等于总固定成本与总可变成本之和，即：

$$TC=\mathrm{TFC}+\mathrm{TVC} \tag{4-3}$$

表 4-8 显示了锦华饭店的总成本。因为锦华饭店租用了场地和设备，每天的租金为 500 元，所以它的 TFC 是 500 元。为了提供床位，锦华饭店投入劳动，成本是每人每天 150 元。TVC 是服务员的数量乘以 150 元。例如，为了每天提供 39 张床位，锦华饭店雇佣 3 个服务员，TVC 是 450 元。*TC* 是 TFC 与 TVC 之和，所以每天提供 39 张床位的总成本是 950 元。核对一下表 4-8 中每一行的计算。

表 4-8　总成本的构成

行数	劳动/(服务员数/天)	产量/(床位数/天)	总固定成本(TFC)	总可变成本(TVC)/(元/天)	总成本(*TC*)
A	0	0	500	0	500
B	1	14	500	150	650
C	2	30	500	300	800
D	3	39	500	450	950
E	4	45	500	600	1 100
F	5	48	500	750	1 250

图 4.6 表示了锦华饭店的总成本曲线，这些曲线画出了与总产量相对应的总成本。总固定成本曲线是水平的，因为它不随产量的变化而变化，一直是 500 元。总可变成本曲线与总成本曲线都是向上倾斜的，因为总可变成本随产量的增加而增加。箭头表示 TVC 和 *TC* 曲线之间的垂直距离是总固定成本。

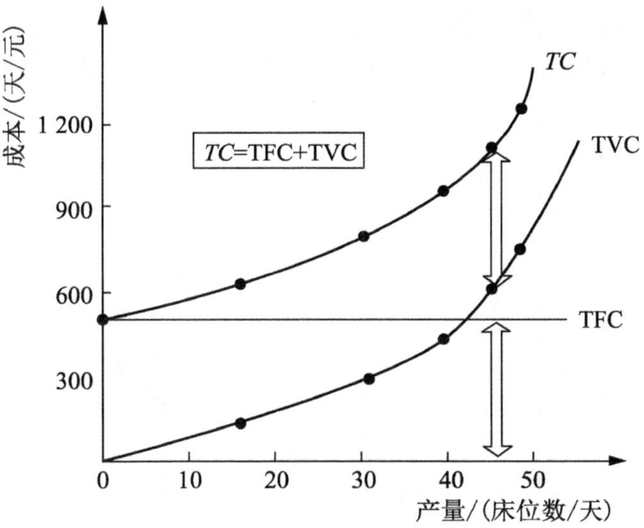

图 4.6 总成本曲线

锦华饭店租用的场地与设备的日租金是 500 元，这是它的总固定成本。锦华饭店雇佣 1 个服务员的工资率是每天 150 元，工资是它的总可变成本。例如，如果锦华饭店雇佣 3 个服务员，总可变成本是(3×150)元，即等于 450 元。总成本是总固定成本与总可变成本之和。例如，当锦华饭店雇佣 3 个服务员时，总成本是 950 元——总固定成本 500 元加总可变成本 450 元。图 4.6 显示了锦华饭店的总成本曲线。总固定成本是不变的，它为一条水平线。总可变成本随产量的增加而增加，总成本也随产量的增加而增加，总成本曲线与总可变成本曲线之间的垂直距离是总固定成本，如两个箭头所示。

2．边际成本

现在让我们看看锦华饭店的边际成本。在图 4.6 中，总可变成本和总成本在产量水平低时以递减的速度增加，然后随着产量增加，开始以递增的速度增加。为了解释总成本随着产量增加而变动的这个形式，我们需要使用边际成本的概念。企业的边际成本(marginal cost，MC)是产量增加 1 单位引起的总成本的增加量。我们用总成本增加量除以总产量的增加量来计算边际成本。图 4.7 显示了这种计算。例如，当产量从 45 张床位增加到 48 张床位时，总成本从 1 100 元增加到了 1 250 元。产量的变化是能够多提供 3 张床位，而总成本的变化是 150 元。这 3 张床位中一张的边际成本是(150÷3)元，即等于 50 元。图 4.7 将表 4-8 中的边际成本数据转化为边际成本曲线 *MC*。这条曲线是 U 形的，因为当锦华饭店雇佣第 2 个服务员时边际成本减少，当它雇佣第 3 个、第 4 个和第 5 个服务员时，边际成本一直在增加。

边际成本在低产量水平时递减是由于可以从专业化中获得经济利益，边际成本最终上升是由于边际报酬递减规律。边际报酬递减规律意味着，每增加 1 个服务员所增加的产量一直在减少。因此，为了多获得 1 单位的产量，就要求有更多的服务员。由于多产生 1 单位产品要求越来越多的服务员，所以，增加 1 单位产量的成本，边际成本最终增加。边际成本告诉我们总成本是如何随产量变化而变化的。最后一个成本概念告诉我们，平均而言，生产 1 单位的产品成本是多少。现在让我们看看锦华旅行社的平均成本。

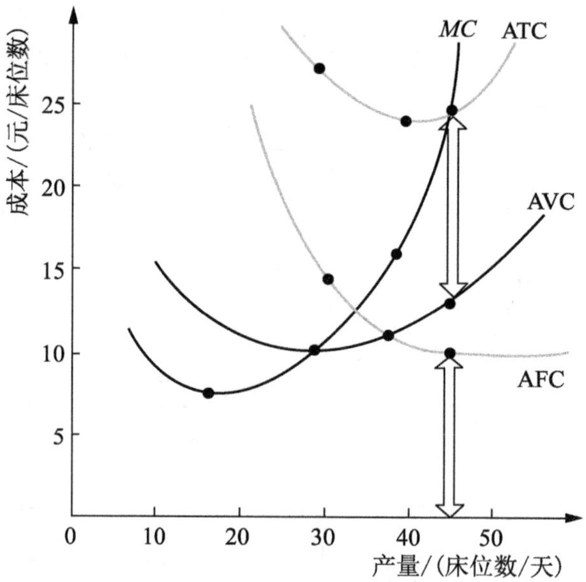

图 4.7 边际成本和平均成本

3. 平均成本

有三种平均成本：①平均固定成本(average fixed cost，AFC)；②平均可变成本(average variable cost，AVC)；③平均总成本(average total cost，ATC)。

平均固定成本是每单位产量的总固定成本。平均可变成本是每单位产量的总可变成本。平均总成本是每单位产量的总成本。

平均成本可以根据总成本通过如下计算得到：TC= TFC+TVC；把每项除以产量 Q，得到：TC/Q=TFC/Q+TVC/Q。即

$$\text{ATC}=\text{AFC}+\text{AVC} \tag{4-4}$$

图 4.7 显示了平均成本曲线。平均固定成本曲线向下倾斜，因为随着产量的增加，不断的固定成本被分摊到了更大的产量上。平均总成本曲线与平均可变成本曲线呈 U 形。平均总成本曲线与平均可变成本曲线的垂直距离等于平均固定成本——图中双箭头所示，这一距离随产量的增加而减少，因为平均固定成本随产量的增加而下降。

边际成本曲线也呈 U 形，而且与平均可变成本曲线和平均总成本曲线的最低点相交。也就是说，当边际成本小于平均成本时，平均成本下降；而当边际成本超过平均成本时，平均成本增加。这种关系对于平均总成本曲线与平均可变成本曲线都成立。

可以用总成本改变量除以总产量的改变量来计算边际成本。当床位的供给量从 30 张增加到 39 张时，总成本增加了 150 元，边际成本约是 16.67 元(150÷9)。可以用相关的总成本除以产量来计算每一个平均成本。

为什么平均总成本曲线是U形的？平均总成本是平均固定成本与平均可变成本之和，因此平均总成本曲线的形状结合了平均固定成本曲线与平均可变成本曲线的形状。平均总成本曲线的U形产生于两种相反力量的影响：①总固定成本分摊到了更多产量上；②边际报酬最终递减。

当产量增加时，企业将它的总固定成本分摊到了更大的产量上，所以平均固定成本是递减的——平均固定成本曲线向下倾斜。边际报酬递减意味着随着产量的增加，为了多产生 1 单位产量需要越来越多的劳动。因此，平均可变成本最终增加，而平均可变成本曲线最终要向右上方倾斜。平均总成本曲线结合了这两个方面的影响。最初，随着产量的增加，平均固定成本和平均可变成本都下降，所以平均总成本下降，平均总成本曲线向下倾斜。但是，随着产量的进一步增加和收益递减开始发挥作用，平均可变成本开始增加。最后，平均可变成本的增加快于平均固定成本的减少，因此，平均总成本增加，平均总成本曲线向右上方倾斜。

4．成本曲线与产量曲线

企业使用的技术决定了其成本。图 4.8 表示企业的技术约束[它的产量(供给量)曲线]与成本曲线的联系。图中的上幅表示平均产量曲线与边际产量曲线——与图 4.5 中的曲线类似。图中的下幅表示平均可变成本曲线与边际成本曲线——与图 4.7 的曲线类似。

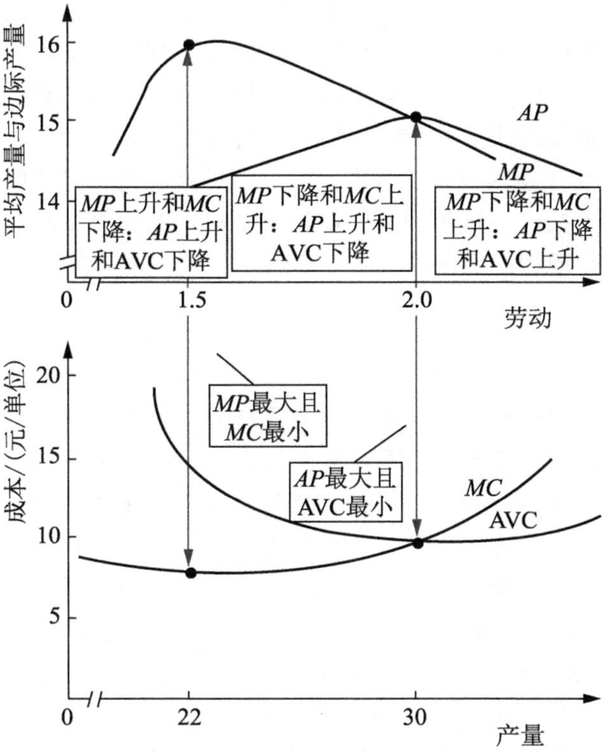

图 4.8 产量曲线与成本曲线

企业的边际产量曲线与边际成本曲线相联系。随着企业雇佣服务员的增加，如果边际产量增加，边际成本降低；如果边际产量达到了最大值，边际成本就达到了最小值；如果边际产量下降，边际成本就上升。企业的平均产量曲线与平均可变成本曲线相联系。随着企业雇佣服务员的增加，如果企业的平均产量增加，平均可变成本降低；如果平均产量达到了最大值，平均可变成本就达到了最小值；如果平均产量下降，平均可变成本就上升。

图 4.8 强调了技术与成本之间的联系。当劳动最初增加时，边际产量与平均产量增加而边际成本与平均成本下降。然后，在边际产量达到最高点时，边际成本达到最低点。随着劳动的进一步增加，边际产量递减而边际成本增加，但平均产量继续增加而平均可变成本继续下降。然后，在平均产量达到最高点时，平均可变成本达到最低点。随着劳动的继续增加，平均产量下降而平均可变成本增加。

5. 成本曲线的移动

企业短期成本曲线的位置取决于两个因素：技术、生产要素的价格。

1) 技术

提高生产率的技术变革使总产量曲线向上移动。它也使边际产量曲线与平均产量曲线向上移动。由于使用了更好的技术，相同的生产要素投入可以生产更多的产出。所以，技术变革降低了成本并且使成本曲线向下移动。例如，文物景区的自助导览服务系统提高了景区讲解服务的效率，也使景区的供给量不再受到专业讲解员人数的限制，结果，表示景区接待能力的产量曲线向上移动，而它们的成本曲线都向下移动。但它们的产量曲线与成本曲线之间的相互关系没有改变。这些曲线仍然与图 4.8 所示的形式相关。技术进步往往使企业使用更多的资本(固定投入)且更少使用劳动(可变成本)。例如，现在的景区使用计算机管理，20 世纪 80 年代使用过人工管理员。当这种技术进步发生时，总成本下降，但固定成本增加且可变成本减少。这种固定成本与可变成本的混合变动意味着，在产量水平低时，平均总成本可能会增加；而在产量水平高时，平均总成本减少。

案例分析

泰久构建的智慧旅游平台，帮助华侨城集团提升了整体电商管控能力，规范了各景区的电商业务流程，提高了运营效率，同时与各大线上 OTA，如携程、驴妈妈、途牛、同程等在线分销渠道完成了技术对接，也提供了代理商如广之旅等旅行社售票后台，帮助集团实现了统一售票，统一验票的完整线上交易、线下消费闭环。同时跟华侨城集团的 ERP 财务系统对接，大大加强了各景区与集团的联系，也顺应当今互联网变革时代的历史潮流，奠定了华侨城集团景区成功互联网化的基石。目前，智慧华侨城旅游电商平台已于 2014 年 6 月底正式上线，上线至 2014 年年底，平台交易突破 3 亿元，电子商务交易提升 50%，景区整体交易提升 18%，华侨城人工服务成本降低 37%。

(资料来源：泰久华侨城智慧旅游项目喜获“2014 全国智慧旅游创新成果奖”[EB/OL]. http://www.it.com.cn/news/cyxw/yejie/2014111115/1153710.html[2014-08-01].)

简要说明：泰久构建的智慧旅游平台技术提高了华侨城集团的整体供给量。

2) 生产要素的价格

一种生产要素价格的上升使成本增加，成本曲线向上移动。但是成本曲线如何移动取决于哪种要素价格的变化。租金或其他固定成本上升使固定成本曲线(TFC 和 AFC)向上移动，并使总成本曲线向上移动，但可变成本曲线(AVC 和 TVC)和边际成本曲线(MC)不变。工资或其他可变成本上升使可变成本曲线(TVC 和 AVC)以及边际成本曲线(MC)向上移动，但固定成本曲线(AFC 和 TFC)不变。例如，如果旅游汽车公司司机工资增加，旅游交通服务的可变成本和边际成本就会增加。如果旅游汽车公司购置更高档的汽车，旅游交通服务的固定成本就会增加。

现在，我们完成了短期成本的学习，涉及的一些概念见表 4-9。

表 4-9 成本术语

名称	符号	定义	方程
固定成本		不取决于产量水平的成本；固定投入的成本	
可变成本		随产量水平变动的成本；可变投入的成本	
总固定成本	TFC	固定投入的成本	
总可变成本	TVC	可变投入的成本	
总成本	TC	所有投入的成本	TC=TFC+TVC
总产量	TP	生产总量(产量 Q)	
边际成本	MC	产量增加 1 单位所引起的总成本变动量	$MC=\Delta TC/\Delta Q$
平均固定成本	AFC	每单位产量的总固定成本	AFC=TFC/Q
平均可变成本	AVC	每单位产量的总平均成本	AVC=TVC/Q
平均总成本	ATC	每单位产量的总成本	ATC=AFC+AVC

4.5 旅游企业的长期生产

4.5.1 长期生产函数

在短期中，企业能够改变劳动的数量，而资本的数量是固定的，所以企业具有可变的劳动成本和不变的资本成本。在长期中，企业既可以改变劳动的数量也可以改变资本的数量，所以，从长期来看企业所有的成本都是可变的。现在，我们将要学习企业的长期成本，在长期中，所有成本都是可变成本，劳动和资本的数量都是可变的。长期成本的状况依赖于企业的生产函数，生产函数是可实现的最大产量与劳动和资本量之间的关系。

表 4-10 显示了锦华饭店的生产函数。该表列出了四种不同的资本量时的总产量计划，我们根据饭店的规模来确定资本量。情形 1 是锦华饭店(注意，“拥有”并不意味着“提供”，如果没有服务员，提供的量也是“0”)每天支付 500 元的固定成本来租用场地和设备——我们刚刚研究过的情况。其他三种情形是锦华饭店支付 600 元、800 元、1 000 元租用更

多的场地和设备。那么该表第二、三、四栏表示在各种规模下劳动量下可以生产的产量。根据表的每一栏都能画出此规模条件下的总产量曲线。

表 4-10　长期产量状况

劳动/(服务员数/天)	产量/(床位数/天)			
	情形 1	情形 2	情形 3	情形 4
1	14	21	27	45
2	30	36	45	60
3	39	45	60	72
4	45	54	72	78
5	48	60	75	81
固定规模/(元/天)	500	600	800	1 000

1. 长期生产函数

长期生产函数描述了在规模可变情况下的产量状况，在长期中决定规模水平的生产要素资本，也是作为产量的自变量。由此，长期生产函数的基本表达公式为

$$Q=F(L, K) \tag{4-5}$$

柯布-道格拉斯生产函数(C-D 函数)是对这一函数关系(F)一种确定模型的表达。它最初是由美国数学家柯布(Cobb)和经济学家保罗・道格拉斯(Paul Douglas)共同探讨投入和产出的关系时创造的。

$$Q = A(t)L^{\alpha}K^{\beta}\mu \tag{4-6}$$

或其对数表达式：

$$\ln Q = \ln A(t) + \alpha \ln L + \beta \ln K + \ln \mu \tag{4-7}$$

式中，Q 为产量，$A(t)$ 是综合技术水平；L 为投入的劳动力数；K 为投入的资本，一般指固定资产净值；α 为劳动力产出的弹性系数；β 为资本产出的弹性系数；μ 为随机干扰的影响，$\mu\leqslant1$。当 $\alpha+\beta>1$，称为递增报酬型，表明按现有技术用扩大生产规模来增加产出是有利的。当 $\alpha+\beta<1$，称为递减报酬型，表明按现有技术用扩大生产规模来增加产出是得不偿失的。当 $\alpha+\beta=1$，称为不变报酬型，表明生产效率并不会随着生产规模的扩大而提高，只有提高技术水平，才会提高经济效益。

参考资料

牛丹丹等针对旅游供给的特征性，对 C-D 函数进行了改进，增加了表示旅游资源的变量 R，表达为 $\ln Q = A(t) + \alpha \mathrm{Ln} L + \beta \mathrm{Ln} K + \gamma \mathrm{Ln} R$，依据 2001—2008 年的数据显示，我国星级饭店和旅行社的产量值与资本、劳动力以及旅游资源的关系是 $\ln Q=\ln A(t)+0.461\ 884K-0.098\ 42L+0.443\ 982R$。$\alpha+\beta+\gamma<1$，可以判断我国的旅游产业是规模报酬递减型产业，

说明，按照现有生产技术水平条件，通过减少生产规模可以增加效益。

(资料来源：牛丹丹, 郑志娟, 刘熠萌. 基于柯布-道格拉斯生产函数对全国旅游产业要素的贡献分析[J]. 农技服务, 2010, 27(11): 1478-1480.)

2. 报酬递减

随着劳动量的增加，在所有四种资本量时都会发生报酬递减。对于锦华饭店，可以通过计算规模资本在每天500元、600元、800元、1 000元时劳动的边际产量来核对这一事实。在每种规模下，随着劳动量的增加，它的边际产量最终递减。

4.5.2 长期成本

1. 短期成本和长期成本

现在，让我们看看生产函数对企业的长期成本意味着什么。

再假设每个服务员每天的劳动成本为150元，现在每天的固定成本为500元。通过这些投入价格和表4-10中的数据，我们可以计算并画出每天支付500元、600元、800元、1 000元固定成本时的平均总成本曲线。在图4.6和图4.7中，我们已经研究了500元时的成本。在图4.9中，这种情况使平均总成本曲线是ATC_1。图4.9中还表示了600元时的平均总成本曲线ATC_2，800元时的平均总成本曲线ATC_3，以及有1 000元时的平均总成本曲线ATC_4。

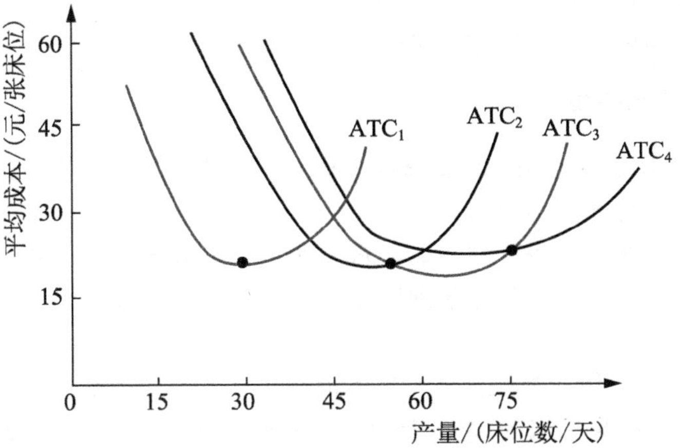

图4.9 不同规模下的短期成本

图4.9表示四种不同资本量的短期平均总成本曲线。为了每天提供45张床位，锦华饭店可以采取每天支付500元的固定租金按ATC_1，或每天支付800元的固定租金按ATC_3以每张床位24元的成本提供。还可以采取每天支付600元的固定租金按ATC_2以每张床位23元的成本或每天支付1 000元按ATC_4以每张床位26元的成本进行生产。如果锦华饭店每天提供65张床位，成本最低的生产方法——长期方法是每天支付800元的固定租金按ATC_3提供。

图4.9显示了四种资本量时的总产量状况。饭店规模越大，在任何一种既定劳动量时总产量越大。但对一个既定的规模而言，劳动的边际产量递减。而且，对既定的劳动量而言，资本的边际产量递减。

在图 4.9 中可以看到，设备规模对企业平均总成本有很大影响。其有两点最为突出：①每条短期平均总成本曲线都是 U 形的；②对于每条短期平均总成本曲线来说，规模越大，平均总成本最低时的产量越大。

每条短期平均总成本曲线都是 U 形的，因为随着劳动量的增加，劳动的边际产量在开始时增加，然后减少。我们曾对每天的租金是 500 元时的劳动的边际产量的这种变化形式进行过详细的考查，现在在所有规模下都出现了。

规模越大，其最低平均总成本所对应的产量越大，因为较大的规模有较多的固定成本，因此，在任何既定产量水平下，平均固定成本都较高。在短期中，锦华饭店的平均总成本曲线取决于它的规模。但在长期中，锦华饭店要选择规模水平。它选择哪一种规模取决于它计划生产的产量，因为生产既定产量的平均总成本取决于设备规模。

为了说明原因，假设锦华饭店计划每天提供 45 张床位。在情形 1 时，平均总成本曲线是 ATC_1(图 4.9)，每天提供 45 张床位的平均总成本是每张 24 元；在情形 2 时，平均总成本曲线是 ATC_2，平均总成本是每张床位 23 元；在情形 3 时，平均总成本曲线是 ATC_3，平均总成本是每张床位 24 元，与情形 1 时相同；最后，在情形 4 时，平均总成本曲线是 ATC_4，平均总成本是每张床位 26 元。

经济上有效率的规模是平均总成本最低的。对锦华饭店而言，每天提供 45 张床位经济上有效率的规模是情形 2，即每天支付 600 元租用场地和设备。

在长期中，锦华饭店选择使平均总成本最低的规模。当一个企业以最低可能生产成本生产既定产量时，它就在其长期平均成本曲线上运营。

2．长期平均成本曲线

长期平均成本曲线(long-run average cost curve，LRAC)是当规模和劳动都变动时，可实现的最低平均总成本与产量之间的关系。

长期平均成本曲线是一条计划曲线。它告诉企业在每一种产量水平下使成本最小时所使用的设备规模和劳动量。一旦设备规模被选定，企业就在适合此规模的短期成本曲线上运营。

图 4.10 显示了锦华饭店的长期平均成本曲线。这条长期平均成本曲线是从图 4.9 中的短期平均成本曲线中推导出来的。当产出率达到每天 30 张床位时，平均总成本在 ATC_1 时最低。当产出率在每天 30 张和 54 张床位之间时，平均总成本在 ATC_2 时最低。当供给量达到每天 54 张和 72 张床位之间时，平均总成本在 ATC_3 最低。供给量超过每天 72 张床位时，平均总成本在 ATC_4 时最低。四条平均总成本曲线中平均总成本最低的那一段，在图 4.10 中用黑色标出。由这四段组成的扇形曲线就是长期平均成本曲线。

在长期，锦华饭店宾馆可以同时改变资本和劳动的投入。长期平均成本曲线描述了最低可实现的平均总成本。如果用每天支付 500 元的固定租金提供 30 张床位，用每天支付 600 元的固定租金提供 30～54 张床位，用每天支付 800 元的固定租金提供 54～74 张床位，用每天支付 1 000 元的固定租金提供 74 张以上的床位，锦华饭店就在长期平均成本曲线上进行生产了。在每个区域内，锦华饭店通过改变劳动投入而改变其产量。

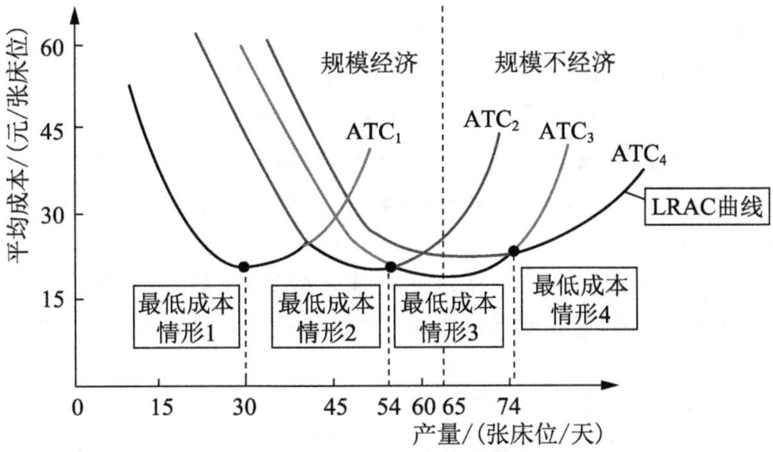

图 4.10 长期平均成本曲线

3. 规模经济与规模不经济

1) 规模经济

规模经济是指产量增加引起长期平均成本下降的企业技术特征。当存在规模经济时，长期平均成本曲线向右下方倾斜。图 4.10 中的长期平均成本曲线表示在产量达到每天 65 张床位前，锦华饭店经历着规模经济。

在给定的要素价格下，如果产量增长的比例超过生产要素增长的比例，那么规模经济就发生了。例如，当企业的资本和劳动增加 10%，产量的增长大于 10%，它的平均总成本下降。这时就存在规模经济。

规模经济的主要来源是劳动和资本的更专业化。例如，如果一家饭店只有 10 个房间，它雇佣了 5 个服务员，他们需要共同完成 10 种类型的服务，每个服务员就必须至少做 2 项不同类型的工作，而且饭店运营所需要的管理系统、服务设备、清洁设备等资本的投入必须是通用型机器和工具。但是，如果饭店规模达到 100 个房间，它雇佣了 20 个服务员，所需要的服务类型也仅是 10 项(仅仅是每项的服务的数量多了)，那么每个服务员都专业化并在少量工作上变得更为精通。

2) 规模不经济

规模不经济是指产量增加引起的长期平均成本上升的企业技术特征。当存在规模不经济时，长期平均成本曲线向右上方倾斜。图 4.10 中的长期平均成本曲线表示，在产量超过每天 65 张床位时，锦华饭店经历着规模不经济。

在给定的要素价格下，如果产量增长的比例小于生产要素增长的比例，那么规模不经济就发生了。例如，当企业的资本和劳动增加 10%，产量的增长不到 10%，它的平均总成本就增加。这时就存在规模不经济。

规模不经济的主要来源是管理大企业存在困难。企业越大，组织它的挑战性就越大，而且管理者之间沟通的成本就越大。最终，管理的复杂性引起平均成本增加。所有生产过程中都可能发生规模不经济，但也许只有在产出率非常大时才会发生。

3) 规模报酬不变

规模报酬不变是指产量增加引起长期平均成本不变的企业技术特征。当存在规模报酬不变时，长期平均成本曲线是水平的。在给定的要素价格下，如果产量增长的比例等于生产要素增长的比例，那么就发生了规模报酬不变。例如，当企业的资本和劳动增加 10%，产量也正好增加 10%，它的平均总成本就不变。这时就存在规模报酬不变。

4) 最小有效规模

最小有效规模。在达到某一个产量水平之前，企业经历着规模经济。超过这个产量水平，它就进入了规模报酬不变或规模不经济。企业的最小有效规模是长期平均成本达到最低水平时的最小产量。

5) 锦华饭店企业的规模经济

锦华饭店企业的规模经济。如果锦华饭店将它的生产要素从每天 600 元固定租金 3 个服务员增加到每天 800 元固定租金 5 个服务员，成本增加 33%，供给量从每天 45 张床位增加到 72 张床位，增长 60%，锦华饭店经历着规模经济，长期平均成本下降。但是，如果锦华饭店将企业的生产要素增加到每天 1 000 元 5 个服务员，增加了 25%，那么产量从每天 72 张增加到 81 张，增长小于 13%，此时，锦华饭店就经历着规模不经济，企业的长期平均成本上升。企业的最小有效规模是每天 72 张床位。

4.6 旅游供给的影响因素

1. 旅游资源因素

旅游供给的基本要素是旅游资源，而旅游资源是在特定的自然和社会条件下形成的，是旅游经营者不能任意改变的。所以，旅游经营者只能把旅游资源优势作为旅游供给和旅游经济增长的依托点，以市场为导向，通过对旅游资源的合理开发，向旅游市场提供具有特色的旅游产品，实现旅游资源优势向经济优势转换。因此，旅游资源不仅决定着旅游产品的开发方向和特色，而且影响着旅游供给的数量和质量。

图 4.11　旅游中也存在过度生产

(图片来源：roll.sohu.com)

此外，由于旅游资源是在一定的自然和社会条件下形成的，具有一定的空间，即一定的环境容量，因此，旅游资源的开发和利用并不是无限的。对旅游资源进行合理利用，就必须把旅游者的活动控制在旅游资源和环境能够承载的范围之内。从这一点上看，旅游资源的环境容量决定了旅游供给的规模和数量。旅游供给过量和旅游环境超载不仅会损坏资源和设施，还会引起当地居民的不满，影响旅游供给的质量，甚至给旅游地带来众多的社会问题，削弱旅游产品的吸引力。

2．旅游产品价格因素

旅游综合产品的价格直接影响着旅游供给者愿意提供产品的数量。旅游市场上，旅游经营者提供产品是为了赢利，因此，当旅游产品的价格上升，旅游经营者感到有利可图时，他们就会增加旅游供给的数量；而当旅游产品的价格下跌，旅游经营者没有赢利或赢利不多时，他们就会减少旅游供给的数量。

旅游产品的供给量除了受自身价格变化的影响外，还会间接地受其他相关产品价格变化的影响。例如，如果飞机票涨价，而旅游目的地的旅游产品价格不变，这就意味着旅游产品的相对价格降低了，相对利润也随之减少，因而必然引起社会要素资源的重新配置，进而影响旅游产品供给量的变化。

3．社会经济因素

旅游业不仅是一项综合性经济产业，也是一项依赖性很强的产业。旅游供给的很多内容都依赖于社会经济的发展所能提供的物质条件。如果一个国家或地区的社会经济发展水平高，经济实力雄厚，科学技术发达，则这个国家或地区旅游业的综合接待能力就强，旅游供给就充足。反之，如果社会经济发展水平低，基础设施薄弱，生产手段落后，能够提供的服务和设施就很有限，旅游产品供给的数量和质量就会受到制约。

另外，一个国家或地区社会经济的发展还会影响旅游经营者的心理预期。如果社会总体经济运行良好，旅游经营者就会增加供给；如果旅游经营者对整个地区的经济前景不看好，他们就会相应地减少供给。因此，社会经济发展的状况和水平不仅为旅游供给提供各种物质基础的保证，而且在一定程度上决定着旅游产品的供给数量和质量。

4．科学技术因素

科学技术进步为旅游资源的有效开发提供科学的手段，为形成具有特色的旅游产品提供科学的方法，为保护旅游资源、实现旅游资源的永续利用提供科学的依据，并为旅游者提供具有现代化水平的、完善的接待服务设施，为旅游经济发展提供科学的管理工具和手段，从而使有效的旅游供给增加，旅游资金的周转加速，旅游产品成本降低，旅游经济效益得以提高。

在以自然景观为主的旅游景点中，运用高科技作为辅助手段可以使这些自然景观的供给更具广泛性；运用高科技手段开发的各种主题公园，提供了数量更多，质量更高的游乐产品供给。另外，随着现代科学技术的发展，电子技术在服务领域中广泛使用，这极大地提高了旅游经营者的服务效率和服务水平，也相应地增加了旅游供给。

5. 政府政策因素

旅游目的地国家或地区有关旅游经济发展的方针和政策，也是影响旅游供给的重要因素之一。特别是有关旅游经济发展的战略与规划，扶持和鼓励旅游经济发展的各种方针和政策，不仅对旅游经济发展具有重要的影响作用，而且直接影响旅游供给的规模、数量、品种和质量。

一些国家在旅游税收、价格、投资等方面都实行了优惠政策，大大激发了供给者的积极性，对于扩大旅游供给的规模、数量、品种和质量都起到了极大的激励作用。

4.7 旅游供给弹性

旅游供给规律表明旅游供给同旅游价格成同向变化，称为旅游供给价格弹性。由于旅游产品价格综合反映了许多影响旅游供给的因素，在此，不再考虑其他因素下的旅游供给弹性。所以旅游供给价格弹性就简称为旅游供给弹性。旅游供给弹性的大小可以用弹性系数来反映。旅游供给弹性系数为旅游供给量变化的百分率同旅游价格变化百分率的比，即：

$$E_s = \frac{q_2 - q_1}{q_1} \div \frac{p_2 - p_1}{p_1} \tag{4-8}$$

式中，q_1、q_2 为变化前、后的旅游供给量；p_1、p_2 为变化前、后的旅游产品价格。由旅游供给规律可以看出，旅游供给弹性系数 E_s 总是一个大于或等于零的数。

旅游供给弹性系数可以为零，也可以是无限大。由于旅游目的地的情况不同，可能会有以下几种弹性系数，图 4.12 显示了旅游供给弹性的类型。

(1) $E_s=0$，表明旅游供给量不随旅游价格的变化而变化，称之为旅游供给无弹性。这种情况极少见，只有在旅游容量已饱和或超饱和，再没有发展的余地，而旅游价格已较高的情况下才有可能出现；或者当政府出于各种原因(如保护资源与环境)严格限制旅游设施建设和游客量时，也可能出现这种情况。

(2) $E_s<1$，表明旅游供给缺乏弹性或弹性小，旅游供给的变化量比旅游产品价格的变化量小。在一般情况下，旅游供给是缺乏弹性的，是刚性的，尤其是对旅游设施和技术依赖性强的单项旅游产品的提供更是非常缺乏弹性，如住宿、饮食、交通、购物、娱乐等。

(3) $E_s=1$，表明旅游供给的变化量与旅游价格的变化量是相同的。这种情况亦少见。

(4) $E_s>1$，表明旅游供给的变化量比旅游价格的变化量大，称之为旅游供给有弹性。当旅游价格持续影响一段较长时期时，旅游供给具有较大的弹性；在旅游价格变化较小而旅游供给远远不够时，旅游供给也会有较大的弹性；某些对旅游设施依赖性很小的单项旅游产品也可能具有这种弹性系数。

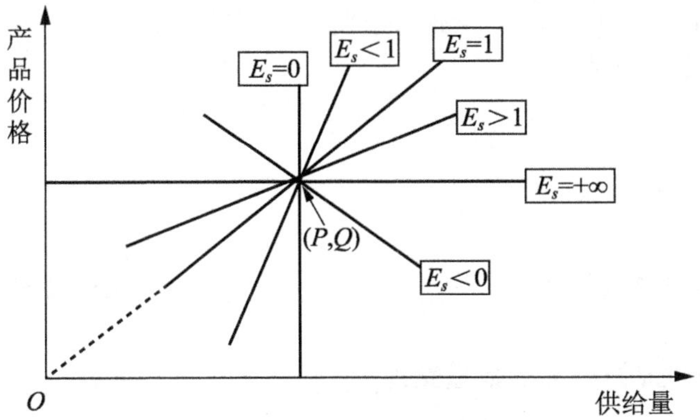

图 4.12　旅游供给弹性的类型

旅游设施和旅游服务构成了供给的主要部分，因此，旅游供给对旅游设施具有很强的依赖性，旅游设施的状况基本可以反映旅游供给能力的大小。旅游设施具有很大的刚性，设施的扩大需要一定时间的建设期，而设施的减少则要受到成本和改造的限制，因此，旅游设施的变化在短时期内是非常困难的。由此决定了旅游供给的变化在短期内也是比较困难的。另外，提供旅游服务的从业人员的补充和培训也需要一定的时间。所以，从一个较短的时期内来考查，旅游供给量受旅游价格变化的影响很小，旅游供给缺乏弹性。

但是，当旅游价格的影响持续一段较长的时间，旅游设施变化则较大，如旅游价格持续上升时，由于有利可图，旅游供给者将扩大投资，兴建旅馆，增加交通运输设施、娱乐设施等。在这种情况下，旅游供给弹性往往比较大，旅游供给有弹性。即便如此，旅游供给能力的减小还具有一定的困难，因为这样做会造成一些浪费而增加了成本。短期与长期过程中旅游供给弹性的差异如图 4.13 所示。

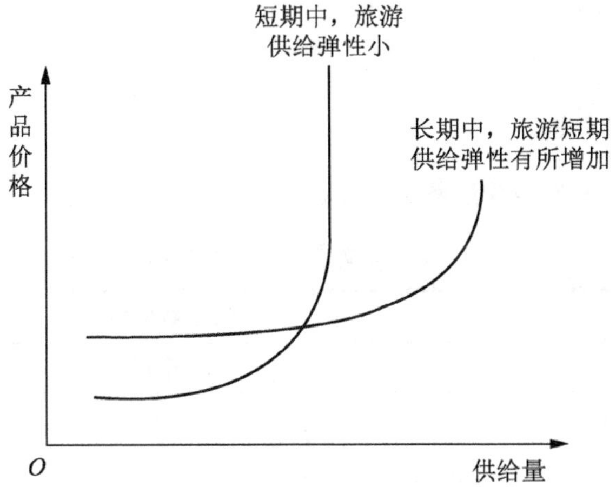

图 4.13　旅游的短期与长期供给弹性的差异

本章小结

本章介绍了旅游供给的概念、特征及其供给的主体与内容，介绍了旅游供给的影响因素，依据经济学理论，阐析了旅游企业的短期与长期过程中的生产决策，阐释了旅游供给弹性的概念、计算方式与特征。

复习思考题

一、填空题

1．旅游供给弹性系数是测量________与________之间变化程度的尺度，一般来说，它表现为________。

2．旅游企业提供旅游产品的数量受到________、________、________、________等方面的约束。

3．政府对旅游企业减免征税将引起旅游企业供给曲线________移动。

二、名词解释

1．旅游供给

2．旅游企业生产的短期成本

3．旅游企业的技术效率

4．旅游企业的经济效率

三、简答题

1．说明影响旅游供给的因素。

2．试分析旅游供给弹性的几种情况。

3．说明旅游供给弹性在旅游经济分析中的作用。

4．说明旅游供给的特征。

5．图示说明旅游供给的规律性。

四、案例分析与计算题

1．表 4-11 给出了 3 个经营沙滩摩托车的经营者李斌、李勇、李健的供给。

表 4-11　经营沙滩摩托车的经营者的供给

价格/(元/次)	供给量/(次/天)		
	李斌	李勇	李健
40	0	0	0
50	5	0	0
60	10	5	0
70	15	10	5
80	20	15	10

(1) 每个所有者为每天驾驶 10 次提供的最低供给价格是多少？

(2) 当价格为驾驶一次 70 元时，哪个所有者的生产者剩余（原理同消费者剩余）最大？请解释。

(3) 每天驾驶 45 次的边际社会成本是多少？

(4) 假设这 3 个人是景区沙滩摩托车的唯一供给者，绘制出市场供给曲线。

2．假设某旅游城市这个月的旅游价格为 1 000 元/人·天，比上个月的旅游价格下降了 200 元，由于旅游价格下跌，日均旅游供给量由上个月的 150 万(人次)减少到本月的 120 万(人次)。

(1) 试求该城市旅游产品的旅游供给弹性系数。

(2) 根据所求出的系数值，说明该城市的旅游供给对旅游价格的敏感情况。

3．崆峒山景区的可游面积是 38 万平方米，景区每天开放 8 小时，每位游客的平均游览时间是 3.5 小时。查阅《景区最大承载量核定导则》，计算崆峒山景区的瞬时游客容量和日游客容量。

4．某景点对游客开放，该景点年固定成本为 200 万元，门票为 45 元/张，每接待一位游客的单位成本为 5 元。为使该景点达到盈亏平衡，每年接待的游客总人次应为多少？

5．远景旅游饭店拥有标准客房 200 间，每间客房平均销售价格为 120 元，平均变动成本为 40 元，全年固定总成本为 125 万元，营业税税率为 5%，试计算该旅游饭店保本点销售量和销售收入；若该旅游饭店预计当年实现利润 210 万元，试预测该旅游饭店当年应完成的销售量和销售收入；若每年以 360 天计算，试计算平均每天应该实现的销售量、销售收入和客房出租率(预计同行业的客房出租率为 60%)。

6．2015 年国务院办公厅公布的《关于进一步促进旅游投资和消费的若干意见》提出：“鼓励弹性作息。有条件的地方和单位可根据实际情况，依法优化调整夏季作息安排，为职工周五下午与周末结合外出休闲度假创造有利条件。”请依据市场均衡理论对该政策予以评价。

第5章 旅游市场

学习目标

知识目标	技能目标
① 掌握旅游市场的概念与形成的机理； ② 掌握完全竞争市场的概念与特征，熟悉旅游中完全竞争市场的类型； ③ 掌握不完全竞争市场的概念与特征，熟悉旅游中不完全竞争市场的类型。	① 能够结合实际分析不同旅游产品的价格与市场均衡数量的变动情况； ② 能够辨析旅游中完全竞争市场的表现与特征，能够判断完全竞争市场中产品数量与价格的变动； ③ 能够辨析旅游中不完全竞争市场的表现与特征，能够分析不完全竞争市场中产品数量与价格的决定； ④ 能够分析旅游企业广告与品牌的实际作用。

知识结构

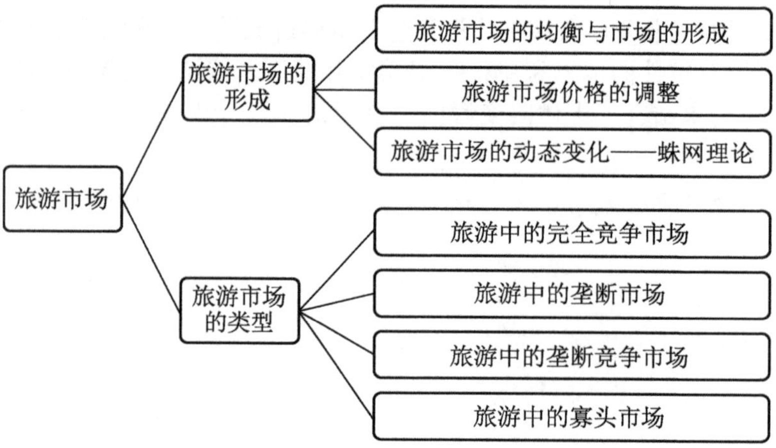

导入案例

表 5-1 显示了我国旅游企业 2005—2013 年的利润水平总体状况。

表 5-1　我国旅游企业利润水平总体状况(2005—2013 年)

年份	合计			(一)旅行社			(二)星级饭店			(三)旅游景区		
	利润率(%)	全员劳动生产率/(万元/人)	人均实现利润/(万元/人)	利润率(%)	全员劳动生产率/(万元/人)	人均实现利润/(万元/人)	利润率(%)	全员劳动生产率/(万元/人)	人均实现利润/(万元/人)	利润率(%)	全员劳动生产率/(万元/人)	人均实现利润/(万元/人)
2005	1.72	12.27	0.21	0.11	44.86	0.05	0.75	8.88	0.07	7.41	5.64	0.42
2006	0.84	12.69	0.11	0.41	49.35	0.2	2.23	9.38	0.21	−2.05	8.33	−0.17
2007	3.47	14.86	0.52	0.66	53.23	0.35	3.32	9.87	0.33	8.7	9.85	0.86
2008	3.16	15.93	0.5	0.51	51.78	0.27	1.84	10.56	0.19	11.3	12.76	1.44
2009	2.34	16.47	0.38	0.64	58.47	0.37	−0.63	10.87	−0.07	11.74	11.06	1.3
2010				0.05	136.56	4.53	0.02	13.43	0.32			
2011	2.1	27.1	0.57	0.77	95.8	0.74	2.65	15	0.4	12.57	17.48	1.61
2012	1.81	29.29	0.53	0.73	106.05	0.77	2.08	15.28	0.32	8.5	19.84	1.69
2013	2.79	30.85	0.86	4.51	105.86	4.78	−0.91	15.26	−0.14	7.08	22.13	1.57

(摘自国研网数据整理)

利润率、全员劳动生产率、人均实现利润反映了一个行业中企业的利润实际水平，这个水平是由行业中供需双方所形成的市场所决定的。不同的市场状况决定了行业不同的利润水平。表 5-1 显示了我国旅游企业整体以及旅行社、星级饭店、旅游景区 2005—2013 年这三个指标的实际状况，也反映出我国旅游行业以及其中主要部门的市场状况。

本章将学习旅游市场的形成以及不同竞争水平的旅游市场的数量与价格决定，以及导致其所决定的利润水平的内在机理。

5.1　旅游市场的形成

5.1.1　旅游市场的均衡与市场的形成

当一种产品的价格上升时，需求量减少供给量增加。我们现在将说明，价格如何协调买卖双方的计划，以实现一种均衡。均衡是对立的因素相互平衡的状态：当价格使买卖双方的计划平衡时，市场均衡就出现了。均衡价格是需求量等于供给量时的价格，均衡数量是在均衡价格时交易的数量。

供需关系趋向均衡的调整使交易得以实现，市场得以形成。市场总是向均衡变动，因为当计划不匹配时，价格会调整，作为调节器的价格可以调节需求量与供给量。如果价格太高，供给量大于需求量；如果价格太低，需求量大于供给量。存在一个需求量等于供给量的价格，这就是均衡价格，也是市场力量驱使而形成的最终价格。现在我们看这个价格是什么。

如表 5-2 所示，如果一个旅游城市的汽车租赁市场每天每辆车的租赁的价格是 100 元，需求量是每天 2 400 辆，但没有可供租赁的汽车供给。也就是说，会有每天 2 400 辆的短缺。表 5-2 最后一栏表示这种短缺。当价格为 200 元时，仍存在短缺，不过只有每天 900 辆。当价格是 500 元时，供给量是每天 1 500 辆，但需求量只有 500 辆，这时就会出现每天 1 000 辆可供租赁汽车过剩。既无短缺又无过剩的价格是每辆车每天 300 元。在这个价格上，需求量等于供给量 1 000 辆。均衡价格是每辆车每天 300 元，均衡数量是每天 1 000 辆。

图 5.1 表示需求曲线与供给曲线在每辆每天为 300 元的均衡价格时相交。在高于 300 元的每一个价格上，存在租赁汽车的过剩。例如，在 400 元时，过剩是每天 600 辆。在低于 300 元的每一个价格上，存在汽车的短缺。例如，在 200 元时，短缺是每天 900 辆，以双箭头表示。

表 5-2　旅游汽车租赁市场的供需量

价格/[元/(辆・天)]	需求量/(辆・天)	供给量/(辆・天)	短缺(−)或过剩(+)/(辆・天)
100	2 400	0	−2 400
200	1 500	600	−900
300	1 000	1 000	0
400	700	1 300	+600
500	500	1 500	+1 000

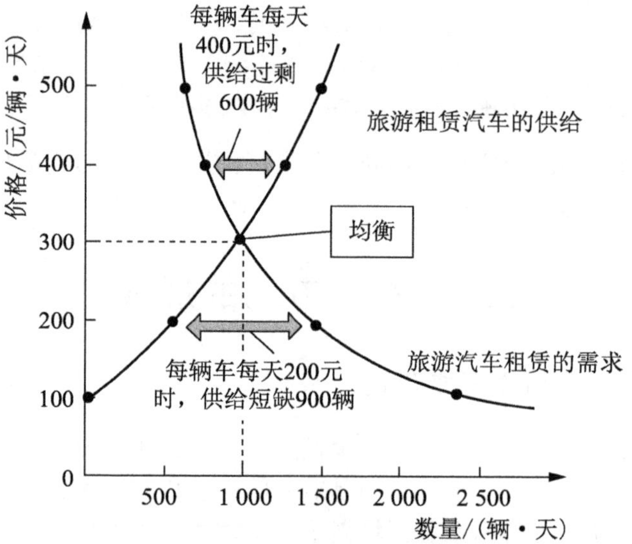

图 5.1　旅游汽车租赁市场的均衡

表 5-2 中列出了每一价格水平对应的租赁汽车的需求量和供给量，以及存在的短缺或过剩。当价格为每辆每天 200 元时，需求量是每天 1 500 辆，供给量是每天 600 辆。每天有 900 辆的短缺，价格上升。当价格为每辆每天 400 元时，需求量是每天 700 辆，供给量是每天 1 300 辆。每天有 600 辆的过剩，价格下降。如果价格为每天每辆 300 元，供给量和需求量都是每天 1 000 辆，既没有短缺也没有剩余，买方和卖方都没有改变价格的激励。当需求量等于供给量时的价格就是均衡价格，每天 1 000 辆就是均衡数量。

5.1.2 旅游市场价格的调整

1. 价格的调整

如果价格低于均衡价格，那么存在短缺；如果价格高于均衡价格，那么存在过剩。我们能指望价格改变并消除短缺或过剩吗？答案是可以，因为这种价格变动对买卖双方都有利。现在我们看看为什么存在短缺或过剩时，价格会发生变动。

1) 短缺使价格上升

假定每辆每天租赁汽车价格是 200 元，消费者计划每天租赁 1 500 辆，供给者计划每天租赁 600 辆。消费者不能强迫供给者出售超出他们计划的数量，因此，每天实际提供租赁的数量是 600 辆。在这种情况下，使价格上升的强大的力量发生作用，并使价格向均衡价格变动。一些租赁公司注意到大量无法满足的消费者，就会提高价格，一些供给者增加供给量。随着供给者推动价格上涨，价格上升到均衡价格。升高的价格减少了短缺，因为它减少了需求量并增加了供给量。当价格上升到不再有短缺的点时，使价格变动的力量停止作用，价格停在均衡价格上。

2) 过剩使价格下降

假定每辆车每天的租赁价格是 400 元，租赁公司计划每天提供 1 300 辆，消费者计划每天租赁 700 辆，租赁公司不能强迫消费者购买超出他们计划的数量，因此，每天实际提供销售的数量是 700 辆。在这种情况下，使价格下降的强大的力量发生作用，并使价格向均衡价格变动。一些租赁公司无法租掉自己计划出租的汽车，就会降低价格。此外，一些租赁公司减少租赁车的数量，他们决定将闲置的汽车提供给婚庆公司或其他公司，以获得自己期望的收入。随着旅游汽车租赁公司降低价格，价格下降到均衡价格。下降的价格减少了过剩，因为它增加了需求量并减少了供给量。当价格下降到不再有过剩的某点时，使价格变动的力量停止作用，价格停在均衡价格上。

3) 买卖双方可以得到的最好交易

当价格低于均衡价格时，价格被迫上升。为什么买者不抵制价格上升并在较高价格时停止购买呢？因为他们对产品的估价高于现行价格，而且在现行价格时他们不能满足自己的全部需求。在一些市场上(如豪华旅游车租赁市场)，租赁者甚至就是使价格上升的人，他们愿意支付更高的价格。

当价格高于均衡价格时，价格被迫下降。为什么卖者不抵制价格下降并在较低价格时拒绝出售呢？因为他们的最低供给价格低于现行价格，而且他们不能在现行价格时出售完他们想售出的东西。一般情况下，迫使价格下降的正是卖者，他们为了获得市场份额而提供较低的价格。

在需求量与供给量相等的价格下，买卖双方都不能以一种比之更好的价格交易。买者为购买最后一单位支付他们愿意支付的最高价格，卖者为出售最后一单位得到了他们愿意接受的最低价格。

当人们自由买卖，而且当需求者努力以可能的最低价格购买，供给者努力以可能的最高价格出售时，进行交易的价格是均衡价格——需求量等于供给量的价格。价格协调了买卖双方的计划，而且买卖双方都不再有改变价格的激励。

2. 预测价格和数量的变动

刚刚学过的供求理论向我们提供了一种分析影响价格和买卖数量的有效方法。根据该理论，价格的变动可以来源于需求的变动、供给变动或者两者的同时变动。让我们首先来看一下需求变动的影响。

1) 需求的增加

越来越多的人们加入自驾车旅游者的行列，对旅游租赁汽车的需求增加。表 5-3 列出了原有的需求量和新需求量(与图 5.3 中的相同)，以及供给量。

图 5.2　旅游需求增加导致均衡价格的调整

(图片来源：msn.finance.sina.com.cn)

当需求增加，在原来的均衡价格 300 元下，出现了短缺。为了消除短缺，价格一定会升高。使需求量和供给量相等的价格是 500 元。在这个价格下，每天会有 1 500 辆旅游租赁汽车。当需求增加时，价格和数量都增加。图 5.3 说明了这些变化，表示了原有的需求和供给：原来的均衡价格是每辆每天 300 元，均衡数量是每天 1 000 辆。当需求增加时，需求曲线向右移动。均衡价格提高至每辆每天 500 元，供给量增加至每天 1 500 辆，如图 5.3 所示。供给量增加，但是供给没有变化，是沿着供给曲线的运动，而不是供给曲线的移动。

2) 需求的减少

我们可以将需求的变化反过来。首先要考虑在价格为每辆每天 500 元的情况下，每天达成租赁交易的租赁汽车的数量是 1 500 辆。看一下如果需求减少到原来的水平会出现什么情况。如果旅游目的地城市的旅游公交系统建设得到了完善，人们转向使用公共交通(旅游租赁汽车的替代品)，这种需求减少的情况就会发生。这种需求的减少使需求曲线向左移动，均衡价格下降至每辆每天 300 元，均衡数量减少到每天 1 000 辆。现在可以做出前两个预测：需求增加时，价格和数量都增加；需求减少时，价格和数量都减少。

表 5-3 旅游汽车租赁市场需求的变动

价格/[元/(辆·天)]	需求量/(辆·天)		供给量/(辆·天)
	原有的	新的	
100	2 400	3 200	0
200	1 500	2 500	600
300	1 000	2 000	1 000
400	700	1 700	1 300
500	500	1 500	1 500

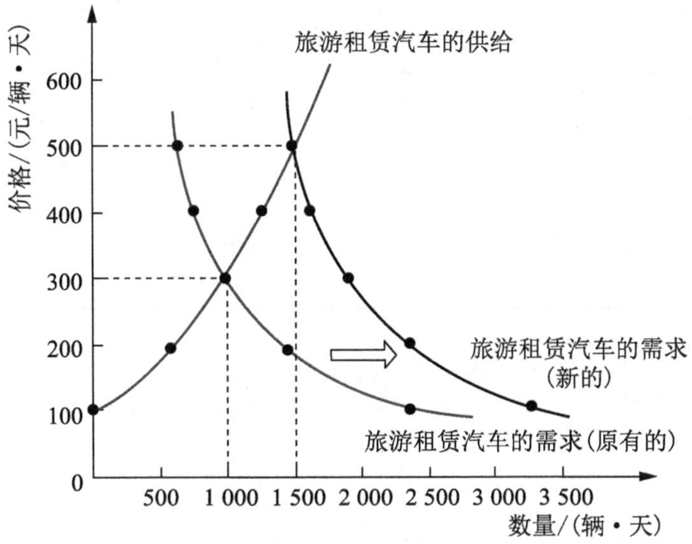

图 5.3 需求变动的影响

最初，均衡价格是每辆每天 300 元，均衡数量是每天 1 000 辆。当更多的人们开始参加到自驾车旅游中，旅游租赁汽车的需求增加，需求曲线向右移动。在价格为每辆每天 300 元时，存在每天 1 000 辆的短缺。价格上升至新的均衡价格 500 元。当价格上升至 500 元后，供给量增加——由供给曲线上的浅灰色箭头表示，但新的均衡数量是每天 1 500 辆。随着需求的增加，供给量也增加，但是供给不变——供给曲线不移动。

3) 供给的增加

旅游汽车生产商本身降低了汽车的出厂价格，当华新公司(本地的汽车租赁公司)和其他租赁汽车商新购了一批旅游汽车，租赁汽车的供给增加。表 5-4 提供了新供给量。新均衡价格和均衡数量是多少？当价格下降至每辆每天 200 元，均衡数量增加至每天 1 500 辆。

可以考查每辆租赁汽车每天为 300 元的旧价格时的需求量与供给量来说明原因。在该价格下，供给量是每天 2 000 辆，存在租赁汽车的过剩，因此价格下降。只有在价格为每辆每天 200 元时，供给量才等于需求量。图 5.4 说明了供给增加的影响。它显示了旅游租赁汽车的需求曲线和原来的供给曲线，以及新的供给曲线。原来的均衡价格是每辆每天 300 元，均衡数量是每天 1000 辆。当供给增加时，供给曲线向右移动。均衡价格下降到每辆每天 200 元，均衡数量增加到每天 1 500 辆，如图 5.4 所示。需求量增加，但需求没有变动，即沿着需求曲线的运动，而不是需求曲线的移动。

4) 供给的减少

如果开始时每辆租赁汽车每天的价格是 200 元，每天买卖数量是 1500 辆。假设人力成本和原材料成本增加了，导致租赁汽车的供给减少。供给减少使供给曲线向左移动。均衡价格上升至每辆每天 300 元，均衡数量减少至每天 1000 辆。现在可以再做出两个预测：当供给增加时，数量增加而价格下降；当供给减少时，数量减少而价格上升。

表 5-4 旅游汽车租赁市场供给的变动

价格/[元/(辆・天)]	需求量/(辆・天)	供给量/(辆・天)	
		原有的	新的
100	2 400	0	700
200	1 500	600	1 500
300	1 000	1 000	2 000
400	700	1 300	2 500
500	500	1 500	3 000

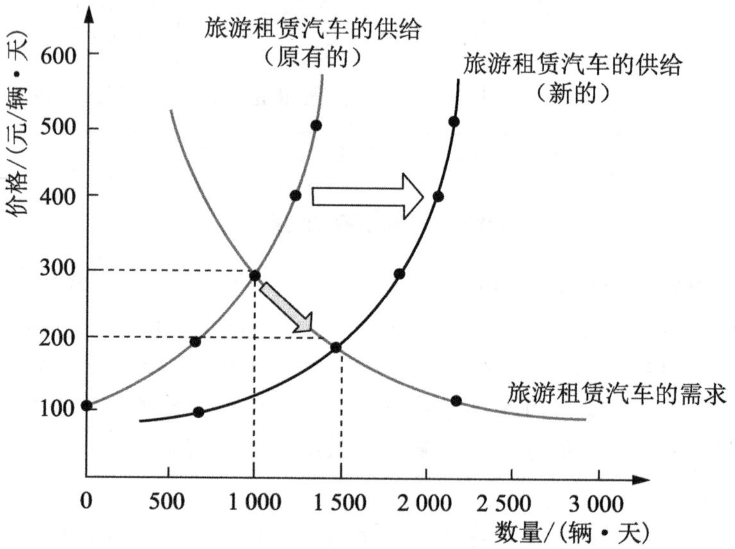

图 5.4 供给变动的影响

最初，租赁汽车均衡价格是每辆每天 300 元，均衡数量是每天 1 000 辆。当租赁公司购置新的汽车后，租赁汽车的供给增加，供给曲线向右移动。在价格为每辆每天 300 元时，存在每天 1 000 辆的过剩。价格下降至新的均衡价格 200 元。当价格下降至 200 元后，需求量增加——由需求曲线上的箭头表示，但新的均衡数量是每天 1 500 辆。随着供给的增加，需求量也增加，但是需求不变——需求曲线不移动。

5) 需求和供给两者都变动

现在你可以预测需求或供给变化对价格和数量的影响。根据已经学过的内容，你还可以预测当两者同时变化时的情况如何。

6) 需求、供给变动引起均衡变化的不同情形。

(1) 需求变化而供给不变。

图 5.5(b)、图 5.5(c)总结了需求变化而供给不变的影响。在图 5.5(b)中，需求增加而供给不变，价格和数量都增加。在图 5.5(c)中，需求减少而供给不变，价格和数量都减少。

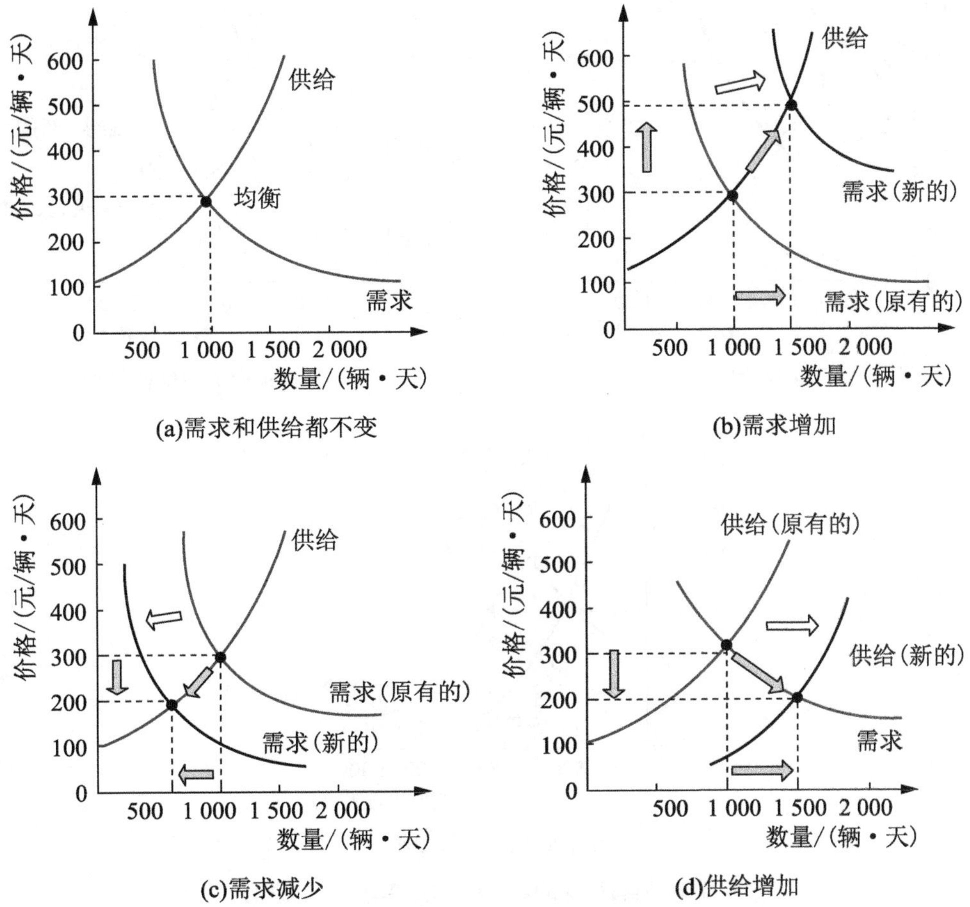

图 5.5　所有可能的供给和需求变动产生的影响

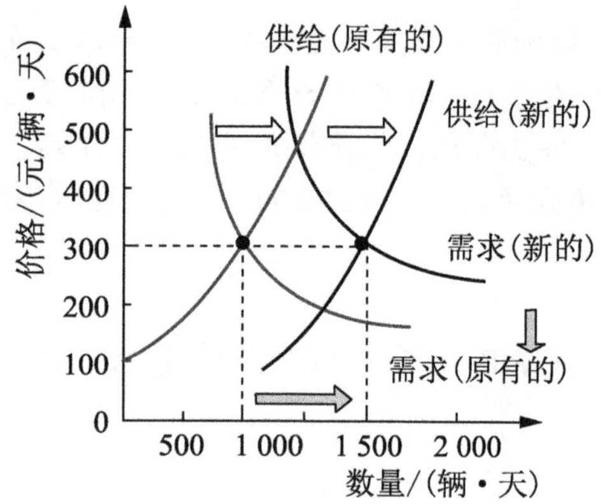

(e)需求和供给都增加

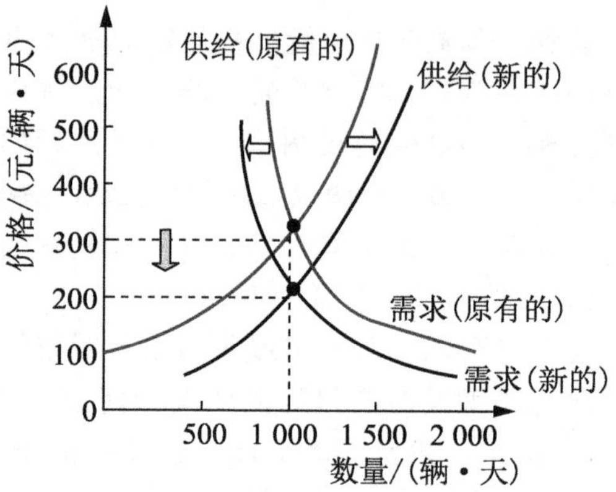

(f)需求减少，供给增加

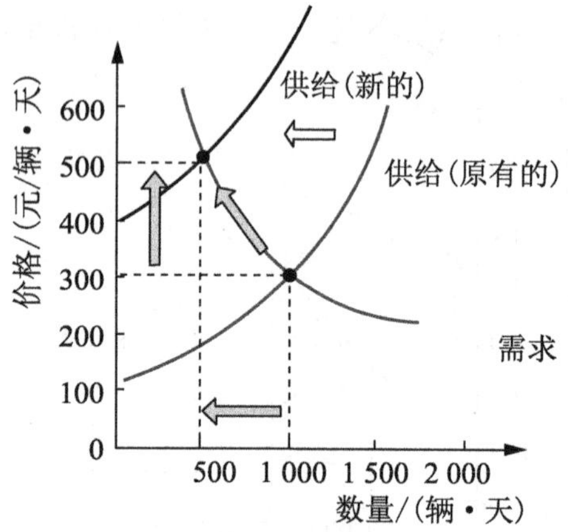

(g)供给减少

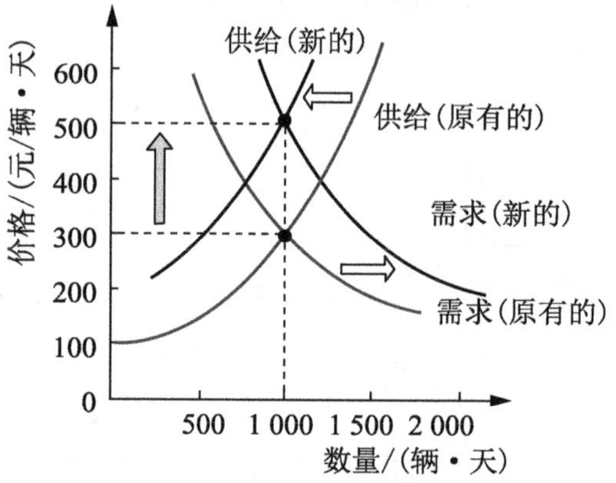

(h)需求增加，供给减少

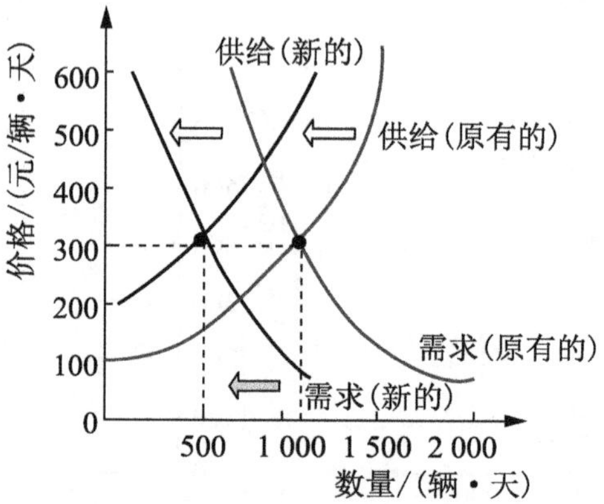

(i)需求和供给都减少

图 5.5 所有可能的供给和需求变动产生的影响

(2) 供给变化而需求不变。

图 5.5(d)、图 5.5(g)，总结了供给变化而需求不变的影响。在图 5.5(d)中，供给增加而

需求不变，价格下降，数量增加。在图 5.5(g)中，供给减少而需求不变，价格上升，数量减少。

(3) 需求和供给都增加。

你已经了解到增加需求会提高价格、增加数量，以及增加供给会降低价格、增加数量。图 5.5(e)结合了这两种变化。因为不管增加供给还是增加需求，数量都会增加，所以当需求和供给都增加时，数量一定也增加。但对价格的影响不确定。需求的增加会提高价格，供给的增加则降低价格，所以我们不能说当需求和供给都增加时，价格是升还是降。我们需要知道需求和供给变化的数量来预测对价格的影响。在图 5.5(e)中，价格没有变化。但是注意，如果需求比图中所示多增加一点，价格将会上升。并且，如果供给比图中所示多增加一点，价格将会下降。

(4) 需求和供给都减少。

图 5.5(i)说明了当需求和供给同时减少时的情况。由于相同的原因，当需求和供给同时减少，数量减少，价格的变化则不确定。

(5) 需求减少，供给增加。

你已经了解了需求减少会降低价格、减少数量，而供给增加会降低价格并增加数量。图 5.5(f)结合了这两种变化。需求减少和供给增加都会降低价格，所以价格下降。但是需求减少会减少数量，供给增加使数量增加。因此，如果不知道需求和供给变化的数量，我们不能预测数量变化的方向。在图 5.5(f)中，数量没有变化。但是注意，如果需求比图中所示多减少一点，数量将会减少。并且，如果供给比图中所示多增加一点，数量将会增加。

(6) 需求增加，供给减少。

图 5.5(h)说明了需求增加和供给减少的情况。现在，价格上升了，同样地，数量变化的方向并不能确定。

5.1.3 旅游市场的动态变化——蛛网理论

蛛网模型是运用弹性原理解释某些生产周期较长的商品在失去均衡时发生的不同波动情况的一种动态分析理论。

基本假定是：商品的本期产量 Q_{ts} 决定于前一期的价格 P_{t-1}，即供给函数为 $Q_{ts}=f(P_{t-1})$，商品本期的需求量 Q_{td} 决定于本期的价格 P_t，即需求函数为

$$Q_{td}=f(P_t) \tag{5-1}$$

根据以上的假设条件，蛛网模型可以用以下三个联立的方程式来表示：

$$Q_{td}=\alpha-\beta \cdot P_t;\quad Q_{ts}=-\delta+\gamma \cdot P_{t-1};\quad Q_{td}=Q_{ts} \tag{5-2}$$

式中，α、β、δ 和 γ 均为常数且均大于零。

由于区别了经济变量的时间先后，因此，蛛网模型是一个动态模型。图 5.6 显示了不同情况下市场价格随时间动态变化的结果。

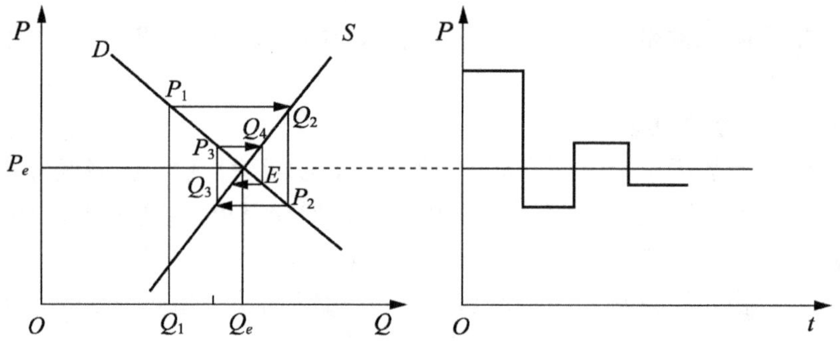

(a)收敛型蛛网

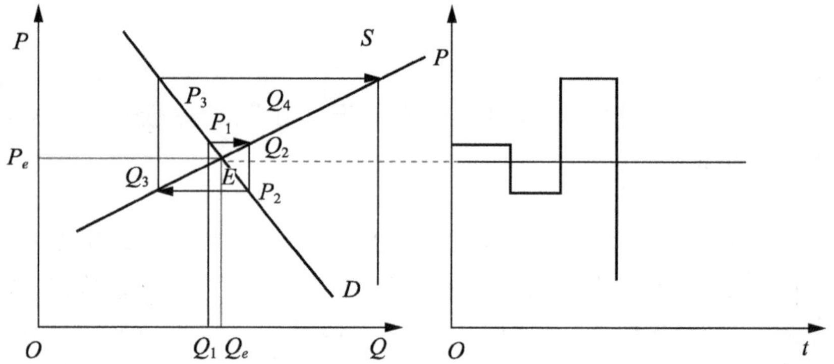

(b)发散型蜘蛛网

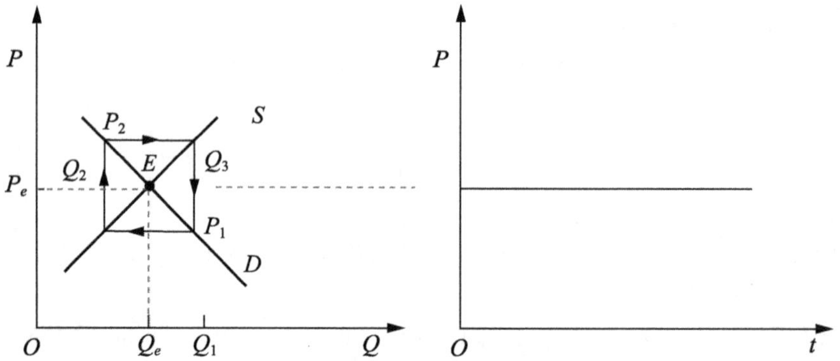

(c)稳定型蛛网

图 5.6　蛛网理论

1．收敛型蛛网

供给弹性＜需求弹性，或供给曲线斜率绝对值＞需求曲线斜率绝对值。因为需求弹性大，表明价格变化相对较小，进而由价格引起的供给变化则更小，再进而由供给引起的价格变化则更小。

相对于价格轴(注意：这里是把 y 轴作为参考轴系讨论的，下文所说的“斜率”“陡峭”都是以价格轴为参考轴而言的，与我们正常数学上以 x 轴为参考轴不同)，需求曲线斜率的绝对值大于供给曲线斜率的绝对值。当市场由于受到干扰偏离原有的均衡状态以后，实际价格和实际产量会围绕均衡水平上下波动，但波动的幅度越来越小，最后会恢复到原来的均衡点。

假定，在第一期由于某种外在原因的干扰，如恶劣的气候条件，实际供给量由均衡水平 Q_e 减少为 Q_1。根据需求曲线，消费者愿意支付 P_1 的价格购买全部的产量 Q_1，于是，实际价格上升为 P_1。根据第一期的较高的价格水平 P_1，按照供给曲线，生产者将第二期的产量增加为 Q_2。

在第二期，生产者为了出售全部的产量 Q_2，接受消费者所愿意支付的价格 P_2，于是，实际价格下降为 P_2。根据第二期的较低的价格水平 P_2，生产者将第三期的产量减少为 Q_3。

在第三期，消费者愿意支付 P_3 的价格购买全部的产量 Q_3，于是，实际价格又上升为 P_3。根据第三期的较高的价格水平 P_3，生产者又将第四期的产量增加为 Q_4。

如此循环下去，如图 5.6 所示，实际产量和实际价格的波动的幅度越来越小，最后恢复到均衡点 E 所代表的水平。

由此可见，图 5.6 中的均衡点 E 所代表的均衡状态是稳定的。也就是说，由于外在的原因，当价格和产量偏离均衡数值(P_e 和 Q_e)后，经济制度中存在着自发的因素，能使价格和产量自动地恢复均衡状态。在图中，产量和价格变化的途径形成了一个蜘蛛网似的图形，这就是蛛网模型名称的由来。

在这里，我们看到，除第一期受到外在原因干扰外，其他各期都不会再受新的外在原因干扰，从而前一期的价格能够唯一决定下一期的产量。

按照动态的逻辑顺序，我们还看到，生产者错误地根据上一期的价格决定供给量，消费者被动地消费生产者提供的全部生产量，而价格则由盲目生产出来的数量所决定。

2．发散型蛛网

供给弹性＞需求弹性，或供给曲线斜率绝对值＜需求曲线斜率绝对值。

相对于价格轴，需求曲线斜率的绝对值小于供给曲线斜率的绝对值。当市场由于受到外力的干扰偏离原有的均衡状态以后，实际价格和实际产量上下波动的幅度会越来越大，偏离均衡点越来越远。其原有的均衡状态是不稳定的。这种情况意味着产量可以无限供给，价格可以无限提高。

图 5.7　发散型蛛网市场需要干预

(图片来源：www.gxnews.com.cn)

3．稳定型蛛网

供给弹性=需求弹性，或供给曲线斜率的绝对值=需求曲线斜率的绝对值。当市场由于受到外力的干扰偏离原有的均衡状态以后，实际产量和实际价格始终按同一幅度围绕均衡点上下波动，既不进一步偏离均衡点，也不逐步地趋向均衡点。

4．蛛网理论在旅游中的应用

在现代经济学中，蛛网理论常被用来解释生产周期长、调节供给时间长的商品和服务的周期性波动的原因，以及分析其价格波动对产量的影响等。这种对动态化市场上的供给、需求和价格变动的描述，为旅游目的地的运行与发展，以及对客源周期性、季节性的需求分析提供了理论依据。一方面，旅游目的地可运用蛛网理论来判定旅游客源需求变化的稳定程度和市场在遇到特殊事件之后的恢复情况。另一方面，旅游目的地还可根据该理论为旅游客源地建设制定市场开发策略。即当旅游商品或服务的供求变化趋于收敛型蛛网时，旅游企业应提高服务的技术水平，创新旅游产品，以防止价格波动带来的客源减少。当供求变化趋于发散型蛛网时，旅游企业应准确地把握价格、旅游产品数量变动趋势的转折时机，采取灵活对策，以便增加收入、减少损失。当供求变化趋于稳定型蛛网时，企业应根据旅游产品数量与价格相同幅度变动的规律，制定相应的市场开发政策。

5.2 旅游市场的类型

对于市场类型可以从不同的角度来划分。例如，从交易的对象来说，市场可分为消费品(包括商品和服务)市场和资本品市场；从交易的方式来说，市场又可分为现货交易市场和期货交易市场；从市场的辐射范围来说，还可以将其划分为区域市场、国内市场和国际市场。而在微观经济学中，经济学家把不同类型的市场按其在决定价格方面的作用区分为不同的市场结构。所谓市场结构，是指市场在组织和构成方面的一些特点影响着厂商的经济行为，为此，经济学家通常根据以下四种标准把市场结构区分为不同类型：一是一个行业所包含的厂商数量的多少，二是一个行业内各厂商所生产的产品之间的差别程度，三是行业内某一特定厂商的行为对价格影响的大小，四是厂商能否自由进入和退出该行业。根据这四条标准，经济分析把不同的市场结构区分为四种类型：完全竞争市场结构、垄断竞争市场结构和寡头垄断市场结构和完全垄断市场结构。这四种基本市场类型的特征，可以大致概括见表 5-5。

表 5-5 四种基本市场类型的特征

市场类型	厂商数目	产品性质	对价格的控制程度	进入该行业的难易强度	售卖方式	近似的例子
完全竞争市场	很多	同质	完全不能控制	非常容易	市场交易或拍卖	旅游热点城市经营城市周边游的旅行社
垄断竞争市场	较多	有一定差别	能在一定程度上控制	比较容易	广告宣传、质量和价格竞争	旅游热点城市的二星级、三星级饭店
寡头垄断市场	很少	有一定差别或同质	能在较大程度上控制	比较困难	广告宣传	旅游热点城市的五星级饭店
完全垄断市场	一个	没有合适替代品的特殊产品	可在很大程度上控制	不可能	进行广告宣传和加强服务	具有独特价值的景区如故宫、莫高窟等

5.2.1 旅游中的完全竞争市场

本节所研究的企业面临原始竞争的压力，我们称竞争的这种极端形式为完全竞争。完全竞争是这样一些行业：城市周边没有特色的农家乐、旅游汽车租赁公司、缺乏鲜明特色的饭店、旅游热点城市经营一般性线路的旅行社等。这些都是高度竞争行业的例子。

1. 完全竞争的产生

如果单个生产者的最小有效规模相对于产品或服务的需求很小，就产生了完全竞争。一个企业的最小有效规模是长期平均成本达到最低水平时的最小产量。一旦企业最小有效规模相对于市场需求很小，整个行业就可以容纳很多企业。另外，由于每个企业生产的产品或服务都具有同样的特点，以至于消费者并不在乎是从哪个企业购买的，这时完全竞争就产生了。

1) 价格接受者

完全竞争的企业是价格的接受者。价格接受者是指那些不能影响市场价格、只能按照市场价格确定自己价格的企业。完全竞争企业之所以是价格接受者的关键原因在于它生产的某种产品在总产出中的所占比例太小，而且买者熟知其他企业的价格。

在北京、西安、三亚、桂林等旅游热点城市，你会发现很多旅行社提供的旅游线路、服务内容都是一样的，每家旅行社对同一条线路的价格也几乎一致。一家旅行社提供的一个一日游产品是 500 元，而其他旅行社提供的是 600 元，显然没有人从第二家旅行社去购买这样的一日游产品。

2) 经济利润与收益

企业的目标是经济利润最大化，经济利润等于总收益减去总成本。总成本是生产的机会成本，机会成本包括正常利润，即企业家在可供选择的经营中期望能得到的平均收益。企业的总收益等于产品的价格乘以销售量(价格×数量)。

边际收益是额外销售一单位产品所引起的总收益的变动量。可以用总收益的变动量除以销售量的变动量来计算边际收益。图 5.8 说明了这些收益概念。在图 5.8(a)中，市场需求曲线 D 和市场供给曲线 S 决定市场价格。锦云旅行社提供西安经典一日游产品，价格是 500 元，无论这一家旅行社的游客接待量多一些或少一些，这个市场价格保持在每人 500 元的水平上，锦云旅行社所能做的最好的决策就是以这个价格销售这个一日游产品。

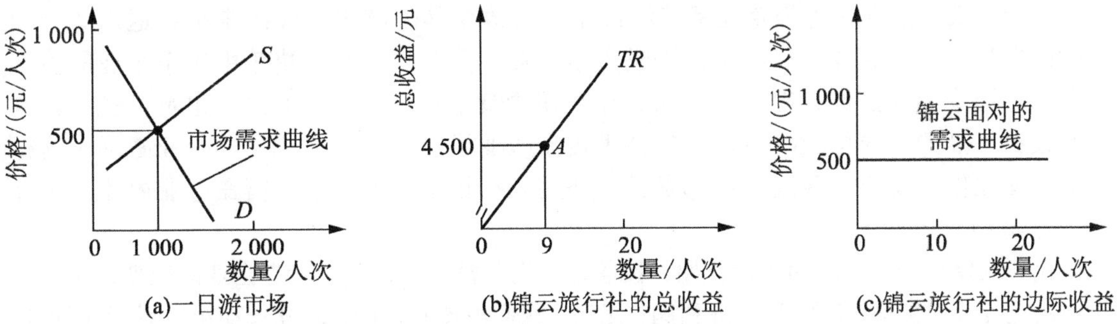

图 5.8　完全竞争的需求、价格和收益

总收益。总收益等于价格乘以销售数量。在图 5.8 中，如果今天参加锦云旅行社旅行团的是 9 人，企业的总收益就是(9×500)元，即 4500 元。图 5.8(b)表示企业的总收益曲线(TR)，该曲线绘出了总收益与销售量之间的关系。在 *TR* 曲线的 *A* 点，锦云旅行社将提供 9 人次的产品并得到 4500 元的收益。因为每额外销售一件产品，即每增加一名旅游者都带来同样数量(500 元)的收益，因此总收益曲线是一条向右上方倾斜的直线。

3) 边际收益

边际收益是额外销售一单位产品所引起的总收益的变化。在图 5.8 中，当销售量由 8 件产品增加到 9 件产品时，总收益从 4000 元增加到了 4500 元。每增加一名旅游者的边际收益是 500 元。因为当销售量变化时价格保持不变，所以额外销售一单位产品所引起的总收益的变化等于销售价格——在完全竞争市场，边际收益等于价格。

图 5.8(c)表示锦云旅行社的边际收益曲线(*MR*)，它是一条位于现行市场价格的水平线，也是锦云旅行社的需求曲线。锦云旅行社在市场价格为每人次 500 元时面临完全富有弹性的需求。在市场价格下企业能够销售任何数量的产品。所以企业产品的需求曲线就是位于市场价格的水平线，与企业的边际收益重合。

水平的需求曲线是完全弹性的。因此，企业面对的是对其产出完全弹性的需求。锦云旅行社提供的一日游产品都是其他企业提供的完全替代品。请注意，在图 5.8(a)中市场需求不是完全富有弹性的。市场需求曲线是向右下方倾斜的，而且它的弹性依赖于该产品对其他产品和服务的替代性。

2．完全竞争企业的决策

完全竞争行业的企业面临既定的市场价格，并且体现收益曲线。这些收益曲线概括了完全竞争企业所面临的市场约束。企业还面临技术约束，其现有的技术决定了其生产成本。

竞争企业的目标是在它面临既定的约束条件下尽可能使经济利润最大化。为了实现这个目标，企业必须做出四个关键性决策：两个短期决策和两个长期决策。短期决策是建立在每个企业有既定的规模而且行业中企业数量固定的时间框架。但短期中有很多事情可以改变，企业必须对这些变化做出反应。例如，企业所出售产品的价格会随季节或一般经济状况发生波动，企业必须对这样的短期价格波动做出反应，并决定：①是生产还是暂时停业；②如果决定生产，生产多少。

长期决策是建立在每个企业都能够决定是否改变其生产规模并决定是否退出该行业的时间框架，其他企业可以决定是否进入该行业。因此，在长期决策中每个企业的生产规模和行业中企业的数量都是可变的。在长期决策中企业所面临的约束也是可变的。例如，某种产品的需求持续减少，或者技术进步改变了行业的生产成本。企业必须对这样的长期变化做出反应，并决定：①是扩大还是缩小设备规模；②是留在行业内还是离开这个行业。

我们从单个企业的短期决策开始。接着，我们分析竞争行业中所有企业的短期决策如何共同决定行业的价格、产出和经济利润。然后，我们再转向长期，研究长期决策对行业价格、产出和经济利润的影响。我们所研究的所有决策都由单一目标，即经济利润最大化驱使。

1) 利润最大化产出

一个完全竞争企业通过选择自己的产出水平使经济利润最大化。找出利润最大化产出的一种方法是研究企业的总收益和总成本曲线，并找出总收益与总成本差额最大时的产出水平。图 5.9 表示锦云旅行社是如何使用这种方法的，显示出锦云旅行社在不同供给水平下的总收益和总成本，图 5.9(a)给出了锦云旅行社的总收益和总成本曲线，这些曲线是根据表 5-6 的数据画出的。总收益曲线(*TR*)与图 5.8(b)中的总收益曲线相同。总成本曲线(*TC*)与我们在第 4 章中所遇到的相似：随着产出的增加，总成本也增加。

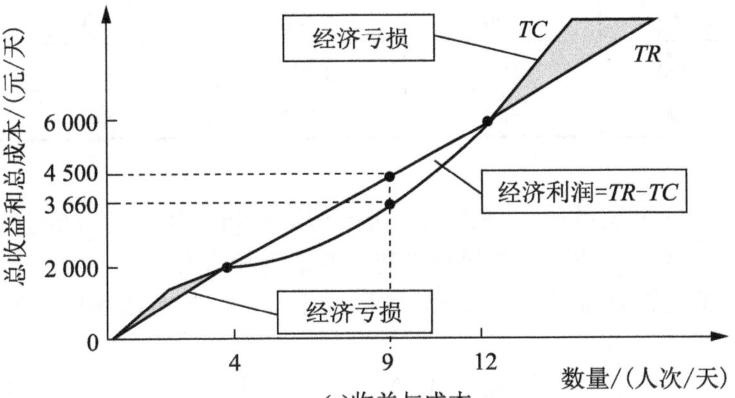

(a)收益与成本

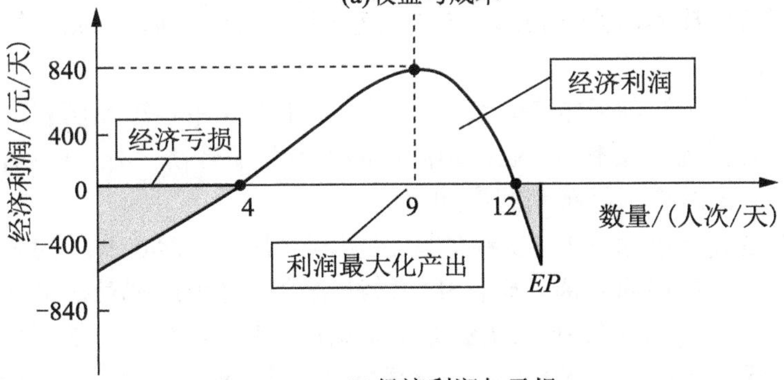

(b)经济利润与亏损

图 5.9　总收益、总成本和经济利润

图 5.9 表现出了锦云旅行社的总收益、总成本和经济利润。图 5.9(a)画出了总收益和总成本曲线。在图 5.9(a)中，经济利润是总成本和总收益曲线之间浅灰色区域的高度。在接纳 9 位旅游者时(这是总收益和总成本曲线之间垂直距离最大的产出)，锦云旅行社的经济利润达到最大化，为每天 840 元(4 500−3 660)。在每天接纳 4 人和 12 人时，锦云旅行社的经济利润为零——这是盈亏平衡点。在每天接纳小于 4 人或大于 12 人时，锦云旅行社发生经济亏损。图 5.9(b)表示锦云旅行社的利润曲线。当经济利润达到最大时，利润曲线最高；在盈亏平衡点，利润曲线与横轴相交。

表 5-6 中的最后一列表示锦云旅行社的经济利润，并在图 5.9(b)中画出了利润曲线(*EP*)。这条曲线表示了锦云旅行社每天的销售量在 4～12 人时能获得经济利润。在每天接受的旅游者小于 4 人时，企业发生了经济亏损。如果旅游者超过每天 12 人，同样会发生亏损。旅游者在每天 4 人或 12 人时，总成本等于总收益，企业的经济利润为零。

表 5-6　利润最大化的供给量表

数量(Q)/(元/人次)	总收益(TR)/元	边际收益(MR)/(元/增加 1 人次)	总成本(TR)/元	边际成本(MC)/(元/增加 1 人次)	经济利润(TR-TC)/元
7	3 500		2 820		680
8	4 000	500	3 200	380	800
9	4 500	500	3 660	460	840
10	5 000	500	4 200	540	800
11	5 500	500	4 900	700	600

2) 边际分析

找出利润最大化产出的另一种方法是运用边际分析，比较边际收益(*MR*)和边际成本(*MC*)。随着产出的增长，边际收益保持不变，但是边际成本变化。当处于低产出水平时，边际成本下降，但是最终将增加。因此，边际成本与边际收益曲线相交时，边际成本是上升的。

如果边际收益大于边际成本(*MR*>*MC*)，那么多销售一单位产品所获得的收益就超过生产这一产品而花费的成本。企业在边际产品上获得了经济利润，因此，如果产出增加，经济利润增加。

如果边际收益小于边际成本(*MR*<*MC*)，那么多销售一单位产品所获得的收益就小于生产这一单位产品而花费的成本。企业在边际产品上发生了经济亏损，所以，如果产出增加，经济利润下降；产出减少，经济利润增加。

如果边际收益等于边际成本(*MR*=*MC*)，经济利润最大。*MR*=*MC* 的规则是边际分析的一个重要例子。现在我们回到锦云旅行社的做法来检验这个规则对找出利润最大化产出的作用。表 5-6 记录了锦云旅行社的边际收益与边际成本。边际收益是不变的，为每人 500 元。在表 5-6 中所表示的产出范围内，边际成本从 1 人 380 元增加到 700 元。

如果锦云旅行社的产量从 8 人增加到 9 人，边际收益是 500 元，而边际成本是 460 元。由于边际收益大于边际成本，经济利润增加了。该表的最后一列表示经济利润从 800 元增加到 840 元，即增加了 40 元。图 5.10 中灰色区域表示从第 9 位旅游者中获得的这种经济利润。

如果锦云旅行社接待的旅游者从 9 人增加到 10 人，边际收益仍然是 500 元，但是边际成本是 540 元。由于边际收益小于边际成本，经济利润减少了。经济利润从 840 元下降为 800 元。图 5.10 中的灰色区域表示第 10 位旅游者的这种亏损。

找出利润最大化产出的另一种方法是确定边际收益等于边际成本时的产出。该图表示，如果供给量从 8 人次增加到 9 人次，边际成本是 460 元，它小于边际收益 500 元。如果供给从 9 人次增加到 10 人次，边际成本是 540 元，它大于边际收益 500 元。图中表示当锦云旅行社每天提供 9 个名额时，边际成本与边际收益相等。如果边际收益大于边际成本，产出增加提高了经济利润。如果边际收益小于边际成本，产出增加降低了经济利润。如果边际收益等于边际成本，经济利润最大。

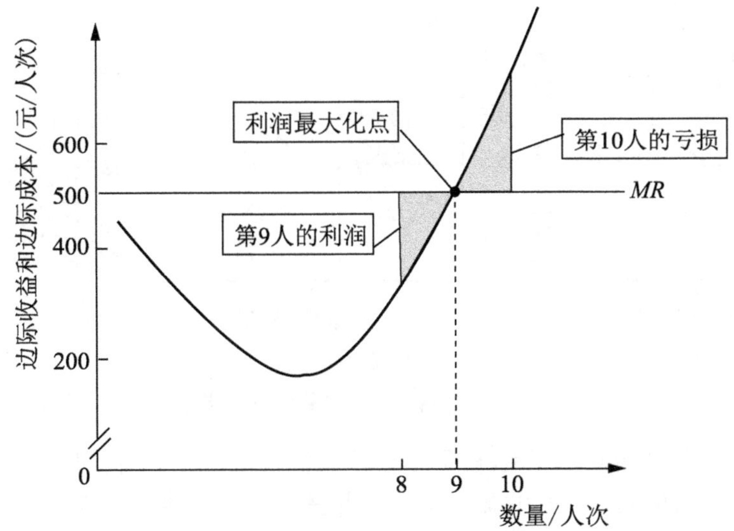

图 5.10 利润最大化的供给量图示

锦云旅行社一天接纳 9 位旅游者使经济利润最大化，在这个产出水平上边际收益等于边际成本。短期的利润与亏损在短期均衡时，尽管企业在利润最大化的产出水平上生产，但它不一定能获得经济利润。它可能获利，也可能保本甚至亏损。每位旅游者的经济利润(或亏损)是价格(*P*)减去平均总成本(ATC)，所以经济利润(或亏损)是(*P*−ATC)·*Q*。如果价格等于平均总成本，企业盈亏平衡——企业家获得正常利润；如果价格超过平均总成本，企业获得经济利润；如果价格低于平均总成本，企业发生经济亏损。图 5.11 表示这三种可能出现的短期利润结果。

三种可能出现的利润结果分析如下：

在图 5.11(a)中，每位旅游者的旅游费用是 400 元(每件旅游产品的价格)，锦云旅行社每天接纳 8 位旅游者。为每位旅游者提供产品的平均总成本是 400 元。价格等于平均总成本(ATC)，所以锦云旅行社盈亏均衡(零经济利润)，获得正常利润。

在图 5.11(b)中，每位旅游者的旅游费用是 500 元。当每天的接纳为 9 位旅游者时利润最大。这里，价格超过了平均总成本(3660÷9=406.6)，所以锦云旅行社获得经济利润。经济利润是每天 840 元。它由每人 93.4 元(500−406.6)乘以数量 9 人得出。浅灰色的矩形表示了经济利润。矩形的高度是每人利润 93.4 元，长度是每天接纳旅游者的数量 9 人，所以矩形的面积为锦云旅行社每天 840 元的经济利润。

在图 5.11(c)中，每人的价格是 340 元。这里，价格低于平均总成本，所以锦云旅行社发生亏损。价格和边际收益是每人 340 元，利润最大化(在这种情况下亏损最小)的产出是每天 7 位旅游者。锦云旅行社的总收益是每天 2 380 元(7×340)。每人的平均总成本是 402.8 元，所以经济亏损是每人 62.8 元(402.8−340)。每人的亏损乘以接纳旅游者的数量等于 440 元(62.8×7)。深灰色的矩形表示了经济亏损。矩形的高度是每人的经济亏损 62.8 元，长度是每天接纳旅游者的数量 7 人，所以矩形的面积为锦云旅行社每天 440 元的经济亏损。

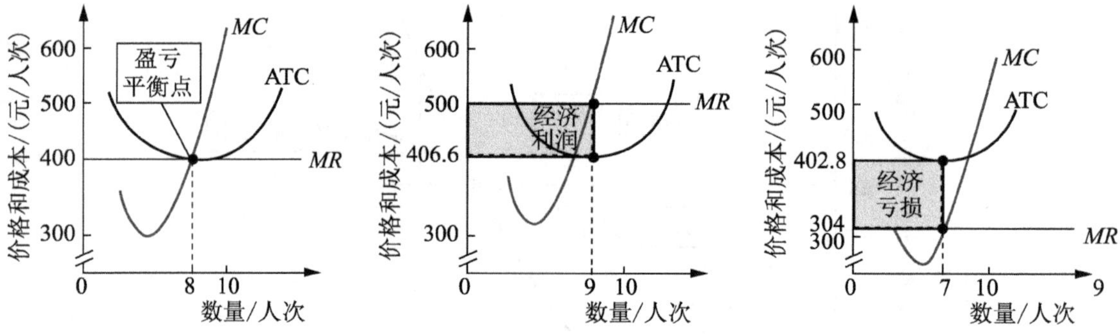

(a)盈亏平衡　(b)经济利润　(c)经济亏损

图 5.11　短期中三种可能的利润结果

在短期中，企业可能盈亏平衡(获得零经济利润)、获得经济利润或发生经济亏损。如果价格等于最低平均总成本，企业盈亏平衡，并获得零经济利润图 5.11(a)。如果价格高于最大化产出时的平均总成本，企业获得经济利润(等于图 5.11(b)中的灰色矩形的面积)。如果价格低于最低平均总成本，企业发生经济亏损(等于图 5.11(c)中灰色矩形的面积)。

3) 企业的短期供给曲线

完全竞争企业的短期供给曲线表示在其他条件不变的情况下，企业的利润最大化产出如何随市场价格变动而变动。图 5.12 表示如何推导出锦云旅行社的供给曲线。图 5.12(a)表示锦云旅行社的边际成本和平均可变成本曲线，图 5.12(b)表示锦云旅行社的供给曲线。边际成本和平均可变成本与供给曲线之间存在着直接的联系。现在我们看看这种联系。

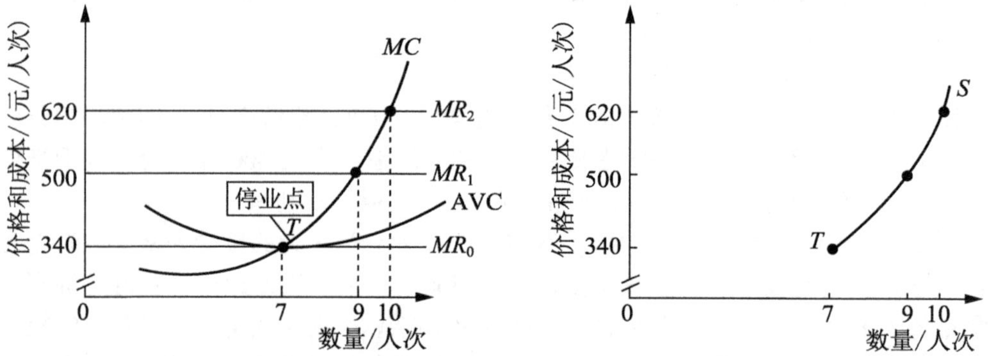

(a)边际成本和平均可变成本　(b)锦云旅行社的短期供给曲线

图 5.12　企业的供给曲线

在短期中，企业无法避免它发生的固定成本。但是，企业能够通过暂时的裁员或停产来避免可变成本。如果企业停产，它不再生产产品，发生的损失等于总固定成本。这种亏损是企业需要承受的最大亏损。如果价格跌到平均可变成本之下，企业就停业。停业点是企业只能弥补其总可变成本的产出和价格组合——图 5.12(a)中的 *T* 点。如果价格是 340 元，边际收益曲线是 MR_0，利润最大化产出是 *T* 点的每天接待 7 位旅游者。但价格和平均可变成本都等于 340 元，因此，锦云旅行社的总收益等于总可变成本。企业蒙受的经济亏损等于总固定成本。在价格低于 340 元时，无论锦云旅行社生产多少产量，平均可变成本都大于价格，企业的经济亏损大于总固定成本。因此在价格低于 340 元时，锦云旅行社暂时停业。

如果价格在最低平均可变成本之上，锦云旅行社可以通过生产边际成本等于价格的产出使利润最大化。在价格为 500 元时，边际收益曲线是 MR_1，锦云旅行社接待 9 位旅游者使利润最大化。在价格为 620 元时，边际收益曲线是 MR_2，锦云旅行社提供 10 个名额。

如图 5.12(b)所示，锦云旅行社的短期供给曲线有两个独立的部分：第一，价格高于最低平均可变成本时，供给曲线与停业点(T)以上的边际成本曲线一样；第二，价格低于最低平均可变成本时，锦云旅行社停业不再营业。供给曲线沿着纵轴移动。在价格为 340 元时，锦云旅行社在停业和一天提供 7 个名额之间无差异。无论如何，锦云旅行社都蒙受着等于总固定成本的亏损。

图 5.12(a)表示在各种不同的市场价格下锦云旅行社的利润最大化产出。在每人的旅游价格是 500 元时，锦云旅行社提供 9 个旅游者名额。在每人是 340 元时，锦云旅行社提供 7 个名额。在 340 元以下任何一种价格时，锦云旅行社不营业。锦云旅行社的停业点是 T。图 5.12(b)表示锦云旅行社的供给曲线——在每种价格时锦云旅行社的供给量。它由最低平均可变成本以上的边际成本曲线和价格低于最低平均可变成本的纵轴组成。

4) 短期行业供给曲线

短期行业供给曲线表示当每家企业的生产规模以及行业内的企业数量保持不变的情况下，在每种价格水平上行业的供给数量。在既定价格下，行业的供给数量等于在这一价格下行业内所有企业的供给量之和。

图 5.13 表示竞争性的一日游产品的供给曲线。在本例中，该行业由 100 家完全和锦云旅行社一样的企业组成。在每种价格水平上，行业的供给量是单个企业供给量的 100 倍。表 5-7 表示企业和行业的供给量，以及如何绘制成行业供给曲线。当价格低于 340 元时，所有的旅行社都停业了，行业的供给量为零。当价格为 340 元时，每个旅行社在停业和一天提供 7 个旅游名额之间是无差异的。一些企业停业了，而另一些企业每天供给 7 个名额。每个企业的供给量是 0 或 7，而行业的供给量在 0(所有企业都停业)和 700 个(所有旅行社每天都提供 7 个名额)之间。为了绘制的供给曲线，我们把单个旅行社的供给量加总。该行业中的 100 个旅行社，每家都有和锦云旅行社相同的供给量。当价格低于 340 元时，行业的供给曲线沿 y 轴移动。当价格低于 340 元时，行业的供给曲线是水平的——供给是完全弹性的。当价格高于 340 元时，每个企业增加自己的供给量，而且行业供给的增加量是企业供给增加量的 100 倍。到目前为止，我们孤立地研究了单个企业。我们看到企业的利润最大化行为依赖于市场价格，而企业是市场价格的接受者。

表 5-7 企业与行业的供给量

对应点	价格/(元/人次)	锦云旅行社的供给量/人次	行业的供给量/人次
A	340	0 或 7	0～700
B	400	8	800
C	500	9	900
D	620	10	1 000

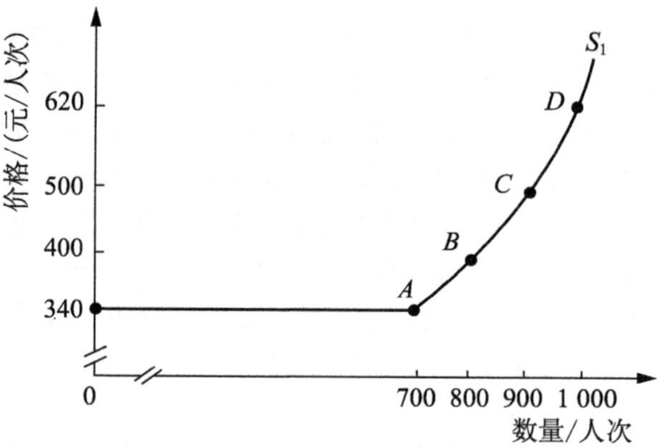

图 5.13　行业供给曲线

供给量是所有个别企业供给量的加总。一个由 100 家相同旅行社组成的行业的供给量与个别企业的供给量类似，但行业供给量是个别企业供给量的 100 倍，行业供给曲线是 S_1。A、B、C、D 各点对应于图中的各行。在 340 元的停业价格时，每个企业的每天提供的旅游名额为 0 或 7 个。行业供给在停业价格时是完全弹性的。

3. 完全竞争的产出、价格和利润

为了确定完全竞争市场上的价格和买卖数量，我们需要研究市场需求和市场供给的相互作用。我们通过研究短期完全竞争市场来开始这一过程，这种情况下，企业的数量是固定的，每个企业的设备规模也是固定的。

1) 短期均衡

市场需求和市场供给决定了市场价格和行业产出。图 5.14 表示短期均衡。供给曲 S 与图 5.13 中的 S_1 是相同的。如果市场需求如需求曲线 D_1 所示，那么均衡价格是每人旅游价格 400 元。每个企业都将此价格作为既定的价格，并在这个价格下生产利润最大化的产出，即每天提供 8 个名额。由于行业内有 100 家企业，所以行业供给量是每天 800 个名额。

需求的变化导致短期行业均衡的变化。图 5.14 显示了这些变化。如果需求增加，需求曲线向右移动到 D_2，价格上涨到 500 元。在这一价格水平上，每家旅行社通过增加产量来实现利润最大化，每家旅行社每天提供 9 个名额，整个行业每天提供 900 个旅游名额。如果需求减少，需求曲线向左移动到 D_3，现在价格下降到 340 元。在这一价格水平上，每个企业通过减少旅游名额，实现利润最大化，每家旅行社每天提供 7 个名额，整个行业每天提供 700 个名额。

如果需求曲线继续向左移动而超过了 D_3，市场价格仍保持在 340 元，因为行业供给曲线是在此价格上的一条水平线。有的旅行社继续每天提供 7 个名额，而有些则暂时停业了。企业在这两种情况下是没有区别的，而且不管它们如何选择，它们发生的经济亏损都等于总固定成本。继续营业的旅行社的数量正好满足每位旅游者 340 元旅游价格下的市场需求。

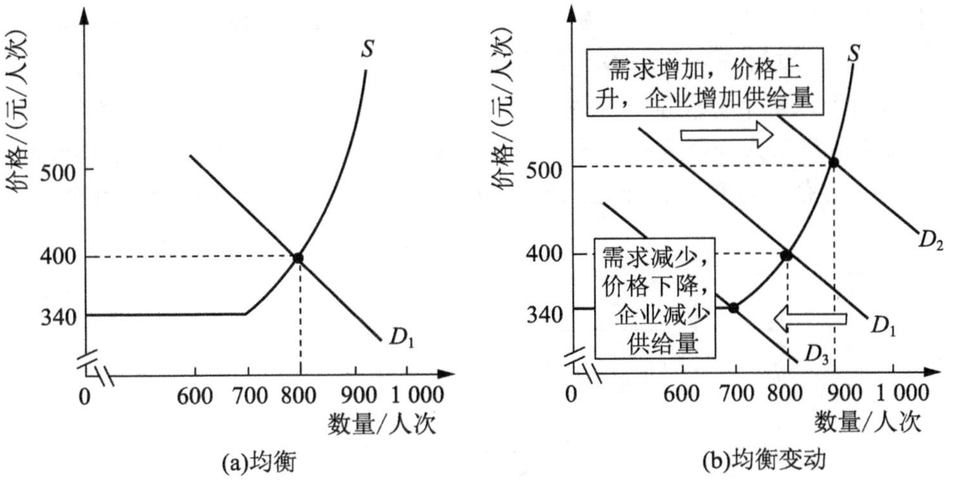

图 5.14 完全竞争市场的短期均衡

在图 5.14(a)中，行业供给曲线是 S，需求曲线是 D_1，价格是 400 元。在这一价格下，每个企业每天提供 8 个名额，行业每天提供 800 个名额。在图 5.14(b)中，当需求增加到 D_2 时，价格升到 500 元，每个旅行社提供的名额增加到每天 9 个，行业提供的名额是每天 900 个。当需求减少为 D_3 时，价格下降到 340 元，每个旅行社的旅游名额都减少为每天 7 个，行业产出是每天 700 个名额。

2) 长期调整

在短期均衡时，企业可能获得经济利润、蒙受经济亏损或者盈亏平衡。尽管这三种情况都是短期均衡的结果，但是只有一种结果是长期均衡。为了找出原因，我们需要研究在长期竞争行业中发生作用的因素。在长期中，行业调整有以下两种方式：进入与退出；改变设备规模。

(1) 进入与退出。在长期中，企业通过进入或者退出一个行业对经济利润和经济亏损做出反应。企业进入那些使其获得经济利润的行业，并退出那些使其发生经济亏损的行业。暂时的经济利润和经济亏损并不能引发企业的进入和退出。但是，预期持续的经济利润或亏损却可以。进入和退出影响价格、产量和经济利润。这些决策的直接影响是使行业供给曲线发生移动。如果更多企业进入一个行业，供给增加，行业供给曲线向右移动。如果企业退出某一行业，供给减少，行业供给曲线向左移动。让我们看看当新企业进入一个行业时会发生什么。

①进入效应。图 5.15 表示进入效应。假设该行业的所有企业都有与图 5.8 相类似的成本曲线。在任何高于 400 元的价格下，企业获得经济利润。在任何低于 400 元的价格下，企业蒙受经济亏损。在价格等于 400 元时，企业的经济利润为零。再假设对该旅游产品的需求曲线是 D，如果行业的供给曲线是 S_1，旅游的价格是 460 元，旅游名额是 700 个，则该行业的企业获得经济利润。这种经济利润是新企业进入该行业的信号。随着新兴企业的进入，供给增加，行业供给曲线向右移至 S_0。由于供给增加而需求不变，该旅游产品的市场价格从 460 元下降到了 400 元，行业的每天提供的旅游名额由每天 700 个增加到了 800

个。行业的产出增加了，但是锦云旅行社与行业内所有的旅行社一样，产出却减少了。因为价格下降了，每家旅行社都沿着其供给曲线向下移动，生产减少了。然而，由于行业中企业数量增加了，整个行业的产量增加了。由于价格下降，每家旅行社的经济利润减少了。当价格下降到每人 400 元时，经济利润消失，每个旅行社都获得零经济利润。你已经发现了关键的论点：随着新企业进入某一行业，价格下降，并且每个现有企业的经济利润减少。

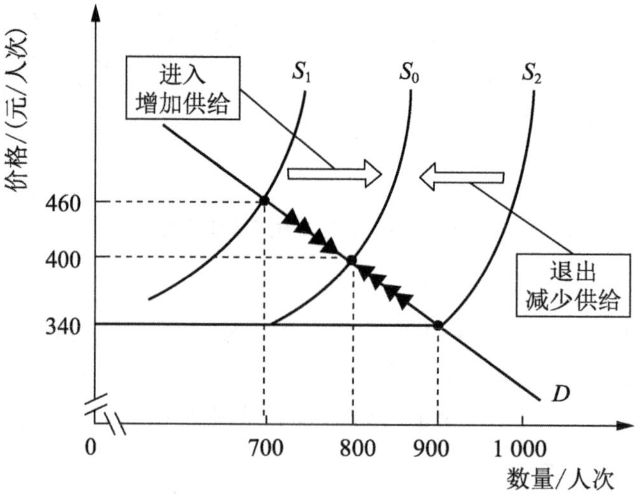

图 5.15　完全竞争市场的进入与退出

②退出效应。图 5.15 也表示退出效应。假设企业的成本和行业的需求与以前一样。但是，现在假设供给曲线是 S_2，市场价格是 340 元，每天提供 900 个旅游名额。旅行社现在蒙受经济亏损。这种经济亏损是一些旅行社退出行业的信号。随着旅行社的退出，行业的供给曲线向左移动至 S_0。随着供给的减少，行业的供给量从 900 个名额下降到 800 个名额，价格从 340 元上升到 400 元。随着价格的上升，锦云旅行社以及其他所有的旅行社都沿着自己的供给曲线向上移动，产出增加。也就是说，对于每一个留下来的旅行社来说，利润最大化的产出增加。由于价格上升和每个企业销售量的增加，经济亏损减少。当价格上升到 400 元时，每个企业获得零经济利润。你已经发现了第二个关键论点：随着企业退出某一行业，价格上升，而仍然留下来的每个企业的经济亏损减少。

你现在知道经济利润是如何引起进入，从而降低了利润；而且，你也知道了经济亏损是如何引起退出，从而消除了亏损。现在我们看看设备规模的改变。

(2) 改变设备规模。企业通过改变设备规模降低成本、增加经济利润。你可能已经想到很多企业改变设备规模的例子。

图 5.16 表示锦云旅行社可以通过扩大营业场所面积、设备以及租用更多的旅游汽车以扩大规模增加利润的情况。假设在当前的规模上，锦云旅行社的边际成本曲线是 MC_0，短期平均总成本曲线是 $SRAC_0$，旅游产品的市场价格是 500 元，所以锦云旅行社的边际收益曲线是 MR_0。锦云旅行社通过每天提供 6 个名额使利润达到最大化。

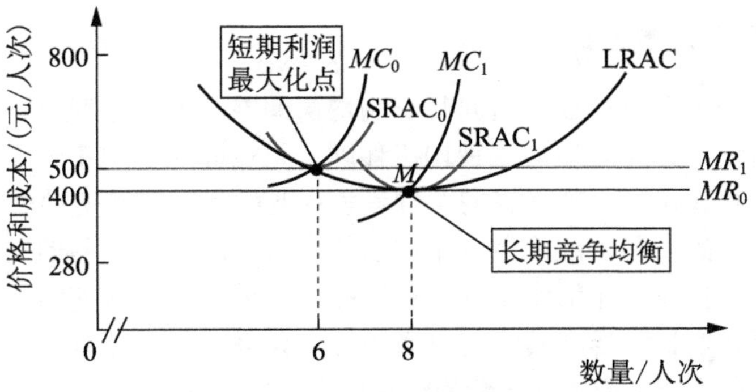

图 5.16 企业规模与长期均衡

锦云旅行社的长期平均成本曲线是 LRAC。通过增加它的设备规模——租用更多的旅游汽车，锦云旅行社可以沿着长期平均成本曲线移动。随着旅行社规模的扩大，它的短期边际成本曲线向右移动。

回忆一下，企业的短期供给曲线是与它的边际成本曲线相联系的。随着企业边际成本曲线向右移动，供给曲线也向右移动。如果锦云旅行社以及其他旅行社增加了它们的设备规模，行业的短期供给曲线向右移动，市场价格下降。市场价格的下降限制了锦云旅行社可以从扩大营业规模中获利的程度。图 5.16 还表示锦云旅行社的长期竞争均衡。当旅游产品的市场价格下降到每人 400 元时，这种情况就出现了。边际收益曲线是 MR_1，锦云旅行社每天提供 8 个名额以实现利润最大化。在这种情况下，锦云旅行社不能通过改变设备规模来增加利润。锦云旅行社在最低长期平均成本(LRAC 上的 M 点)上进行生产。由于锦云旅行社在最小长期平均成本点提供产品，所以没有改变供给规模的激励。扩大或缩小设备规模都会增加长期平均成本。图 5.16 描述了旅行社行业中所有企业的状况，整个行业处于长期均衡，企业没有改变供给规模的激励。而且，由于每个企业都获得零经济利润，所以没有一个企业有进入或退出这个行业的激励。

3) 长期均衡

当经济利润为零(企业获得正常利润)时，竞争性行业就出现了长期均衡。如果竞争行业中的企业获得了经济利润，新的企业就会进入该行业。如果企业可以通过扩大供给规模而降低成本，它们就会扩大规模。这些行为就会增加行业供给，使行业供给曲线向右移动，降低价格，并减少经济利润。

只要行业中的企业能赚到正的经济利润，企业就会继续进入，经济利润进一步减少。当经济利润消失时，企业停止进入。当企业以最小成本的设备规模经营时，它们也停止扩张。

如果竞争行业的企业蒙受了经济亏损，一些企业就退出该行业。如果企业可以通过缩小旅行社规模降低成本，它们就缩小规模。这些行为就会减少行业供给，使行业供给曲线向左移动，提高价格，减少经济亏损。只要行业中的企业仍有经济亏损，就会有企业继续退出，而经济亏损继续减少。当经济亏损消失时，企业停止退出。当企业以最小成本的供给规模经营时，它们也不再缩小供给规模。因此，在竞争行业长期均衡时，既没有企业进入也没有企业退出，而原有企业既不扩张也不收缩，每个企业获得的经济利润为零。

4. 偏好的改变与技术进步

你已经知道了一个竞争行业如何向其长期均衡调整，但一个竞争行业很少处于长期均衡状态，它在不断地、无休止地向这种均衡移动。企业面对的约束一直在变动，两个最持久的变动来源是偏好和技术。现在我们看看竞争行业如何对这些变动做出反应。

高铁和航空运输的发展引起旅游汽车需求的大幅下降，当产品的需求长期减少时，竞争行业会出现什么变化呢？生活水平的普遍提高以及城市人口快速增长，使得人们对旅游产品需求的出现巨大增长。当产品的需求增加时，竞争行业又会出现什么变化呢？

技术进步一直在降低生产成本。新的信息技术降低了各种旅游产品的生产与交易成本。当技术进步降低产成本时，竞争行业会发生什么变化呢？让我们用完全竞争理论来回答这些问题。

1) 需求的长期变动

图 5.17(a)表示起初处于长期均衡的完全竞争行业，需求曲线为 D_0，供给曲线为 S_0，市场价格是 P_0，行业产量是 Q_0。图 5.17(b)表示了处于这种长期均衡状态的单个企业。每个企业在价格 P_0 下出售自己的产品，因此，其边际收益曲线是图 5.17(b)中的 MR。企业的产量是 q_0，获得零经济利润。

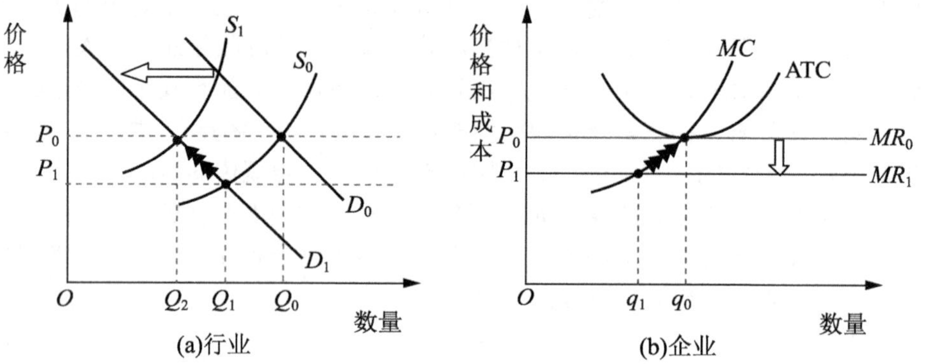

图 5.17 需求的减少

现在，假设需求减少，需求曲线向左移动到 D_1，如图 5.17(a)所示。价格下降到 P_1，行业供给量沿着该行业短期供给曲线 S_0 从 Q_0 减少到 Q_1。现在价格低于企业的最低平均总成本，因此企业出现经济亏损。但是，为了把这种亏损维持在最低，企业调整其产出，以保持边际成本等于价格。在价格为 P_1 时，每个企业产量为 q_1。

现在行业处于短期均衡，但不处于长期均衡。达到短期均衡是因为每个企业都使利润最大化。没有达到长期均衡是因为每个企业都发生经济亏损——其平均总成本超出了价格。

经济亏损是一些企业退出这个行业的信号。随着它们的退出，短期行业供给减少，供给曲线逐渐向左移动。随着行业供给减少，价格上升。在每一个更高的价格时，企业的利润最大化产出增加，因此，留在行业中的企业随着价格上升增加自己的产出。每个企业都沿着其边际成本或供给曲线向上移动[图 5.17(b)]。也就是说，随着企业退出该行业，行业产出减少，但留在行业中的企业的产出增加了。

最后，有足够多的旅行社离开了，行业供给曲线移动到图 5.17(a)中 S_1。这时价格又回

到了原来的水平 P_0。在这一价格，留在行业中的企业产出回到 q_0，与需求减少之前的产量一样。由于企业现在获得零经济利润，没有一家企业愿意进入或退出该行业。行业供给曲线维持在 S_1，行业产出是 Q_2。整个行业再次达到长期均衡。

初始的长期均衡与最终的长期均衡之间的差别在于行业中企业的数量。需求的长期下降减少了企业数量。留下来的每一个企业在新的长期均衡时生产的产品数量与最初完全相同，而且也获得了零经济利润。在从最初的均衡向新的均衡变动的过程中，企业经济亏损。

我们刚刚说明了竞争行业如何对需求的长期下降做出反应。需求长期增长引起的反应与此类似，只是方向相反。需求增加引起价格上升、正经济利润和新企业进入。进入增加了行业的供给，并最终使价格下降到原来的水平，经济利润回到零。

2010 年以来，旅游互联网服务的需求持续增长，并使该行业产生了巨大的盈利机会，结果是大量互联网服务提供商的进入。由此导致的竞争过程以及互联网服务行业的变化与我们已经研究过的相类似，只是这是需求的增加而不是减少。

我们现在已经研究了一种产品需求长期变化的影响。为了研究这些影响，我们从长期均衡开始并在长期均衡结束，考查了市场从一种均衡变动到另一种均衡的过程。现实市场也是处于这种变动过程中，而不是处于均衡点上。我们刚才做出的预测有些奇怪：在长期中，无论需求增加还是减少，市场价格都回到其原来水平。这一结果不可避免吗？事实上，并非如此。长期均衡价格可能保持不变、上升或下降。

2) 外部经济与外部不经济

长期均衡价格的变动取决于外部经济与外部不经济。外部经济是指当行业产出增加时，企业无法控制的降低其成本的因素。外部不经济是指当行业产出增加时，企业无法控制的提高其成本的因素。在没有外部经济与外部不经济的情况下，当行业产出变动时，企业的成本不变。图 5.18 说明了这三种情况，并引入了一个新的供给概念：长期行业供给曲线。它表示在进行企业规模和行业中企业数量变动在内的所有可能调整后，行业供给量如何随市场价格的变动而变动。

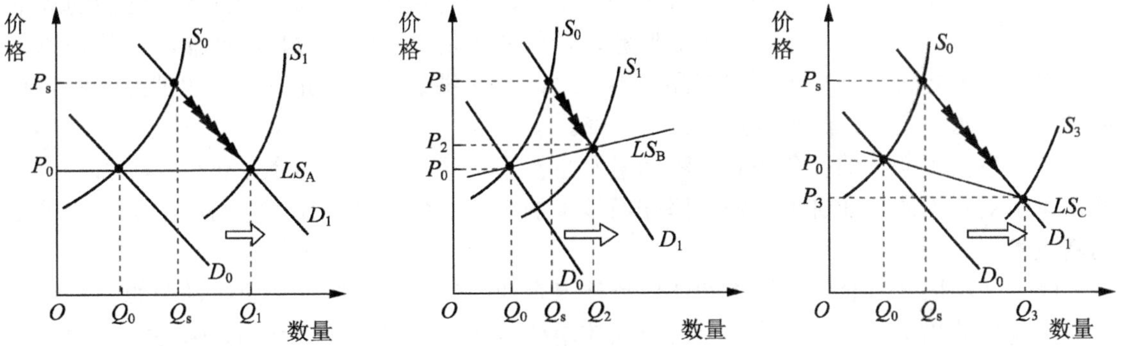

(a)成本不变行业　　(b)成本递增行业　　(c)成本递减行业

图 5.18　价格和数量的长期变动

图 5.18(a)表示我们刚刚研究的情况——没有外部经济或外部不经济。长期行业供给曲线(LS)是完全富有弹性的。在这种情况下，长期中需求从 D_0 增加到 D_1，对长期价格没有影

响。需求增加引起价格暂时上升到 P_s，而且短期产量从 Q_0 增加到 Q_s。进入使短期供给从 S_0 增加到 S_1，这又使价格从 P_s 下降到原来的水平 P_0，产量增加到 Q_1。现在就可以解释虽然旅游需求总量在增长，但热点城市周边的一日游价格似乎没有多大程度的增长的现象了。

图 5.18(b)表示外部不经济的情况。长期行业供给曲线(LS_B)向右上方倾斜，长期中需求从 D_0 增加到 D_1，既提高了短期价格又提高了长期价格，需求增加引起价格暂时上升到 P_s，而短期供给量从 Q_0 增加到 Q_s。进入使短期供给从 S_0 增加到 S_2，这又使价格从 P_s 下降到 P_2，产量增加到 Q_2。外部不经济的一个原因是拥挤。旅游航空业是一个很好的例子。随着航空业产出的增加，机场和空中航线越来越拥挤，这就引起飞机较长时间的延误和旅客额外等待的时间。这些外部不经济意味着随着空中交通量的增加(在没有技术进步的情况下)，平均成本上升。因此，长期行业供给曲线向右上方倾斜。这样，需求长期增加就引起产量的增加和价格的上升。

图 5.18(c)表示外部经济的情况。长期行业供给曲线(LS_C)向右下方倾斜。长期中需求从 D_0 增加到 D_1 提高了短期价格但降低了长期价格。同样，需求增加引起价格暂时上升到 P_s，短期数量从 Q_0 增加到 Q_s。进入使短期供给从 S_0 增加到 S_3，这使得价格下降到 P_3，产量增加到 Q_3。外部经济的一个例子是随着一个行业的扩大，专业支持服务的增长。旅行社是为旅游者提供专业服务的企业，它整合旅游行业的饭店、交通、住宿等资源为旅游者提供整体的旅游产品，使得旅游产品的整体成本下降，旅游业获得了专业服务带来的外部经济的好处。因此，随着旅游需求增加，产出增加了，价格却下降了。

3) 技术变革

各个行业都在不断寻找降低生产成本的技术，然而没有新的投资，多数企业节约成本就无法实施。因此，技术进步扩展到整个行业需要时间，一些设备处于替代边缘的企业迅速采用新技术，而更新了设备的企业将继续使用原有技术，直到这些设备不再能弥补平均可变成本。一旦不能弥补平均可变成本甚至会报废较新的设备(体现旧技术)就会使用体现新技术的设备。

新技术使企业能以较低的生产成本进行生产，因此随着企业采用新技术，它们的成本曲线向下移动，在较低成本时，企业愿意以较低的价格提供既定数量的产品，也就是说，它们愿意在既定价格下提供更多产品，换言之，行业供给增加，此时，行业供给曲线向右移动。在需求一定时，产量增加，价格下降。

在发生技术变革的行业中有两种力量发生作用。采用新技术的企业获得经济利润。因此，采用新技术的企业进入行业。坚守旧技术的企业发生经济亏损，它们退出该行业或转向新技术。

随着使用旧技术企业的消失和使用新技术企业的进入，价格下降而产量增加。最后，行业出现新的均衡，在这个均衡上，企业使用新技术并获得零经济利润。因为在长期均衡上竞争消除了经济利润，所以，技术变革带给生产者的只是暂时的利润。但是，对于消费者来说，由于技术进步而引起的产品价格的下降和质量的提高却是长远的收益。

我们刚刚描述的是一些企业获得经济利润而另一些企业发生经济亏损的过程。这是一个行业动态变化的一个周期。一些企业变好了，而另一些企业变糟了。这个过程经常带有地域性的特点——新技术企业的扩张使曾经的非发达地区繁荣起来。技术进步带来了旅游业的变化，在线服务技术的快速发展带动了旅游业特别是自驾自助旅游的快速发展。

5．竞争与效率

我们已经看到了竞争行业在短期与长期是如何运行的。但是，竞争行业是有效率的吗？

1) 资源的有效利用

回忆一下，当我们生产了人们评价最高的产品与服务时，资源的使用是有效率的。如果某人的状况能在其他人的状况没有变坏的情况下变得更好，资源就没有得到有效利用。例如，假设我们效仿锦绣中华，修建了一座同类型的微缩主题公园，旅游者将不会感兴趣，与此同时，许多旅游者希望得到能够开发更多的具有参与性与体验性的文化主题公园，如果放弃单纯观赏性的微缩公园，而把这些资源投入体验性的文化主题公园开发中，有些人的状况就会变好而没有人会变得更糟。因此，最初的规划对资源配置是无效率的。用学过的更专业化的语言来说，当边际社会利益等于边际社会成本时，资源的使用是有效率的。

2) 选择、均衡和效率

我们可以用已经学过的消费者和竞争企业的决策与市场均衡来描述资源的有效利用。

(1) 选择。消费者配置自己的预算，从中得到可能的最高价值。我们通过说明最优预算配置如何随一种产品价格的变动而变动来推导出消费者的需求曲线。因此，消费者可以在需求曲线上的任意一点得到他们所拥有资源的最高价值。如果某个产品或服务的消费者是唯一获益者，那么就不存在外部利益，市场需求使竞争企业按其利润最大化在不同价格水平下实现利润供给曲线。

竞争企业按其利润最大化产量进行生产。我们通过找到在不同价格水平下实现利润最大化的产量推导出我们企业的供给曲线。因此，企业在供给曲线上的任何一点都能获得它所使用资源的最高价值。如果企业承担了它所生产的产品或服务的所有成本，那么曲线就是边际社会成本曲线。

(2) 均衡与效率。当边际社会利益等于边际社会成本时，资源的使用是有效率的。竞争均衡可以实现这种效率，因为对于消费者而言，价格等于社会边际利益，而对于生产者而言，价格等于成本。贸易福利所得等于消费者剩余加上生产者剩余。消费者的贸易福利所得用消费者剩余来衡量，它是需求曲线以下和支付价格以上的区域。生产者的贸易福利所得用生产者剩余来衡量，它是供给曲线以上和销售价格以下的区域。贸易总福利所得等于消费者剩余与生产者剩余之和。当产品或服务市场处于均衡状态时，贸易获利最大。

(3) 有效配置的说明。图 5.19 说明完全竞争市场的长期均衡状态的有效配置。图 5.19(a)表示市场中单个企业的情况，而图 5.19(b)表示市场的情况。均衡市场价格是 P^*，在这个价格下，每个企业获得的经济利润为零。每个企业的生产规模都处于其可能的平均总成本最低点。在这种情况下，由于产品不可能再以更低的成本生产，而且价格等于最低可能成本，所以消费者的状况达到了最佳。

在图 5.19(b)中，消费者在市场需求曲线上的任意一点都是有效率的，D=MSB。生产者在市场供给曲线上的所有点上都是有效率的，S=MSC。资源在产量 Q^*和价格 P^*上得到有效利用。在这一点，边际社会利益等于边际社会成本，并且生产者剩余和消费者剩余(灰色区域)之和达到了最大。当完全竞争市场上的企业偏离长期均衡时，就会发生企业的进入或者退出，并且市场向图 5.19 所描述的情况移动。但是市场仍然是有效率的。只要边际社会利益(市场需求曲线上)等于边际社会成本(市场供给曲线上)，市场就是有效率的。但是，只有在长期均衡时，消费者支付的价格才最低。

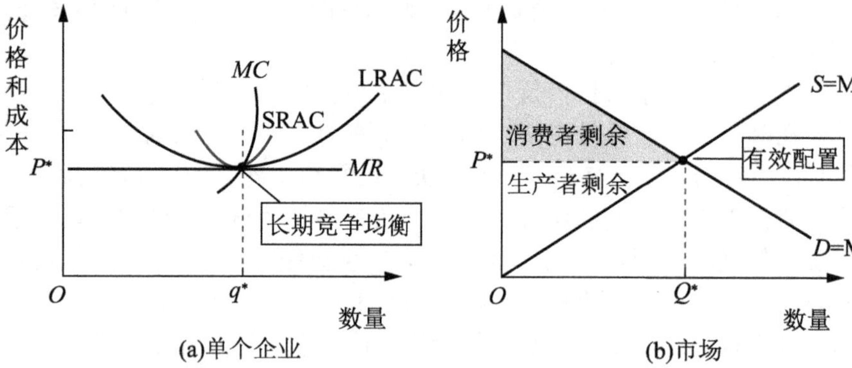

图 5.19　完全竞争市场的效果

5.2.2　旅游中的垄断市场

1. 市场力量

市场力量和竞争是在大多数市场中都发生作用的两种因素。市场力量是指通过影响可供销售的总量来影响市场，尤其是影响市场价格的一种能力。

完全竞争企业没有市场力量，它们面临残酷竞争的力量，并且是价格接受者。我们在这一节中研究的企业则在相反的极端运营。它们没有面临竞争，但拥有强劲的市场力量，我们称这一极端为垄断。垄断是指一个企业生产一种没有相近替代品的产品或服务，并受到一种壁垒的保护，这种壁垒阻止其他企业销售这种产品或服务。在垄断中，这个企业就是该行业本身。对于到敦煌来的旅游者，莫高窟景区处于垄断地位。

1) 垄断的产生

垄断有两个关键特征：没有相近替代品；存在进入壁垒。

(1) 没有相近替代品。如果一种产品有一种相近的替代品，即便只有一个企业生产这种产品，这个企业实际上也面临来自替代品生产者的竞争。例如，黄山、峨眉山、故宫等遗产类景区基本没有相近的替代品。但垄断经常受到新产品和新观念的攻击，这些新产品和新观念要替代垄断者生产的产品。例如，航空线路的开通，削弱了通达到旅游目的地的铁路的垄断。

(2) 存在进入壁垒。保护一个企业，使之免于潜在对手竞争的各种法律的或自然的限制称为进入壁垒。一个企业有时可以通过获得一种关键资源的巨大份额而建立进入壁垒。

① 法律进入壁垒。法律进入壁垒造成合法垄断。合法垄断是一种市场，它的竞争和进入受到公共特许权、政府许可证、专利或版权的限制。公共特许权是赋予一个企业提供一种产品或服务的专营权。只用拥有旅游行政部门颁发的旅行社经营资质才能经营旅行社业务，只有拥有旅游规划资质的企业才能从事旅游规划经营项目就是其中的例子。许可证并不总是造成垄断，但它确实限制了竞争。版权是赋予文学、音乐、戏剧或艺术作品等作者

或创作者的专营权，“印象”系列旅游演艺产品的创作者因此就具有垄断性的专营权。

② 自然进入壁垒。自然进入壁垒造成自然垄断：在一种规模经济下，使一个企业能够以最低可能成本供给整个市场的行业。自然垄断是市场选择的结果。图 5.20 表示一个城市大型游乐场的自然垄断。在该图中，大型游乐场的市场需求是 *D*，企业的长期平均成本曲线是 LRAC。因为长期平均成本随着产出的增加而降低，规模经济就存在于整条 LRAC 曲线上。一个城市拥有一家大型游乐场企业，能够以每人次 200 元的成本提供年 40 万人次的游乐供给量。在这个价格水平上，需求量是每年 40 万人次。因此，如果价格是每人次 200 元，一个企业就可以供给整个市场。如果两个企业平分这个市场，那么要提供年 40 万人次的游乐供给量（每个企业提供 20 万人次的供给量），每个企业花费的成本就是每人次 400 元。如果四个企业平分市场，那么每个企业花费的成本就是每人次 600 元。因此，在如图 5.20 所示的情形中，相比于两个或四个企业，一个企业能够以更低的成本供给整个市场。一个城市大型游乐场是自然垄断的一个例子，配套齐全的旅游目的地与其他旅游地相比，会逐渐地形成自己的垄断优势，也可以看做一种自然垄断。

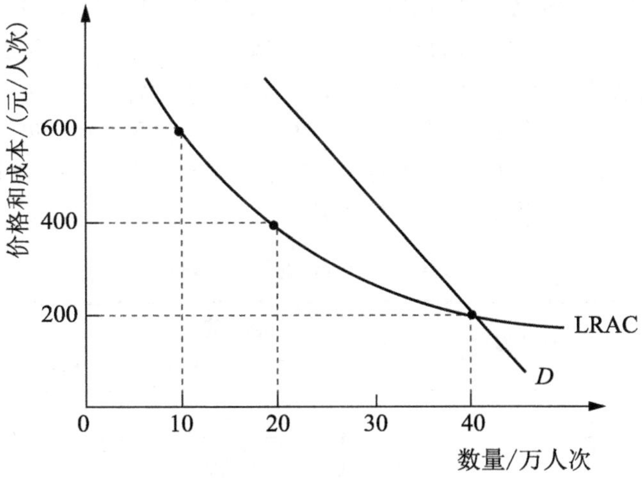

图 5.20　自然垄断的表现

③ 资源进入壁垒。资源进入壁垒造成资源垄断。资源垄断是指关键资源由一家企业独占。例如，高品质的自然与文化遗产类旅游资源，如九寨沟、泰山、华山、莫高窟、故宫，景区经营者就由自己所独有的资源形成垄断，它拥有极强的市场力量，依据自己的需要(经济或环境保护的需要)决定游客的接待量和旅游定价。

2) 垄断定价策略

所有的垄断者都面临价格和销售量之间的权衡。为了销售更多，垄断者不得不索取一个较低的价格。有两种广泛的垄断态势造成两种不同的权衡，它们是单一价格、价格歧视。

(1) 单一价格。例如，吕品公司以同样的价格把具有浓郁地方特色的剪纸艺术品销售给所有的旅游者。如果它试图对某一些旅游者收取低价，而对其他旅游者收取高价，那么只有享受低价的旅游者才会购买，而其他旅游者则会从享受低价的旅游者手中购买。吕品公司是一个单一价格垄断者。单一价格垄断者是一个以同样的价格销售所有的产品的企业。

(2) 价格歧视。例如，航空公司对同一旅程开出令人眩晕的一连串不同的价格。很多景区对本地人实行低价，而对外地旅游者收取相对的高价。这些都是价格歧视的例子。价格歧视是以不同的价格出售相同质量，相同等级的产品或服务的做法。

当一个企业实行价格歧视时，它看起来像是在给某些顾客提供优惠。实际上，它是为销售的每单位产品收取最高的可能价格，并赚取最大的可能利润。

2．单一价格垄断的产出和价格决定

为了理解单一价格垄断者怎样做出产出和价格决定，我们必须首先研究价格与边际收益之间的关系。

1) 价格与边际收益

由于在垄断中只有一个企业，企业的需求曲线就是市场需求曲线。我们考查一下吕岩的客栈——一个旅游小镇中唯一的一家客栈。表 5-8 给出了这个市场的需求与收益。在价格为 500 元时，没有人来住宿，旅游者会选择距离小镇 50 千米以外的城市住宿。价格越低，住宿的人越多。例如，在价格为 300 元时，会有 16 个人选择住宿(*E* 行)。

总收益(*TR*)是价格(*P*)与销售量(*Q*)的乘积。例如，在 *D* 点，吕岩收取每人 350 元的价格提供了 12 个人的住宿，从而总收益为 4 200 元。边际收益(*MR*)是由销售量增加 1 单位而引起的总收益变化(Δ*TR*)。例如，如果价格从 400 元(*C* 点)下降到 350 元(*D* 点)，销售量就从 8 上升为 12。总收益从 3 200 元上升为 4 200 元，因此总收益的变化是 1 000 元。因为销售量增加了 4 个，因而边际收益就等于 250 元。

表 5-8　垄断市场的需求与收益

对应点	价格(*P*)/[元/(人·天)]	需求量(*Q*)/(人·天)	总收益(*TR*=*P***Q*)/元	边际收益(*MR*=Δ*TR*/Δ*Q*)/[元/(人·天)]
A	500		0	
B	450	4	1 800	450
C	400	8	3 200	350
D	350	12	4 200	250
E	300	16	4 800	150
F	250	20	5 000	50

图 5.21 表示市场需求曲线和边际收益曲线(*MR*)以及我们刚刚做过的计算。要注意的是，在每一个产出水平上，边际收益都低于价格——边际收益曲线在需求曲线之下。边际收益为什么会低于价格？这是因为当降低价格以多销售 1 单位时，两种相反的因素会影响总收益。较低的价格导致收益减少，而增加的销售量则导致收益增加。例如，在价格为 400 元时，有 8 人住宿(*C* 点)。如果吕岩把价格降到 350 元，就有 12 个人来住宿，从而从第 12 个旅游者那里多获得 350 元的收益。但他现在仅仅从前 8 人中获得 350 元(每人)——比以前少了 50 元。其结果是，他的前 8 个顾客的收益减少了 50 元。为了计算边际收益，他必须从 350 元的增加收益中扣除这个数目。因此，他的边际收益就是 250 元，低于其价格。

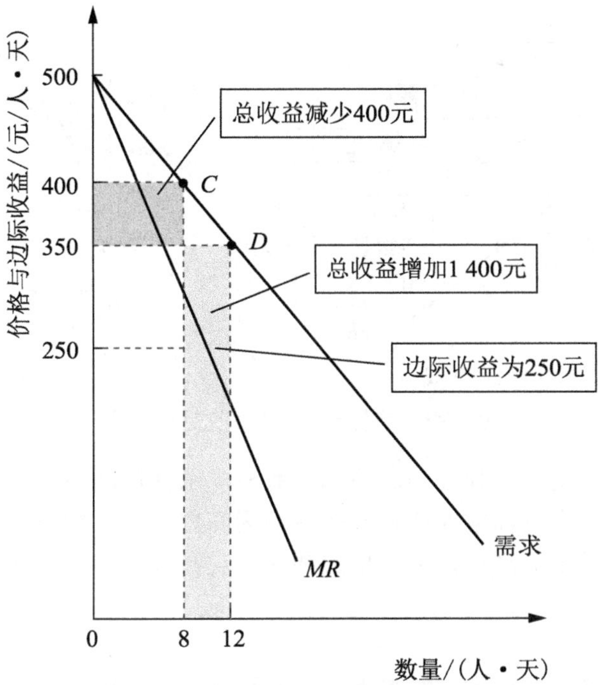

图 5.21 垄断市场的需求与边际收益

2) 边际收益和弹性

单一价格垄断者的边际收益与其产品的需求弹性相关。一种物品的需求可以是富有弹性(需求弹性大于 1)、缺乏弹性(需求弹性小于 1)或单位弹性(需求弹性等于 1)的。如果价格下降 1%导致需求量的增加超过 1%，需求富有弹性。如果价格下降 1%导致需求量的增加不足 1%，需求缺乏弹性。如果价格下降 1%导致需求量增加 1%，需求弹性是单位弹性。

如果需求富有弹性，价格下降会引起总收益的增加——销售量的增加所带来的收益增加超过了价格下降带来的收益损失，边际收益为正值。如果需求缺乏弹性，价格下降会引起总收益的减少——销售量的增加所带来的收益增加不抵价格下降带来的收益损失，边际收益为负值。如果需求弹性为单位弹性，总收益不变——销售量的增加所带来的收益增加抵消了价格下降带来的收益损失，边际收益为零(第 4 章解释了总收益与弹性之间的关系。)

图 5.22 表示边际收益、总收益和弹性之间的关系。当住宿的价格从 500 元逐渐降到 250 元时，住宿的需求量从 0 人增加到 20 人。在这个产出范围内边际收益为正值[图 5.22(a)]，总收益增加[图 5.22(b)]，住宿需求富有弹性。当价格从 250 元降到 0 元时，住宿的需求量从每天 20 人增加到 40 人。在这个产出范围内，边际收益为负值[图 5.22(a)]，总收益减少[图 5.22(b)]，住宿需求缺乏弹性。当价格为 250 元时，边际收益为零[图 5.22(a)]，总收益最大[图 5.22(b)]，住宿需求弹性为单位弹性。

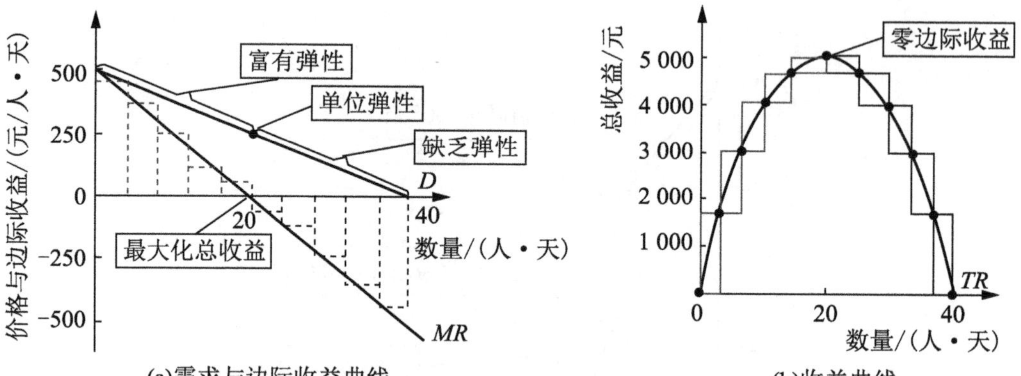

(a)需求与边际收益曲线　　(b)收益曲线

图 5.22　垄断市场的边际收益与弹性

在垄断时，需求总是富有弹性的。边际收益与需求弹性的关系表明，一个追求利润最大化的垄断者绝不会在市场需求曲线缺乏弹性的区间内生产。如果它真这样做，它可以收取较高的价格，生产较少的产出，从而增加利润。现在我们来看一看垄断者的价格和产出决定。

3) 价格和产出决定

一个垄断者在经济利润最大化的水平上确定其价格和产出。为了确定价格和产出水平，我们需要研究在产出变化时成本与收益的情况。一个垄断者要面对与完全竞争企业一样的技术类型和成本限制。因此，它的成本(总成本、平均成本和边际成本)运行就与完全竞争企业一样，而它的收益(总收益、价格和边际收益)则按照我们刚才阐述过的方式运行。图 5.23 用图形提供了相应的数据。

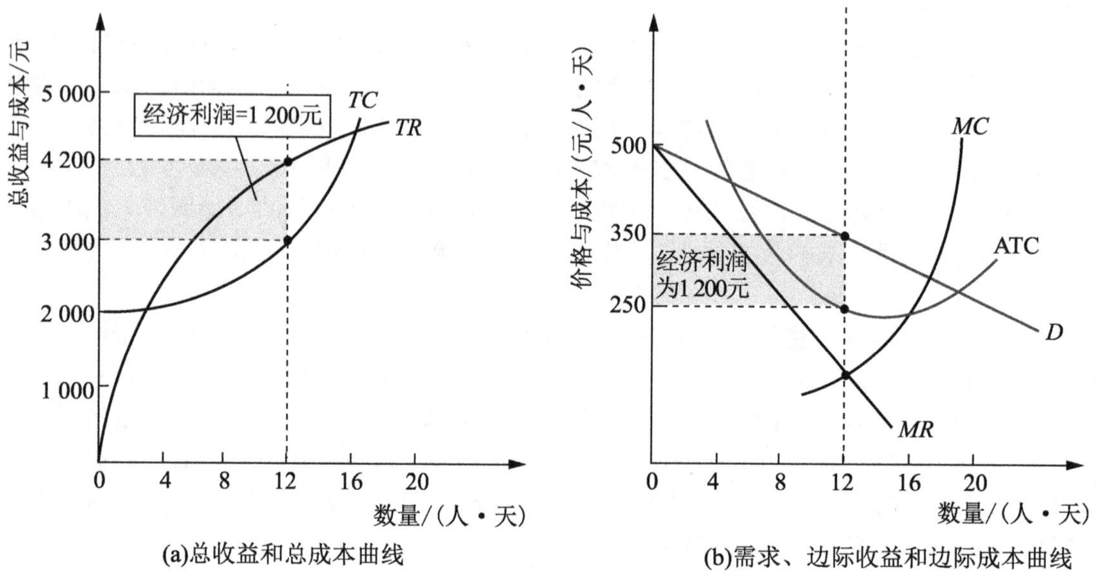

(a)总收益和总成本曲线　　(b)需求、边际收益和边际成本曲线

图 5.23　垄断产出与价格

(1) 最大化经济利润。在图 5.23(a)中可以看到，随着产出增加，总成本(*TC*)和总收益

(*TR*)都增加了，但 *TC* 是按照递增的速率增加，而 *TR* 则按照递减的速率增加。经济利润(等于 *TR* 减去 *TC*)在产出水平比较低时增加，并达到一个顶点，然后就下降了。当吕岩以每人·天350 元的价格提供 12 张床位时，利润达到最大(1 200 元)。如果他以每人每天 400 元的价格提供 8 张床位或以每人每天 300 元的价格提供 16 张床位，他的经济利润都只有 800 元。

(2) 边际收益等于边际成本。在图 5.23(b)中，你可以看到吕岩的边际收益(*MR*)和边际成本(*MC*)。当吕岩的住宿量从一天 8 人增加到一天 12 人时，*MR* 是 250 元，*MC* 是 150 元。*MR* 比 *MC* 多 100 元，吕岩的利润增加了 400 元。如果吕岩进一步增加住宿量，从 12 人/天增加到 16 人/天，*MR* 是 150 元，*MC* 是 250 元。在这种情况下，*MC* 比 *MR* 多 100 元，因而利润减少了 400 元。当 *MR* 超过 *MC* 时，如果产出增加，利润将增加。当 *MC* 超过 *MR* 时，如果产出减少，利润将增加。当 *MC* 等于 *MR* 时，利润达到最大化。图 5.23(b)显示了最大化利润：价格(在需求曲线 *D* 上)减去平均总成本(在 ATC 曲线上)，再乘以产量——图中的浅灰色矩形。

(3) 市场可承受的最高价格。与完全竞争企业不同，垄断者影响所售物品的价格。但一个垄断者并不把价格定在可能的最高价格水平上。在可能的最高价格水平上，企业只能售出一单位产品，这个数量低于利润最大化时的产量。相反地，一个垄断者生产使利润达到最大化的产量，并按照它能达到的最高价格销售这个产量。

通过生产边际收益等于边际成本时的产量，企业达到利润最大化。对竞争企业来说，价格等于边际收益，因而价格也等于边际成本。对垄断者来说，价格超过边际收益，所以价格也超过边际成本。垄断者收取超过边际成本的价格，但它总是赚得经济利润吗？在图 5.23(b)中，吕岩在出售 12 张床位。他的平均总成本是 250 元(在 ATC 曲线上)，价格是350 元(在 *D* 线上)，因此他每天每张床位的利润是 100 元(350−250)。图中的浅灰色矩形表示吕岩的经济利润，它等于每次住宿的利润(100 元)乘以住宿的次数(12 次)，其值为 1 200 元。如果在完全竞争行业的企业获得了正的经济利润，新的企业就会进入。在垄断中，这种情况不会发生。进入壁垒阻止新企业进入一个垄断行业。因此，垄断者可以赚得正的经济利润，并可能无限期地赚取利润。

吕岩赚得正的经济利润。不过，假设吕岩租赁的楼房的主人提高了租金。如果吕岩每天多付 1200 元租金，他的固定成本每天将增加 1200 元。他的边际成本和边际收益不变，因此利润最大化的产出保持在每天出售 12 张床位，而利润则从每天 1 200 元降到每天 0 元。如果吕岩每天额外付出的租金超过 1200 元，就会出现经济亏损。如果这种状况一直持续下去，吕岩就会歇业。

3. 单一价格垄断与竞争的比较

设想一个由许多小企业组成，并存在完全竞争的行业，然后再设想一个企业全部买下这些小企业，并建立一个垄断。这个行业会发生什么变化？价格会提高或降低吗？生产量会增加或减少吗？经济利润会增加或减少吗？是原来的竞争还是新的垄断情况下更有效率？这是我们现在要回答的问题。我们先考查垄断对价格与产量的影响，然后再回到效率问题。

1) 价格与产量的比较

图 5.24 表示我们要研究的市场，市场需求曲线是 D。无论这个行业如何组织，市场需求曲线是一样的。但在垄断和竞争中，供给方和均衡都是不同的。我们先来看看完全竞争的情形。

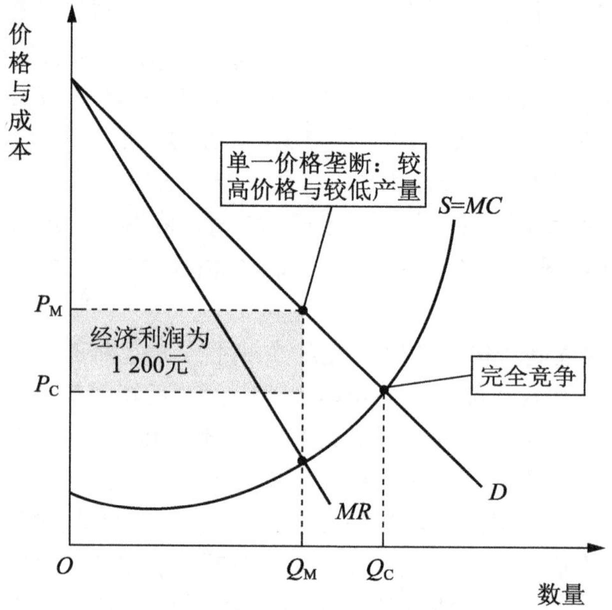

图 5.24　垄断的较低产量与较高价格

竞争性行业在价格 P_C 处生产 Q_C。单一价格垄断者在边际收益等于边际成本处生产 Q_M，并以价格 P_M 出售。与完全竞争相比，单一价格垄断者生产较低的产量，收取较高的价格。

(1) 完全竞争。最初，在有许多完全竞争的小企业的市场里，市场供给曲线为 S。通过把市场中所有单个企业的供给曲线加总，就获得供给曲线。在完全竞争中，当供给曲线与需求曲线相交时，就达到均衡，其价格为 P_C，行业产量为 Q_C。每个企业都接受价格 P_C，并通过生产其边际成本等于价格时的产量，达到利润最大化。因为每个企业是整个行业的一小部分，任何企业都没有通过改变其产出来操纵价格的激励。

(2) 垄断。现在假定这个行业被一个企业接管。消费者不变，因而市场需求曲线仍与完全竞争时相同。但垄断者现在意识到，需求曲线是对它在销售产品时的价格的一个限制。垄断者的边际收益曲线为 MR。通过生产边际收益等于边际成本的产量，垄断者获得最大利润。为了找出垄断者的边际成本曲线，首先回顾一下在完全竞争中，行业的供给曲线是行业中的企业的供给曲线的加总，再回顾一下每个企业的供给曲线是它的边际成本曲线，因此当这个行业被一个企业接管时，这个行业的竞争性供给曲线就变成了垄断者的边际成本曲线。为了提醒你这个事实，供给曲线也标为 MC。边际收益等于边际成本时的产量为 Q_M，这个产量低于竞争时的产量 Q_C。垄断者收取高于 P_C 的价格 P_M。因此我们认为：与完全竞争行业相比，单一价格垄断者生产较少的产出，收取较高的价格。

图 5.25　垄断价格

(图片来源：cache.baiducontent.com)

2) 效率的比较

你看到了完全竞争市场(没有外部成本和收益)是有效的。图 5.27(a)显示了完全竞争的效率，并成为衡量垄断的无效率的一个基准。沿着需求曲线和边际社会收益曲线(D=MSB)，消费者是有效率的。沿着供给曲线和边际社会成本曲线(S=MSC)，生产者是有效率的。在达到竞争性均衡时，价格为 P_C，产量为 Q_C，此时，边际社会收益等于边际社会成本。消费者剩余是位于需求曲线之下和均衡价格之上的三角形，生产者剩余是位于供给曲线之上和均衡价格之下的区域，消费者剩余和生产者剩余之和达到最大值。此外，在长期均衡中，进入和退出使得每个企业只在可能的最低长期平均成本水平上进行生产。

图 5.26　某些垄断企业

(图片来源：www.jzrb.com)

总结一下：在竞争性均衡点，边际社会收益等于边际社会成本；消费者剩余和生产者剩余在可能的最低长期平均成本的水平上进行生产；资源的使用是有效率的。

图 5.27(b)显示垄断的无效率以及无效率的来源。垄断者生产产量 Q_M，并以价格 P_M 销售。较少的产出和较高的价格在边际社会收益和边际社会成本之间注入了一个楔子，即造成无谓损失。由 Q_M 垂直向上引出的竖线与 S、D 围成的区域显示了无谓损失，而它的大小则是对垄断无效率的衡量。

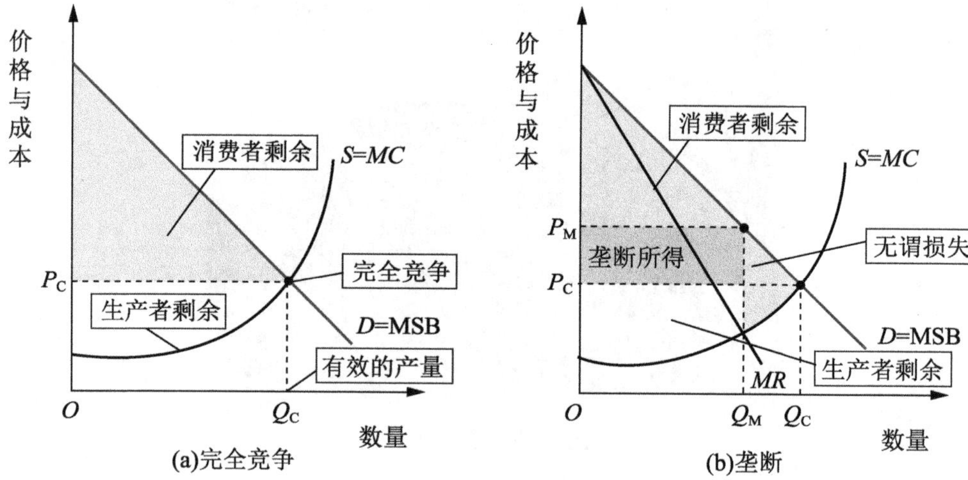

图 5.27　垄断的无效率

消费者剩余由于两个原因而减少。第一，消费者由于不得不支付更多而受到损失。消费者的这种损失为生产者所得，从而增加了生产者剩余。第二，消费者由于得到更少的物品而受到损失，该损失是无谓损失的一部分。

虽然垄断者从较高的价格中有所获，但由于较少的垄断产出，它损失了一部分原有的生产者剩余，该损失是无谓损失的另一部分。因为垄断者把产量控制在完全竞争时的产量水平之下，且不会面临竞争威胁，它就不会在可能的最低长期平均成本的水平上进行生产。因此，垄断从三个方面损害了消费者利益：产量减少；生产成本增加；以及价格高于所增加的生产成本。

3) 剩余的再分配

你已经看到，由于边际社会收益大于边际社会成本，垄断是没有效率的，并产生了无谓损失——社会损失。同时垄断还引起剩余的再分配。消费者剩余的一些损失由垄断者得到。在图 5.27 中，垄断者在销售量为 Q_M 时，获得较高的垄断价格 P_M 与竞争性价格 P_C 之间的差额。因此，垄断者获得了消费者剩余中矩形(由 O、Q_M 垂直向上引出的竖线与 P_M、P_C 水平引出的横线围成的区域)表示的部分。这部分消费者剩余的损失不是社会损失，它是消费者与垄断生产者之间的再分配。

4) 寻租

你已经看到，垄断造成了无谓损失，并且是没有效率的。但由于被称为寻租活动的存在，垄断的社会成本可以超过无谓损失。所有剩余——消费者剩余、生产者剩余或经济利润都称为经济租。寻租就是指通过获取经济租来追求财富。你已经看到，通过把部分消费者剩余转化给自己——通过把消费者剩余转化为经济利润，垄断者就获得了经济利润。所以，垄断者对经济利润的追求就是寻租：企图攫取消费者剩余。寻租者主要通过两种方式达到其目标，购买垄断与创建垄断。

(1) 购买垄断。一个人要通过购买垄断寻租，就要寻找一种垄断，其售价低于这种垄断的经济利润。出租车牌照的交易就是这类寻租的一个例子。在一些旅游景区，景区内部交通(如乘坐马车)是受管制的。景区限制马车的收费和数量，使得经营马车产生经济租。

一个想经营马车的人必须从某个拥有牌照的人那里购买牌照。人们合理地把时间和精力用于寻找和购买有利可图的垄断企业。在这个过程中，他们耗费了本可以用于生产其他物品和服务的稀缺资源。这个失去的产量的价值是垄断的社会成本的一部分。不过，购买垄断时的支付并不是社会成本，因为该支付是已经存在的生产者剩余从买者向卖者的转移。

(2) 创建垄断。创建垄断的寻租主要是一种政治活动，它往往是政府行为。例如，政府赋予一家企业对区域内旅游资源或旅游品牌的独家开发与经营权。

进入壁垒创造了垄断，但在寻租方面没有进入壁垒。寻租类似完全竞争。如果存在经济利润，新的寻租者就会努力去分得一杯羹。寻租者之间的竞争把为垄断权支付的价格哄抬得如此之高，以至于寻租者在进行垄断经营时只能获得零经济利润。例如，热点景区内零售摊点经营权的竞争导致一个摊点一年支付给景区的费用超过 10 万元，如此高的价格足以抵消摊点经营者的经济利润。图 5.28 表示了寻租均衡。寻租成本是固定成本，必须与垄断者的其他成本相加。寻租和寻租成本增加到经济利润为零时为止。包括寻租的固定成本在内的平均总成本曲线上升，直到与需求曲线相交。经济利润为零，它在寻租过程中损失了。消费者剩余不受影响，但垄断的无谓损失包括原来的三角形的无谓损失，再加上生产者剩余的损失。

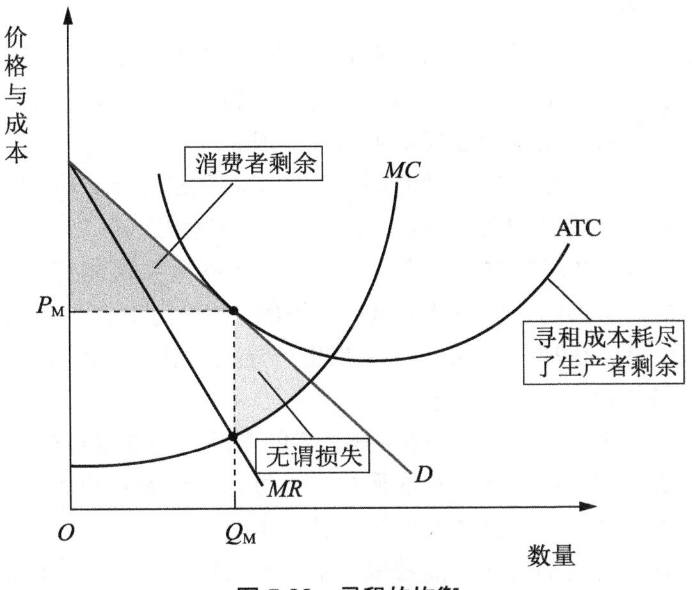

图 5.28 寻租的均衡

在竞争性寻租中，垄断者使用全部的经济利润来维持垄断。企业的寻租成本是固定成本，它们增加了总固定成本和平均固定成本。ATC 曲线向上移动，一直达到利润最大化价格，此时企业收支平衡。

4．价格歧视

1) 旅游中的价格歧视

价格歧视是指以各种不同的价格销售物品或服务，其存在是非常广泛的。当你参团旅游、住宿、购买特色纪念品或参观艺术博物馆时，常常会遇到价格歧视。很多价格歧视不是垄断，但垄断者却可以实行价格歧视。为了能实行价格歧视，垄断者必须：①界定并区分不同的购买者类型；②出售一种不能转售的产品。

价格歧视基于购买者的支付意愿的不同，而不是基于生产成本的不同。因此，并非所有的价格差别都是价格歧视。一些相似但不完全相同的物品具有不同的价格，这是因为生产成本不同。乍一看，价格歧视似乎与利润最大化的假设相矛盾。为什么航空公司允许儿童买半票坐飞机？为什么景区对学生、老人或本地人收费较低？这些企业对消费者的优惠是在损失自身的利润吗？深层次调查显示，实行价格歧视的企业并不是在损失利润，而是获得更大的利润。因此，垄断者有动机去发现实行价格歧视的方法，并向每一个购买者收取可能的最高价格。一些人在价格歧视时支付的少了，但另一些人却支付的多了。

2) 价格歧视与消费者剩余

价格歧视背后的关键思想是把消费者剩余转变为经济利润。由于人们赋予任何一种物品的价值都随着这种物的数量的增加而降低，因此，需求曲线向下倾斜。当按照同一种价格出售这种物品的所有数量时，消费者将会得到收益。这种收益就是消费者从每一单位物品中获得的价值减去实际支付的价格，这就是消费者剩余。价格歧视就是垄断者企图为自己攫取尽可能多的消费者剩余。

为了从每一个购买者那里榨取所有的消费者剩余，垄断者必须基于消费者自己的支付意愿，给每一个单独的消费者提供一个单独的价格。很显然，由于企业没有关于消费者需求曲线的完全信息，这种价格歧视在现实中无法实现。

但企业尽力地获取尽可能多的消费者剩余，为了做到这一点，它们通过两种比较普遍的方法实行价格歧视：在物品的数量单位之间；在买者集团之间。

(1) 物品的数量单位之间的歧视。它是指对每一个买者购买的每一单位的物品收取不同的价格。旅行社批量购买门票折扣就是这种歧视的一个例子，买的数量越多，折扣越大，价格就越低。(注意，有一些批量折扣是大批量生产导致的较低生产成本，在这种情形下，这类折扣并不是价格歧视。)

(2) 买者集团之间的歧视。它是指基于消费者的年龄、职业身份或其他易辨认的特征，采取在不同的消费者集团之间进行歧视的形式。当每一个消费者集团对物品或服务有各自不同的一般性支付意愿时，这类价格歧视就可以起作用。

例如，与消费者面对面的洽谈可能带来一个有利可图的大订单。对销售人员和其他商务旅行者来说，从一次旅行中获得的边际收益很大，那么这样的旅行者愿意为旅行支付的价格就很高。与之相比，对度假旅行者来说，可以选择几条不同的旅游线路中的任一条，甚至可以不去度假。因此，对度假旅行者来说，旅行的边际收益很小，而这样一个旅行者愿意支付的旅行价格就很低。因为商务旅行者比度假旅行者愿意支付更高的价格，航空公司就可能在这两个集团间实行价格歧视，以获取利润。类似地，因为学生对参观景区的支付意愿低于有工作的人，通过在这两个集团间实行价格歧视，景区就可以获得利润。

3) 通过价格歧视获利

我们来看看航空公司是怎样利用商务旅行者和度假旅行者的需求差别，并通过价格歧视来增加利润的。环球航空公司垄断了一条国际旅游航线。图 5.29 显示了在这条航线上旅行的市场需求曲线(*D*)，也显示了环球航空公司的边际收益曲线(*MR*)、边际成本曲线(*MC*)和平均总成本曲线(ATC)。

最初，环球航空公司实行单一价格垄断，通过每年运送 8 000 人次旅客(*MR* 等于 *MC* 时的数量)使利润达到最大，其价格为每人次 1200 元。1 人次旅客的平均总成本为 600 元，因此经济利润为每人次 600 元。根据每年 8 000 人次的旅客总数，环球航空公司的经济利润为每年 480 万元，用灰色矩形表示。环球航空公司的客户享受的消费者剩余用深色三角形表示。

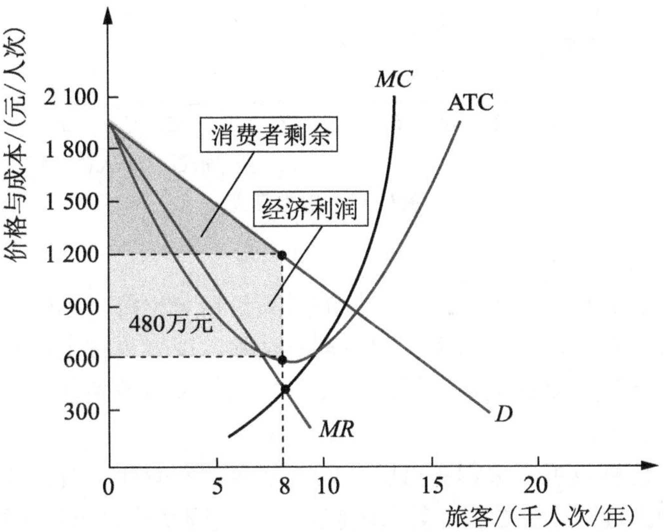

图 5.29　航空运输的单一价格

环球航空公司认识到，它的许多客户是商务旅行者，而且它认为他们愿意为一次旅行的支付超过 1200 元。因此环球航空公司做了一些市场调查，结果发现一些商务旅行者愿意支付高达每人次 1800 元的旅程，而这些客户经常在最后一刻改变他们的旅行计划。另一组商务旅行者愿意支付每人次 1600 元，这些客户在一周前就知道他们在什么时候旅行，而且他们从来不愿意在周末停留。还有一组客户愿意支付每人次 1400 元，这些客户在两周前就知道他们在什么时候旅行，并且也不想在周末停留。

图 5.30 显示了新的收费标准带来的结果，并且也表明了为什么环球航空公司对新的收费的满意。它在四个价格的每一个价格水平上都售出 2 000 张机票。环球航空公司的经济利润增加了深色阶梯的面积。现在，它的经济利润是最初的每年 480 万元加上通过新的更高收费获得 240 万元的增加额。消费者剩余则缩减为较小的三角形浅灰色区域的总和。

环球航空公司修改了自己的收费结构：在 1800 元时无限制，在 1600 元时提前 7 天购买，在 1400 元时提前 14 天购买，在 1200 元时须在周末停留。环球航空公司在它的四个价格的每一个价格水平上都售出 2 000 张机票。它的经济利润增加了 240 万元，达到每年 720 万元，可通过原来的矩形加上深色阶梯表示。环球航空公司的客户消费者剩余减少了。

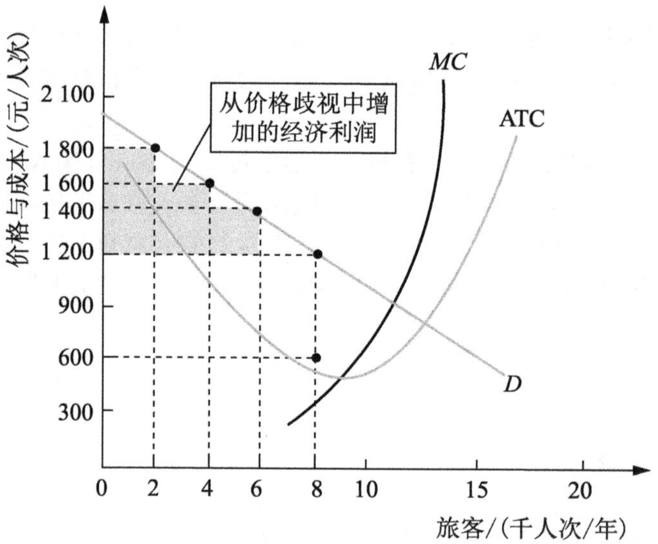

图 5.30　价格歧视

4) 完全价格歧视

如果一个企业能够按每一个人愿意支付的最高价格售出每一单位产品，就产生了完全价格歧视。在这种情形下，全部消费者剩余都被消除，或者说被生产者榨取。为了实行完全价格歧视，企业必须富有创造性地提出许多价格条件和特殊条件，其中的每种条件对市场的一部分具有吸引力。

一旦实行完全价格歧视，边际收益就会发生某种特殊变化。对完全价格歧视者来说，市场需求曲线就变为边际收益曲线。其原因就在于，当降低价格以销售更多数量的物品时，这个企业只是以较低的价格出售边际单位物品，而物品的所有其他单位继续按消费者愿意支付的最高价格销售。所以对完全价格歧视者来说，边际收益等于价格，而需求曲线就变成边际收益曲线。

随着边际收益等于价格，环球航空公司就能通过把产量提高到价格(和边际收益)等于边际成本那一点，以获得更高的利润。

因此环球航空公司现在要寻找额外的旅行者，他们不愿意支付每人次 1 200 元，但愿意支付高于边际成本的价格。环球航空公司变得更有创造性，提出了度假特别优惠和其他收费标准。这些价格与提前预订、最少停留和其他限制条件结合起来，虽然对现有的客户没有吸引力，但却能吸引其他不同的旅行者。通过实行所有这些收费和优惠，环球航空公司增加了销量，攫取了全部消费者剩余，并使经济利润达到最大化。

图 5.31 显示了完全价格歧视的结果。原来的愿意支付价格在 1 200～2 000 元的乘客所支付的几十种收费攫取了这些乘客的全部消费者剩余，并转变为环球航空公司的经济利润。900～1 200 元的新收费标准吸引了 3 000 个额外的乘客，环球航空公司也攫取了他们的全部消费者剩余，并创造了超过 900 万元的经济利润。

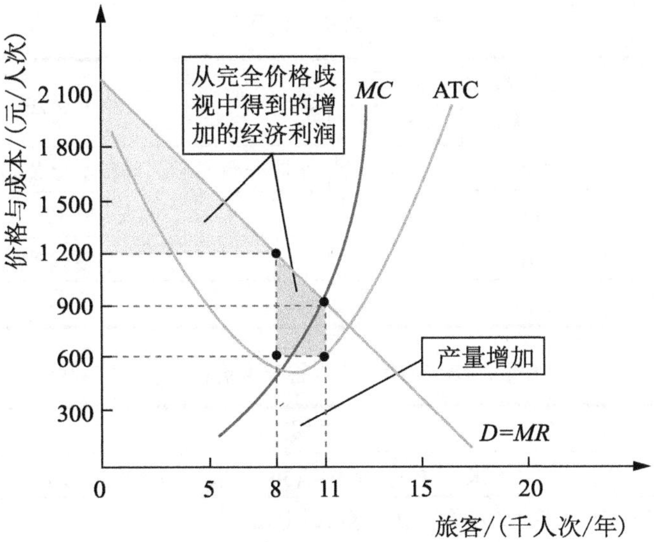

图 5.31 完全价格歧视

通过几十种收费形成价格歧视存在于许多类型的商务旅行者中，以及被许多有限制的低廉收费吸引度假类旅行者中。在完全价格歧视时，市场需求曲线变成了环球航空公司的实际收益曲线。当最低价格等于边际成本时，经济利润达到最大。环球公司每年销售 11000 张机票，获得 935 万元经济利润。

5) 价格歧视时的效率与寻租

在实行完全价格歧视时，产出增加到价格等于边际成本那一点——这时边际成本曲线与需求曲线相交。这个产出与完全竞争时的产出相同。完全价格歧视使消费者剩余归于零，却增加了垄断者的生产者剩余，使之等于完全竞争时消费者剩余和生产者剩余的总和。完全价格歧视时的无谓损失为零，因此完全价格歧视实现了效率。

垄断者可以实行的价格歧视越完全，其产出越接近于完全竞争时的产出，而结果也更有效率。不过，在完全竞争和完全价格歧视之间存在两个差别。第一，总剩余的分配不同。在完全竞争中，剩余被消费者和生产者分享，而在完全价格歧视中，生产者获得了所有剩余。第二，因为生产者掠夺了所有剩余，寻租变得有利可图。人们使用资源以追求经济租，租金越大，用于追求经济租的资源越多。在可以自由进入寻租时，长期均衡的结果是寻租者耗费了全部生产者剩余。

参考资料

表 5-9～表 5-11 显示了深圳欢乐谷景区的差别定价政策。

表 5-9　欢乐谷门票价格

欢乐谷门票类型	全价票/(元/人)	半价票/(元/人)	备注
全天价	200	100	全园一票通玩，玛雅水上公园开放期间可免费游玩
夜场票	100		每天 18: 30 ～ 22: 00
欢乐干线	50	30	欢乐谷园外站乘坐
欢乐谷+欢乐干线套票	230	120	—

表 5-10　欢乐谷年卡价格

年卡类型	适用对象	票价
人年卡	适用于一名 1.5 米(不含)以上游客(50 周岁以下，含 50 岁)	880 元/张
儿童、老人年卡	适用于一名 1.2(不含)～1.5 米(含)儿童； 50 岁(不含)以上老人。(按身份证出生年月)	620 元/张
极限运动卡	适用于具备一定极限运动技能，并通过技能测试者	880 元/张

表 5-11　欢乐谷门票优惠政策

免票条件	半价票条件	折扣票
身高低于 1.2 米(含)的儿童	1.2～1.5 米(含)的儿童	全日制大专、本科学生(研究生除外) 120 元/人
70 周岁以上(含 70 周岁)的老人凭本人有效身份证免费入园	65～69 周岁的老人	来深建设者在春节期间享受 100 元/人的优惠价格
持《深圳市敬老优待证》《伤残证》的优惠办法按深圳市政府及集团相关规定执行	持《深圳市敬老优待证》《伤残证》及现役军人的优惠办法按深圳市政府及集团相关规定执行	在一些特殊的节日，特殊的人群优惠，如“三八”妇女节女性半价

5. 垄断的一些好处

与竞争相比，垄断看起来很糟糕。垄断是无效率的，它攫取消费者剩余并转变为生产者剩余，或以寻租费用形式浪费掉。垄断如此糟糕，为什么我们还能容忍它？为什么我们不制定法律对垄断实行严厉打击，使之永久不能抬头呢？我们确实有一些法律来限制垄断力量，管制垄断者的价格。但垄断也带来一些好处。

垄断存在的主要原因是，它与竞争相比也有潜在的优点。这些优点来源于创新的激励、规模经济和范围经济。

1) 创新的激励

当新知识运用到生产过程时，发明引发了创新浪潮。创新可以采取开发新产品或以更低的成本生产现有产品的形式。究竟是拥有市场力量的大企业还是缺乏这种市场力量的小的竞争性企业更有创新能力，这个争论一直很激烈。显然，一些暂时的垄断力量来源于创新。开发一种新产品或新工艺并取得专利的企业在专利的有效期内就获得这种产品或工艺的专营权。但是，把垄断——即使是暂时的垄断，赋予创新者是否能加快创新的步伐？一种推理思路对此做出了肯定的回答。如果缺少保护，创新者就不能在相当长的时间内享有创新带来的利润，因而对创新的激励就会减弱。与此相反的一个观点是，垄断者可以懒散，而竞争性企业则不能。竞争性企业必须努力创新、降低成本，尽管它们知道不能长期地从自己的创新中获益，而这又刺激它们进行更大、更快的创新。创新性的旅游产品如迪士尼、“印象”系列演艺，在没有类似产品的时候处于垄断的地位，而为了获得垄断地位，更多、更新颖的游乐产品、演艺项目与旅游线路被不断地开发出来。

对于垄断是否比竞争引发更大的创新的问题，其论据要一分为二。相比于小企业，大企业进行更多的研究开发，但研究和开发只是创新活动的投入要素，关键在于产出而不是投入。衡量研究与开发结果的两个标准是专利数量和生产力增长速度。以这些标准衡量，并不能表明企业越大越好。但当一个新工艺或新产品在行业传播开来时，大企业能比小企业更快地采用这些工艺和产品。因此，大企业有利于加速技术变化的扩散过程。

2) 规模经济与范围经济

规模经济与范围经济会引起自然垄断。在自然垄断中，相比于多个企业，一个企业能以更低的平均成本进行生产。当一种物品或服务的产量增加导致了生产的平均总成本降低，一个企业就产生了规模经济。当生产物品范围的扩大导致了平均总成本的降低，企业就产生了范围经济。当不同产品可以共享专业化的(通常是昂贵的)资本资源时，就出现了范围经济。例如，资源类型丰富、旅游项目多样、基础设施齐备的旅游目的地的集中开发建设，相比于多地分散性的旅游开发，可以以较低的平均总成本同时满足旅游者的需求。产品范围宽泛的旅游企业可以雇佣专业设计人员、生产组织者和营销专家，他们的技能可以用于所有产品，因而可以分摊成本，从而降低每一种产品的平均总成本。有许多规模经济与范围经济结合的例子，但并不是所有例子都导致垄断，如旅游饭店行业。

大型企业可以控制供给从而影响价格，因而可以像垄断企业那样运作，并获得规模经济和范围经济，大型的旅游集团企业如首旅集团、华侨城等集团都是如此，而小的竞争性企业则不行。因此，存在着这样的情形，使我们在本节前面所做的垄断与竞争的对比分析并不成立。回顾一下，我们曾设想过许多竞争性企业被一个垄断者接管。我们还曾假定垄断者使用与小企业完全一样的技术，并且成本相同。如果一个大企业能够获得规模经济和范围经济，它的边际成本曲线将位于由许多小企业构成的竞争性产业的供给曲线之下。由于规模经济和范围经济是如此之大，以至于垄断行业比竞争性行业具有更大的产量和更低的价格是可能的。因此，在非常大的规模经济和范围经济的情况下，如前面所提到的规模性的旅游目的地的开发建设，忍受一定程度的垄断和管制价格通常是值得的。

5.2.3 旅游中的垄断竞争市场

我们已经学习了完全竞争。在完全竞争中，大量的企业以最低的成本生产并获得零经济利润。这种市场结构是有效率的。我们也学习了垄断，其中，唯一的一个企业限制产量，并且它的生产成本和定价高于完全竞争，这种市场结构是无效率的。

现实世界中许多市场是竞争性的，但并不是完全竞争的，因为其中的企业拥有一些类似于垄断者所拥有的价格制定力量。我们把这种类型的市场称为“垄断竞争市场”。总体而言，旅游市场是以垄断竞争为主体的市场。

1. 垄断竞争的特点

垄断竞争具有以下特点：有大量的企业竞争；每个企业生产差异化的产品；企业在产品质量、价格和市场营销上进行竞争；企业自由进入与退出。

1) 大量企业

和完全竞争一样，垄断竞争的行业由大量企业组成。该行业中的企业有以下三个特点。

(1) 市场份额小。垄断竞争中，每家企业只提供行业总产量的一小部分。因此，每家企业只有有限力量影响其产品价格，每家企业的价格只能小范围偏离其他企业的平均价格。

(2) 不考虑其他企业。垄断竞争中的企业必定对产品的市场平均价格很敏感，但它不用注意某一特定竞争对手。因为所有企业都相对较小，没有一家企业可以支配市场条件，因此，没有一家企业能直接影响其他企业的行为。

(3) 不可能合谋。垄断竞争中的企业相互之间都希望能够达成固定的较高价格的协定——所谓的“合谋”。但由于存在很多家企业，合谋是不可能的。

2) 产品差异化

如果某一企业生产与竞争企业产品略有差别的产品，该企业实施的就是产品差异化。差异化的产品是另一企业产品的相近替代品，但不是完全替代品。一些人愿意为产品差异化支付更多钱，所以当产品价格上升时，需求量会下降，但(一定)不降到零。例如，中青旅控股股份有限公司(以下简称中青旅)、中国国际旅行社总社有限公司(以下简称国旅)、中国康辉旅行社集团有限责任公司都提供差异化的旅游项目。其他保持不变，如果中青旅的欧洲 7 日游价格上升而其他旅行社价格保持不变，中青旅就会少售一些，其他品牌就会多售一些。但是中青旅的欧洲产品并不会从市场消失，除非它的价格上升非常大。

3) 质量、价格和市场营销的竞争

产品差异化使企业可以与其他企业在以下三个方面竞争：产品质量、价格和市场营销。

(1) 质量，产品的质量是使它区别于其他企业产品的物质特性，包括设计、可靠性，为消费者提供的服务以及消费者得到该产品的容易程度。质量有从高到低的一个序列。一些旅行社，如国旅——提供高质量产品。这些旅行线路都是精心设计且第三方的供应商的质量可靠，并且消费者能得到快捷而有效率的服务。

(2) 价格。另一些企业提供较低质量的旅游线路产品，这些产品设计粗糙，可能不能完美地发挥其功能，或者消费者根本不了解它们的价格，由于产品差异化，垄断竞争企业面临向下倾斜的需求曲线。因此，与垄断者类似，企业可以设定价格和产量，但需要在产品质量和价格之间权衡。生产高质量产品的企业收取的价格高于生产低质量产品的企业。

(3) 市场营销。由于产品差异化，垄断竞争企业必须营销它的产品。营销主要有两种形式：广告和销售渠道。生产高质量产品的企业想以适当高的价格出售它的产品。因此，它必须在一定程度上宣传和包装它的产品，便使消费者相信他们支付较高价格所购买的是高质量的产品。例如，高档并富有个性的旅游餐厅往往会推出精美的宣传折页，是为了使消费者相信他们的产品优于价格较低的其他普通产品。类似地，低质量的生产者如城市周边普通的农家乐也要提供宣传折页，虽然看上去没有那么精美，但要使消费者相信尽管品质没有那么高档，但亲民的价格也低到足以补偿低品质这个事实。

4) 进入和退出

在垄断竞争中，企业可以进入和退出。因此，一个企业不能在长期中获得经济利润。当企业获得经济利润时，新企业进入该行业。这种进入降低了价格，并最终消除了经济利润。当企业出现经济亏损时，一些企业退出该行业。这种退出提高了价格增加了利润，并最终消除了经济亏损。在长期均衡时，企业既不进入也不退出该行业，该行业中的企业获得零经济利润。

5) 垄断竞争的例子

在旅游行业中，主题游乐园行业、高端饭店、经营出境旅游的旅行社都属于垄断竞争行业。

2．垄断竞争的价格和产量

景峰旅行社是本地一家具有较高市场占有率的旅行社，假设你在其中负责该旅行社九寨沟线路产品的运营与销售，该线路产品是景峰旅行社的拳头产品，线路产品的设计、组合以及第三方供应商都已经选定，你需要决定产品的产量和销售价格。

1) 企业的短期产量和价格决策

短期中，垄断竞争企业产量和价格决策与垄断企业一样。图 5.32 阐述了关于九寨沟旅游线所做的决策。

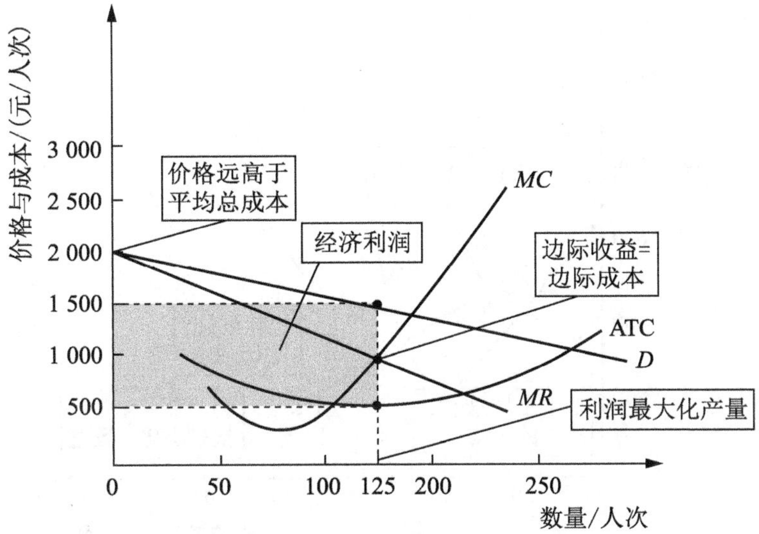

图 5.32　垄断竞争的短期经济利润

需求曲线 *D* 表示旅游产品的需求。它表示在给定其他旅行社相似线路产品价格的条件下，景峰旅行社产品在不同的价格下的需求量。通常这不是整个旅游线路产品的需求曲线。*MR* 曲线是与景峰旅行社产品需求曲线相关的边际收益曲线。它的推导过程和单个垄断企业的边际收益曲线的推导过程类似。*TC* 曲线和 *MC* 曲线分别表示景峰旅行社产品的平均总成本和边际成本。景峰旅行社的目标是经济利润最大化。为此，旅行社选择边际收益等于边际成本时的产量。在图 5.32 中，这个供给量是每周 125 个名额。景峰旅行社收取旅游者愿意为这个数量支付的价格，此价格由需求曲线决定，为每人次 1500 元。当景峰旅行社每周提供 125 个名额时，它的平均总成本是每人次 500 元。因此，它每周获得 12500 元(1000 ×125)的经济利润。浅灰色矩形表示景峰旅行社的经济利润。

2) 利润最大化可能是亏损最小化

图 5.32 表示景峰旅行社获得了经济利润。但是这样的结果不是必然的，一家企业产品的需求量可能很小，以至于它不能获得经济利润。驴友旅行社就是这样的一家经营城市周边旅游的旅行社，它期望可以在与本地具有更高市场份额的中旅、青旅、景峰等旅行社的竞争下，在城市周边游市场获得较大市场份额。

图 5.33 说明了驴友旅行社 2014 年的处境。对它的城市周边游的需求曲线是 *D*，边际收益曲线是 *MR*，平均总成本是 ATC，边际成本是 *MC*。驴友旅行社在边际收益等于边际成本的产量上利润最大化——也就是亏损最小化。在图 5.33 中，这个供给量是每周 40 个旅游名额。驴友旅行社收取旅游者愿意为此数量支付的价格，该价格由需求曲线决定，为每人次 400 元。此时，驴友旅行社的平均总成本是每人 500 元。因此，它一周将亏损 4 000 元(100×40)。浅灰色矩形表示驴友旅行社的经济损失。到目前为止，垄断竞争企业看起来和单个垄断企业一样。它在边际收益等于边际成本时生产，然后收取旅游者愿意为此数量支付的价格，该价格由需求曲线决定。垄断和竞争最关键的区别在于在既没有经济利润也没有经济损失时企业的行动。

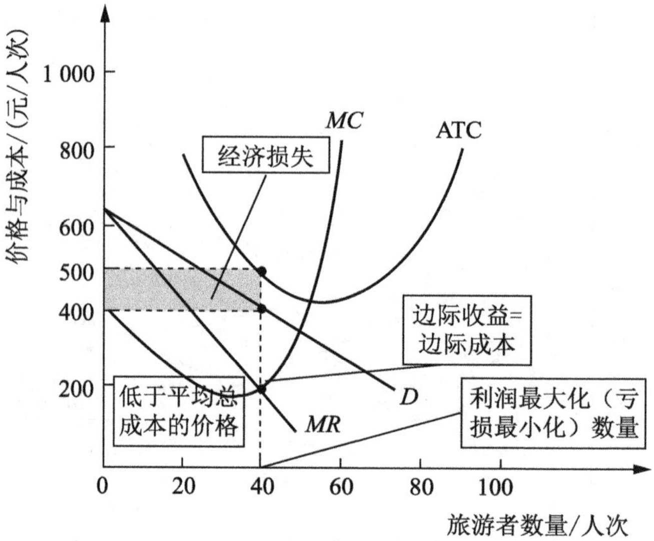

图 5.33 短期的经济损失

3) 长期：零经济利润

像驴友旅行社这样的公司不打算长期亏损。最终，它会退出市场。同样，垄断竞争不存在进入限制。因此，如果一个行业中存在经济利润，其他企业就有进入该行业的动机。当另一家具有较强实力的康健旅行社和开始大力开放推广与景峰旅行社相似的九寨沟旅游线路时，市场对景峰旅行社产品的需求降低了。景峰旅行社产品的需求曲线和边际收益曲线向左移动。此时，利润最大化的产量和价格都降低了。

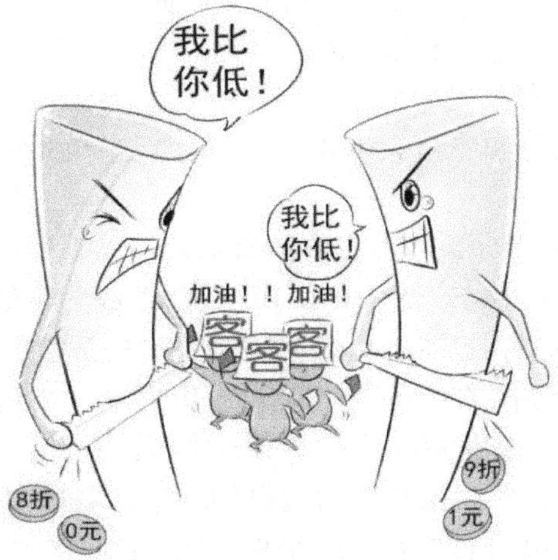

图 5.34　竞争带来低价

(图片来源：www.ithome.com)

图 5.35 表示长期均衡。景峰旅行社每周提供 75 个名额并按每人次 500 元的价格销售。这个产量水平上，平均总成本为 500 元。因此景峰旅行社在生产线路产品上获得零利润。当行业中的所有企业都获得零利润时，新的企业就没有动机进入。

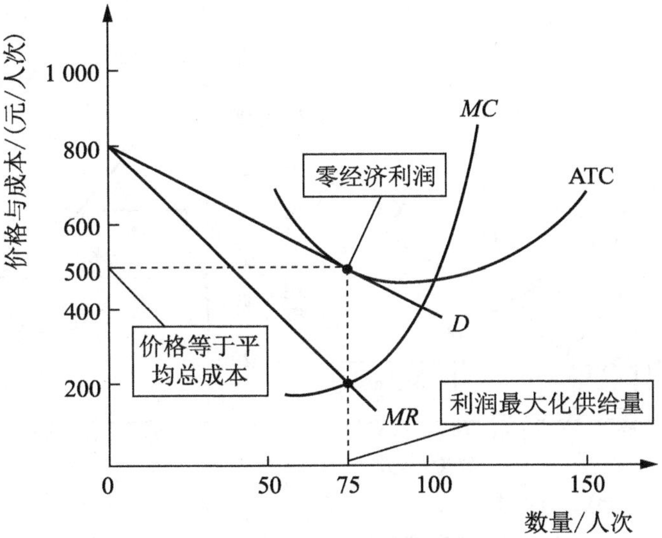

图 5.35　垄断竞争的长期产量和价格

经济利润激励企业进入，从而导致对每个企业产品的需求下降。当需求曲线和平均总成本曲线在 *MR* 等于 *MC* 的产量相交时，市场处于长期均衡状态。利润最大化的供给量是每周 75 个名额，价格是每人次 500 元。而平均总成本也是每人次 500 元，所以经济利润为零。

当相对于成本需求如此低到以至于企业亏损时，就会发生退出。而当企业退出该行业时，对剩下企业产品的需求就会上升。它们的需求曲线会向右移动。直到该行业中的所有企业都获得零经济利润时，退出才会停止。

4) 垄断竞争和完全竞争

图 5.36 比较了垄断竞争和完全竞争并突出了两者之间的主要差别：生产能力过剩；成本加价。

(1) 生产能力过剩。如果一家企业在它的有效规模以下生产，则该企业生产能力过剩。有效规模是使平均总成本最小的产量——U 形 ATC 曲线的最低点。在图 5.36 中有效规模是每周 100 个名额。景峰旅行社[图 5.36(a)]每周提供 75 个名额并且拥有 25 个的过剩产量。但是，如果所有的旅行社提供的九寨沟产品都是相似的，并且都由完全竞争中的企业生产[图 5.36(b)]。每个企业每周提供 100 个，即有效规模。只有在完全竞争中平均成本才可能最低。你的周围就有垄断竞争中生产能力过剩的现象。餐馆中(除非非常有名的)总有部分空桌子，你总可以在不到 30 分钟内得到一个你点的菜品；你很少见到加油站的每一个龙头都排队等候的情况；假期来临时你总能收到非常多的旅游线路产品的推荐广告。这些行业都是垄断竞争的例子。企业存在过剩生产能力，通过降价可以出售更多，但这样做会导致亏损。

(2) 成本加价。一个企业的成本加价是指价格超过边际成本的部分。图 5.36(a)表示景峰旅行社的成本加价。在完全竞争中，价格总是等于边际成本，所以不存在成本加价，如图 5.36(b)所示。在垄断竞争中，买者支付的价格高于完全竞争下支付的价格，也高于其边际成本。

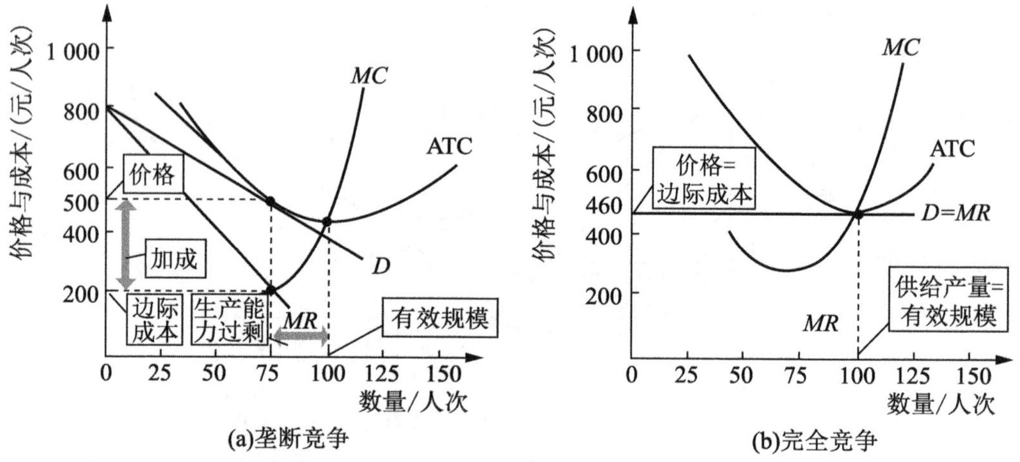

图 5.36　垄断竞争的供给能力过剩和成本加价

有效规模为每周 100 个旅游名额。垄断竞争在长期中，因为企业面临向下倾斜的产品需求曲线，生产数量少于有效规模，企业拥有过剩生产能力。企业通过成本加价超过边际成本。

相反，在完全竞争中，因为每个企业的产品需求是完全弹性的，生产数量等于有效规模，价格等于边际成本。企业在最低可能成本上生产，并且不存在成本加价。

5) 垄断竞争是否有效率

当社会边际收益等于社会边际成本时，资源得到有效利用。价格等于社会边际收益，同时企业的边际成本等于社会边际成本(假设这里没有外部收益或成本)。因此，如果景峰旅行社产品的价格超过它的边际成本，它的产量就低于有效产量。并且，你已经看到了在垄断竞争的长期均衡中，价格确实高于边际成本。那么垄断竞争中的产量小于有效产量吗？

(1) 有意义的比较。两个经济学家在路上相遇，其中的一人问另一人最近的一次长途旅行怎么样，那人快速回答道：“和什么比。”这则经济学趣闻阐述了一个重要观点：在我们下结论之前，我们必须看看其他可供的选择。产品之间的差异化导致垄断竞争出现价格和边际成本之间的成本加价。因为景峰旅行社的线路产品和中旅、青旅、驴友或者其他的旅行社提供的线路产品并不完全一样，所以景峰旅行社的线路产品的需求曲线不是完全富有弹性的。只有一种情况下景峰旅行社的线路产品的需求曲线完全富有弹性，即所有的企业只生产一种线路产品。在这种情况下，景峰旅行社的线路产品和其他旅行社的线路产品没有区别。它们甚至没有可识别的标签。

如果市场上只有一种线路产品，那么这种线路产品带来的总收益毫无疑问会小于线路产品多样化带来的总收益。产品多样性是有价值的。而多样性之所以有价值不仅仅是因为多样性可以使每个人挑选到自己喜欢的物品，还因为它会产生正的外部性。我们中的大部分人都喜欢看到选择的多样性。对比一下 20 世纪 90 年代的中国和今天的中国：对当时的中国人，一说到旅游，到北京天安门等地方去参观是绝大部分有机会出游人的选择，而现在人们的出游有了更加个性化、多样化的选择。

但是，如果多样性是有价值的，为什么我们看不到无穷的多样性？答案在于多样性是昂贵的。每种产品的不同种类都需要设计，然后告知消费者。这种设计和市场营销的初始成本(又称为启动成本)——意味着有些与现存太过于相似的旅游产品不值得生产。

(2) 原则。产品的多样化既有价值又是昂贵的。产品多样化的有效程度是生产多样化产品的社会边际收益等于社会边际成本。因产量低于有效产量所导致的损失被因产品更大程度多样化所带来的利益抵消。因此，和另一种可能情形——单一产品比较，垄断竞争可能是有效率的。

3. 产品开发与市场营销

当我们学习景峰旅行社的价格和产量决策时，我们假定企业已经做出了关于产品质量和市场营销的决策。现在我们就来学习这些决策，以及这些决策对企业产量、价格和经济利润的影响。

1) 创新和产品开发

新公司的进入预期使垄断竞争中的企业非常活跃。为了享有经济利润，垄断竞争企业必须不断寻找各种方法使它们领先于模仿者——那些模仿成功并获得经济利润的企业。企业维持经济利润的一个主要方法是开发具有竞争力的新产品，尽管这种竞争力是暂时的，国内大型的游乐场如方特、欢乐谷，我们每次去常会发现新的游乐项目得到了开发。企业引入一种新的差异化产品，这种产品弹性较小，因而可以提高价格获得经济利润。随后，新企业会进入并生产该产品的相近替代品，并夺走由这种最初优势带来的经济利润。因此，为了重新获得经济利润，企业必须再次创新，这一过程推动了旅游产品的不断进步。

(1) 利润最大化的产品创新。产品开发与创新决策基于同样类型的利润最大化计算。创新与产品开发都是有成本的，但也会带来额外的收益。企业必须平衡其边际成本和边际收益。为产品开发和升级投入的额外支出是其边际成本。由产品开发和升级带来的额外收入是其边际收益。当产品开发的水平较低时，更好产品带来的边际收益大于边际成本。当产品开发的水平较高时，更好产品的边际成本大于边际收益。当开发产品的边际成本等于边际收益时，企业获得由产品开发带来的利润的最大化。

(2) 效率与产品创新。产品创新利润最大化时的产量也是它的有效产量吗？如果产品开发的社会边际收益等于其社会边际成本，它就是有效率的。一项创新的社会边际收益就是消费者愿意支付的价格的增量。而其边际社会成本就是企业为它支付的成本。当边际收益等于边际成本时，利润达到最大化。但是在垄断竞争中，边际收益低于价格，所以产品开发并不会进行到有效率的水平。垄断竞争带来的许多产品创新，其实只需要较少的成本实施，例如，将荒漠地开发为荒漠徒步穿越运动体验地。

2) 广告

不同竞争者的产品设计和开发让企业实现了差异化。即使实际的差异很小，企业也会试图建立一种产品差异化的消费者理念。广告和包装是实现这种目标的主要手段。

图 5.37　无处不在的广告

(图片来源：news.hexun.com)

垄断竞争的企业花费巨大的成本来游说消费者欣赏并认可它们的产品和其竞争企业产品的差别。价格的很大部分用于产品的销售成本，并且这一比例还在上升。在报纸、杂志、电视、网上做广告是主要的销售成本，但不是其唯一成本。销售成本包括像旅行社的折页广告，以及销售人员的薪水、机票和旅馆账单。广告支出和其他销售成本从两个方面影响企业利润；它们提高了成本，也改变了需求。现在我们来看看这种影响。

(1) 销售成本和总成本。诸如广告支出之类的销售成本使垄断竞争企业的成本高于完全竞争企业或者垄断企业。广告支出和其他销售成本是固定成本，它们不随着总产量的变化而变化。所以，就像固定成本一样，每单位产品的广告成本随着产量的增加而减小。

图 5.38 显示销售成本和广告费用如何改变企业的平均总成本。浅色曲线表示生产的平均总成本。深色曲线表示企业生产的平均总成本加上广告成本。两条曲线之间区域的高度表示广告的平均固定成本。广告的总成本是固定的，但是广告的平均成本随着产量的上升而下降。

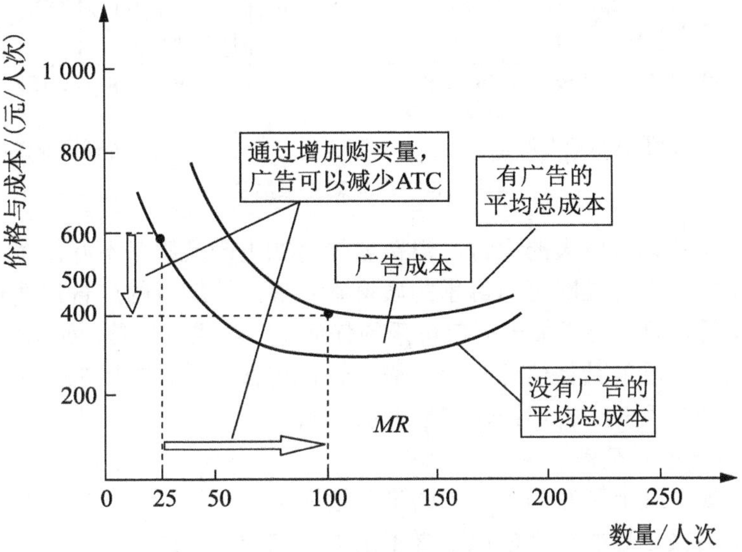

图 5.38　有广告的销售成本和总成本

图 5.38 显示如果广告能使增加的销售量足够大，它就可以降低平均总成本。例如，如果销售量从不做广告的每天 25 人次的接待量上升到广告的每天 100 人次的接待量，平均总成本就从每人次 600 元下降到每人次 400 元。原因在于尽管固定总成本提高了，但更多的固定成本分摊到更大产量中，所以平均总成本下降了。

(2) 销售成本和需求。广告和其他销售努力改变了产品企业的需求。但如何改变呢？需求增加了还是减小了？最自然的回答是，广告增加了需求。让人们更多了解产品质量或者劝说人们从其他企业的产品转换过来，企业可能预期本产品的需求会增加。

但所有垄断竞争企业都做广告。而且，所有广告都努力劝说消费者相信自己的产品最好。如果广告使一个企业可以生存下去，这就会增加企业数量。而且，在增加了企业的范围内，它又减少了其他企业所面临的需求。它同时使任何一个企业的需求曲线更富有弹性。所以广告最终不仅增加平均总成本，而且会降低价格、缩小成本加价。

图 5.39 表示了广告的这种可能影响。在图 5.39(a)中，企业不做广告，其需求曲线不是很富有弹性。利润最大化的供给量为每天 75 个旅游名额，并且成本加价很大。在图 5.39(b)中，企业做广告。这部分费用是固定成本，增加了平均总成本，即从 ATC_0 向上移动到 ATC_1，但是 MC 曲线保持不变。需求曲线变得更富有弹性，利润最大化的产量增加，成本加价减少。

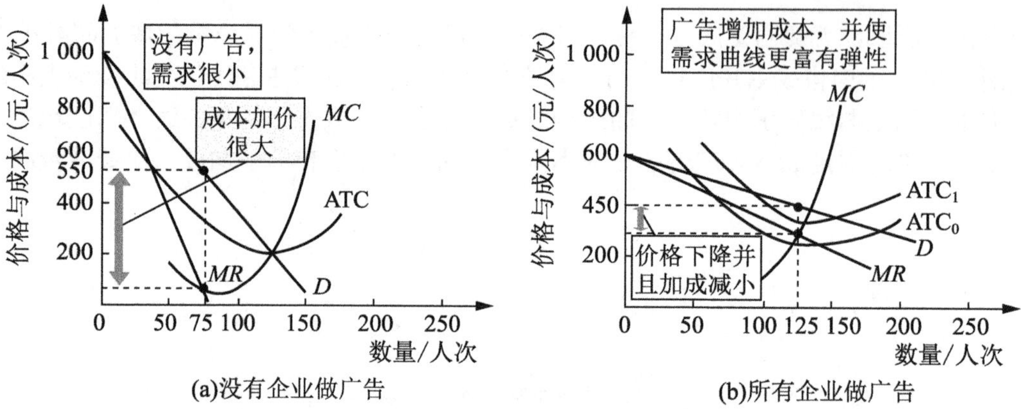

图 5.39　广告和成本加价

看到可口可乐的耗费巨大的广告，消费者知道如果产品质量不好，企业不会花这么多的钱做广告。所以消费者推断可口可乐的质量确实好。炫耀性的广告消费传递可口可乐确实是好东西的信号，而不必说关于可口可乐的任何事。需注意的是，如果广告是一种信号，它不需要任何关于产品的具体信息，它只需要舍得花钱并让人难以忘怀。大部分广告都是这样的，我们看到的很多广告都符合信号理论的预测。

3) 利用广告传递质量信息

一些广告，如电视上和时尚杂志上的米兰达·可儿、林志玲代言航空公司，看起来难以理解，在一个名模灿烂的笑容中似乎看不出关于航空公司的任何信息。而且所有的人都知道这些主要的航空公司。每月这些知名航空公司的广告支出到底能让企业从中获得什么呢？其中的一个答案是，广告可以向消费者传递产品高质量的信号。

4) 品牌

许多企业创造一个品牌并且花很多钱提升它。为什么呢？品牌可以为企业带来怎样的利益，可以证明有时打造它的高昂成本是值得的？最基本的回答是品牌可以向消费者提供产品是高质量的信息，并且可以刺激生产者以高质量且稳定质量的标准来生产产品。为了看看品牌如何帮助消费者，想象一下你如何利用品牌获得产品的质量信息。假设你在路上旅行，现在需要找个地方过夜。你看到路旁的假日酒店、大华旅馆以及李小燕的汽车旅馆。你知道假日酒店和大华旅馆，因为你曾经住过。并且你也看过它们的广告。你知道从它们那里可以得到什么样的服务。但是你对李小燕的汽车旅馆一无所知。它可能比你所知道的旅馆好，但是没有具体的信息，你是不会选择它的。你用品牌作为信息，选择住在假日酒店。同样的理论可以用来解释一个品牌可以刺激企业取得稳定高质量的产品。因为没人知道李小燕的汽车旅馆是否提供高质量的服务，它就没有动机提供高质量的服务。但是同样地，因为所有人都预期从假日酒店可以获得一定水平的服务，一旦该酒店不能满足顾客的预期，就会把顾客拱手让给它的竞争对手。所以假日酒店为打造品牌，就有很强烈的动机提供它在广告上承诺的服务。

5) 广告和品牌中的效率

广告和品牌在一定程度上向消费者提供产品差异化以及产品质量的信息。它们使消费者获益并且可以做出更好的产品选择，但也要权衡提供额外信息的机会成本。关于垄断竞争效率的最后结论是模糊不清的。在一些例子中，额外的产品多样化无疑会抵消销售成本以及由生产能力过剩引起的额外成本。饭店、城市周边的农家乐等巨大多样性就是这种获益的例子。但多数人宁愿花更多的钱买品牌产品。

5.2.4 旅游中的寡头市场

1. 寡头市场的特点

寡头和垄断竞争一样位于完全竞争和垄断之间。寡头企业可能生产完全相同的产品而在价格上进行竞争，或者它们也可能生产差异化的产品并在定价、产品质量和营销上进行竞争。寡头的市场结构为：存在自然或法律障碍阻止新企业的进入；少数企业在竞争。

1) 进入壁垒

自然或法律壁垒限制进入可以造成寡头。我们已看到规模经济和需求是如何形成自然进入壁垒而造成自然垄断的，同样的因素可以形成自然寡头。你可能在你生活的地方看到一些关于双头的例子：手机中的苹果与三星，石油零售中石化与中石油，电商中的阿里巴巴与京东，打车软件的快的打车与嘀嘀打车，西式快餐的肯德基和麦当劳，一些城市只有两个游乐园、两个汽车出租企业、两个印刷中心，或者两个大的快餐品牌。

图 5.40 显示的是两个自然寡头。需求曲线 *D* 显示了对一家旅游城市五星级饭店的需求。在图 5.40(a)中，如果一个五星级饭店的平均总成本曲线是 ATC_1，市场是自然双头——只存在两个企业的寡头市场。能使企业留在行业里的最低价格是每人每天 400 元。在这个价格，对于五星级饭店的需求量是每天 600 人，只有两个企业可以提供这些数量。在这个市场没有第三个企业的立足之地。但是，如果只有一个企业，就会存在经济利润，第二个企业就会进入，并拿走一些业务和利润。在图 5.40(b) 中，如果五星级饭店的平均总成本曲线是 ATC_2，一个企业的有效规模是每天 200 人，则这个市场可以容纳三个企业。当存在政策壁垒保护在市场上的一小部分企业时，立法寡头就形成了。一个城市可能只允许建立两家五星级饭店，尽管需求和规模经济留有更多余地给第三家企业或是更多企业。

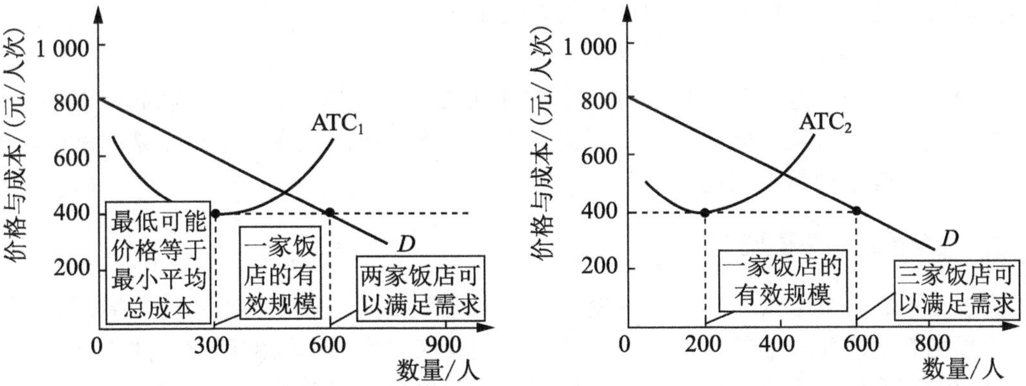

(a)自然双头 (b)有三个企业的自然寡头

图 5.40 自然寡头

参考资料

相比传统行业始终难以破除的多强竞争态势，经过血雨腥风洗礼的互联网市场，却日益呈现出双寡头特征，在线度假旅游亦是如此。中国在线休闲游行业长期以来一直处于混战状态，截至 2014 年年底，群雄逐鹿的结果已经逐渐显现。艾瑞咨询最新发布的《2014 年中国在线旅游度假行业报告》显示，途牛和携程的两强格局初步形成。

根据艾瑞监测数据，2014 年中国在线旅游市场交易规模达 2 772.9 亿元，比 2013 年增长 27.1%，占旅游业总收入的比例为 8.3%，比 2013 年提升 0.9 个百分点。而其中，中国在线旅游度假市场 2014 年交易规模为 426.5 亿元，较 2013 年增长 40.7%，占整体在线旅游市场的比例达 15.4%，比 2013 年提升 1.5 个百分点。在线旅游整体市场中，度假是发展最快的领域，2014 年增速为 40.7%；在线机票和在线酒店发展已相对成熟，发展增速有所下降，2014 年在线机票和在线酒店交易规模增速分别为 22.6%和 30.0%。艾瑞咨询认为，作为在线旅游市场中最火热的领域，在线度假市场发展前景广阔，预计未来三年增长率将保持在 30.0%以上。

(资料来源：报告显示在线度假旅游呈途牛和携程双寡头格局[DB/OL]. http://www.chinadaily.com.cn/hqcj/xfly/2015-02-13/content_13232705.html [2015-08-12].)

2) 少数企业

因为存在进入壁垒，寡头只是由少数几个企业构成，每个企业占有很大的市场份额。这样的企业是相互依存的，它们面临合作诱惑，从而提高共同的经济利润。

3) 相互影响

在企业数目很少的市场上，每个企业的行为会影响其他所有企业的利润。当假日皇冠酒店在一个旅游城市新建了一家五星级酒店，就会对附近这个城市的希尔顿酒店——原来仅有的五星级饭店产生影响。接下来，希尔顿酒店开始以各种优惠价格提供产品，以此吸引假日皇冠酒店的顾客。而假日皇冠酒店也必须提供优质的服务或价格才能生存下来，假日皇冠酒店与希尔顿酒店在这个城市中相互影响。

4) 合作诱惑

当少数几个企业分享市场份额时，它们可以依靠成立卡特尔来提高利润。卡特尔是一组企业一起行动—合谋—来限制产出，提高价格，增加经济利润。卡特尔是非法的，但是在市场上确实有这种组织在运转。

2．两个传统寡头模型

假设一个旅游景区附近有三家快餐店，你经营其中的一家。你要决定是否降价。为此，你必须预测其他两家企业的反应，还要计算那些反应对你的利润的影响。如果你降价而你的竞争者没有降价，你将售出更多而其他两家售得更少。但是其他企业也可能会降价并使你的利润减少，你该怎么办？

有一些模型可以解释在寡头市场上的价格和产量。这些模型主要有两类：传统模型和博弈论模型。这两种类型的例子都有讲述，我们先来看一下两个传统模型。

1) 带折点的需求曲线模型

寡头的折点需求曲线模型的假设基础是：每个企业都相信如果自己提高价格，其他企业不会跟着这么做；但如果自己降低价格，其他企业也会降价。

图 5.41 显示的是旅游景区附近有三家快餐店中的一家认为它所面临的需求曲线(*D*)。在当前价格 *P* 和当前产量 *Q* 下，需求曲线有折点。当价格高于 *P* 时，略微的涨价会导致销售量的大幅度减少。其他企业保持它们的当前价格，那么这家快餐店的产品售价最高，所以它失去了原有的市场份额。当价格低于 *P* 时，即使价格再大幅度下降也只能引起销售量小幅度增长。在这种情况下，其他两家快餐店也都将价格下调，所以相对于它的竞争对手，这个企业并没有价格上的优势。

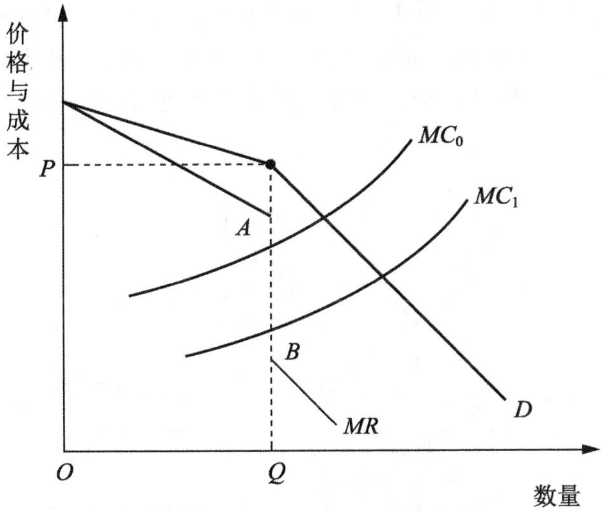

图 5.41 带折点的需求曲线模型

需求曲线的弯折部分使边际收益曲线(*MR*)发生断裂。为了追求利润最大化，企业选择边际成本等于边际收益时的产量。产量 *Q* 是边际成本曲线超过边际收益曲线断开的 *AB* 部分时的产量。如果边际成本像边际成本曲线 MC_0 和 MC_1 一样在 *A* 和 *B* 之间波动，企业就不会改变产品价格及产量。当且仅当边际成本在 *AB* 范围之外波动时，企业才会改变自己的产量和价格。所以弯折的需求曲线模型预测了价格和产量对于微小的成本变动不敏感。对于景区周边的快餐店，你可以发现它的快餐价格在相当长的时间内不发生变化，都是 15 元或 20 元或其他的数字，虽然在这期间成本并不是一成不变。

但是这个模型也存在问题。如果边际成本增加得足够让企业提高价格和产量，而且，如果所有的企业都经历了同样的边际成本增加，它们就会同时提高价格。企业认为其他企业都不会参与提高价格的观念是错误的。一个企业把自己的行为建立在这样的信念上是错误的，这样做企业不会实现利润最大化，甚至会以招致亏损而结束。

2) 领导企业寡头

第二个传统模型解释了领导企业寡头，当一家企业——领导企业比其他企业有巨大的成本优势且生产行业中大部分产量时，领导企业寡头就出现了。领导企业制定市场价格，其他企业是价格接受者。

为了说明一家领导企业寡头如何运行，假设在景区中有 11 家快餐店，而“好吃再来”是领导企业。图 5.42 显示的是这个景区的快餐市场。在图 5.42(a)中的需求曲线 *D* 告诉我们这个景区在每个价格下对快餐的总需求量。供给曲线 S_{10} 表示 10 个小企业的供给曲线。图 5.42(b)表示“好吃再来”所面临的情况。它的边际成本曲线是 *MC*。领导企业寡头面对的需求曲线是 *XD*，它的边际收益曲线是 *MR*。需求曲线 *XD* 表示 10 家小企业没有满足的超额需求。例如，在每份 10 元的价格下，需求量是 2 000 份，10 家小企业的提供量为 1 000 份，超额需求量为 1 000 份，在图 5.42 里由 *AB* 间的距离所表示。

为了追求利润最大化，“好吃再来”像垄断者一样经营。每天它以每份 10 元的价格售出 1000 份，此时它的边际收益等于它的边际成本。其他小企业接受每份 10 元的价格。它们像完全竞争企业一样。如图 5.42(a)所示，在每 10 元的价格下整个景区对快餐的需求量为 2000 份。对于这个数量水平，“好吃再来”出售 1000 份，10 家小企业各自出售 100 份。

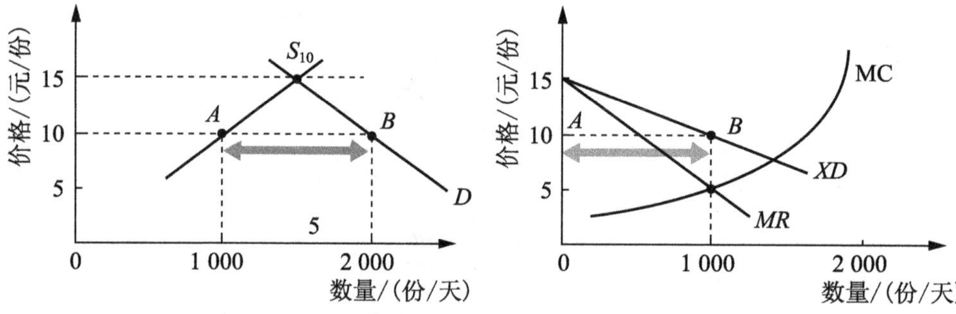

(a)10家小企业和市场需求　　(b)“好吃再来”的价格和产量决策

图 5.42　领导企业寡头

在图 5.42(a)中景区对快餐的需求曲线是 *D*。10 家竞争的小企业共有供给曲线 S_{10}。此外，有一家大企业，如图 5.42(b)所示，“好吃再来”面对需求曲线 *XD*，由市场需求减其他 10 家企业的供给 D_{10}——小企业没有满足的需求来决定。

“好吃再来”的边际收益曲线是 *MR*，边际成本曲线是 *MC*。“好吃再来”通过选择边际成本等于边际收益来决定利润最大化的产量。这个产量是每天 1 000 份。能够使“好吃再来”出售这个数量的价格是每份 10 元。10 家小企业接受这个价格，每个企业每天出售 100 份，如图 5.42(a)中的 *A* 点所示。

本章小结

本章介绍了旅游市场形成的标志与过程，随着供需关系的调整，市场的均衡得以实现，均衡价格及其对应的均衡数量是市场形成的标志。由于竞争关系不一样，旅游市场包括完全竞争市场、垄断市场、垄断竞争市场和寡头市场四种类型，本章对旅游经济中的四种市场的价格与数量决定、均衡变动等分别进行了介绍，并对四种市场的效率进行了比较。

复习思考题

一、单项选择题

1．七星公园对一般游客和本市市民制定不同的门票价格，使用的是________。

2．总体而言，旅游市场是以________为主体的市场。

3．依据市场竞争类型进行划分，旅游市场竞争有________、________、________、________四种。

4．当市场对某种旅游产品的需求增加时，此时若要使供求关系达成新的平衡，则需________旅游产品价格。

二、名词解释

1．旅游市场的均衡

2．完全竞争市场

3．寡头市场

三、简答题

1．举例说明旅游市场均衡的形成过程。

2．举例说明旅游中的完全竞争市场、垄断市场、垄断竞争市场和寡头市场及其特征。

3．举例比较说明旅游完全竞争市场与垄断市场的效率。

4．举例说明旅游市场的收敛型蛛网。

5．举例说明旅游市场中的双寡头。

四、案例分析与计算题

1．表 5-12 给出了一个 5A 景区午餐消费的需求量和供给量。

表 5-12　午餐消费的需求量和供给量

价格/(元/份)	需求量/(份/天)	供给量/(份/天)
0	300	0
10	250	50
20	200	100
价格/(元/份)	需求量/(份/天)	供给量/(份/天)
30	150	150
40	100	200
50	50	250
60	0	500

(1) 消费者愿意为第200份午餐支付的最高价格是多少？

(2) 生产者愿意接受的第200份午餐的最低价格是多少？

(3) 每天200份午餐低于还是高于有效率的数量？

(4) 如果午餐市场是有效率的，消费者与生产者的剩余分别是多少？

(5) 如果餐厅每天提供200份午餐，无谓损失是多少？

(6) 如果景区的旅游者数量出现了增加，对午餐的需求也相应增加了，而餐厅仍每天提供200份午餐，描述消费者剩余、生产者剩余、总剩余和无谓损失的变化。

2．张强在兵马俑景区周边经营着一家出售兵马俑仿制纪念品的旅游商店，他所售卖的兵马俑仿制品和其他经营户的完全一样，经营这种商店所需要的资本非常小，也不需要特定的资质，如果不想经营了也可以较为方便地把店面改为经营副食或其他商品的商店，同时旅游者对于各家的价格都非常了解。

(1) 根据以上信息，张强的旅游商店在什么类型的市场上经营？

(2) 兵马俑仿制品的价格由什么决定？

(3) 如果每一件兵马俑仿制品的市场价格是50元，而张强的定价是52元，他能售出多少件？

(4) 如果每一件兵马俑仿制品的市场价格是50元，而张强的定价是48元，他能售出多少件？

(5) 张强的兵马俑仿制品的需求弹性如何？他与整个市场的需求弹性有什么不同？

3．李刚经营的客栈缺乏明显的特色，只能是一个价格的接受者，其供给量及总成本见表5-13。

表5-13　李刚经营的客栈的供给量及总成本

供给量/(间客房/天)	总成本/(元/天)
0	100
1	210
2	300
3	410
4	540
5	690

(1) 如果市场的价格分别是140元、120元和100元，李刚客栈的经济利润分别是多少？

(2) 李刚客栈的停业点在哪儿？

(3) 推出李刚客栈的供给曲线。

(4) 长期中，在什么价格范围内与李刚客栈成本相同的企业将退出该行业？

(5) 长期中，在什么价格范围内与李刚客栈成本相同的企业将进入该行业？

4．“美食”餐厅是一个5A级景区周边唯一的一家餐厅，图5.43表示它所面临的情形。

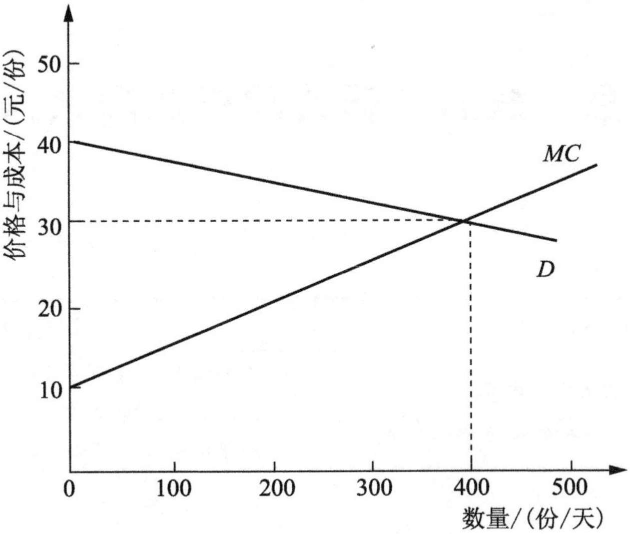

图 5.43　“美食”餐厅面临的情形

(1) 在图 5.43 中标出利润最大化的产量和价格。

(2) 餐厅每天的总收益是多少？

(3) 在现有的价格水平上，餐厅所面对的需求是富有弹性的还是缺乏弹性的？为什么？

(4) 消费者剩余和无谓损失是多少？在图 5.43 中标出来。

(5) 解释为什么这个市场可能鼓励寻租。

(6) 如果这个市场是完全竞争的，产量、价格、消费者剩余和生产者剩余是多少？在图 5.43 中把这些内容全部标出来。

5. 锦绣旅行社经营周边一日游产品，其边际成本是 100 元/人次，旅行社经营一天的固定成本是 2 000 元，利润最大化的销量是每天 20 人次，现在附近其他的旅行社开始对它们自己的一日游产品做广告，锦绣旅行社现在每天花费 2 000 元为它的一日游产品做广告，利润最大化的销量变为每天 50 人次。

(1) 在广告前，锦绣旅行社售出的每一个一日游产品的平均总成本是多少？

(2) 在广告后，锦绣旅行社售出的每一个一日游产品的平均总成本是多少？

(3) 广告前后锦绣旅行社的一日游产品的价格、成本、经济利润的变化分别是多少？并解释。

第6章　旅游要素价格与旅游收入分配

学习目标

知识目标	技能目标
① 掌握旅游生产要素的概念与内容； ② 掌握旅游生产要素价格的概念与决定因素。	① 能够结合旅游产品及旅游生产的特征分析旅游中要素供需特征及价格的决定； ② 能够用弹性的方法分析旅游要素市场的特征。

知识结构

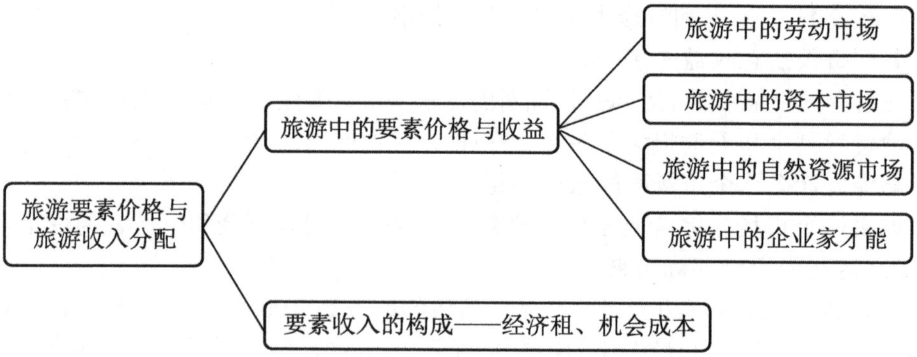

导入案例

表 6-1 是我国 2013 年分行业分岗位就业人员年平均工资状况。

表 6-1　2013 年分行业分岗位就业人员年平均工资　　单位：元

行业	就业人员	单位负责人	专业技术人员	办事人员和有关人员	商业、服务业人员	生产、运输设备操作人员及有关人员
合计	45 676	107 374	63 074	46 403	39 322	40 044
采矿业	55 090	112 777	68 848	58 318	43 241	52 114
制造业	42 911	98 586	60 244	45 192	47 284	38 423
电力、热力、燃气及水生产和供应业	68 040	141 660	82 630	61 914	54 921	62 554
建筑业	40 338	76 188	47 639	36 901	35 149	38 456
批发和零售业	47 007	107 099	64 575	51 297	37 191	38 415
交通运输、仓储和邮政业	53 848	123 033	85 541	52 307	47 399	48 565
信息传输、软件和信息技术服务业	93 044	241 738	109 001	76 381	73 500	51 610
房地产业	48 717	114 517	65 508	44 082	33 851	32 734
租赁和商务服务业	62 683	243 898	108 021	62 366	43 138	43 462
科学研究和技术服务业	86 059	199 014	99 916	66 920	47 572	49 877
水利、环境和公共设施管理业	42 126	105 511	58 313	42 680	33 105	38 361
居民服务、修理和其他服务业	35 868	81 834	48 171	37 227	30 835	35 060
教育	47 920	97 201	51 014	44 485	45 118	36 144
卫生和社会工作	50 490	94 487	53 274	41 437	37 575	41 526
住宿和餐饮业	32 236	70 919	40 261	33 129	29 511	31 224
文化、体育和娱乐业	65 837	169 032	93 370	57 514	35 435	43 971

(资料来源：摘自国研网)

由表 6-1 可见，2013 年，旅游业中的住宿和餐饮业人员工资处在我国工资分布的低端，年均人员工资水平仅为 32 236 元，是工资水平最高的信息业人员的 34.64%。在这些行业中，商业、服务业人员的工资又处于所有人员中的底端，它的人员平均工资是本行业单位负责人平均工资的 41.61%，是信息业中单位负责人平均工资的 12.21%。不同行业的工资水平是由不同行业的劳动力市场的供需关系决定的。

为了理解旅游经济中劳动力等生产要素的报酬，本章探讨影响生产要素的需求和供给的力量，分析旅游生产要素市场的价格决定以及由此决定的旅游收入的分配。

6.1 旅游中的要素价格与收益

旅游产品的生产要使用四种生产要素——劳动、资本、土地和企业家才能。旅游收入的多少以及分配取决于所使用要素的数量和价格，和产品市场一样，这一数量与价格又进一步取决于市场的供需关系。要素价格表现为劳动的工资率、资本的利率、土地的租金率和企业家才能的利润率。

参考资料

图 6.1 显示了 2013 年我国人均可支配收入的构成。

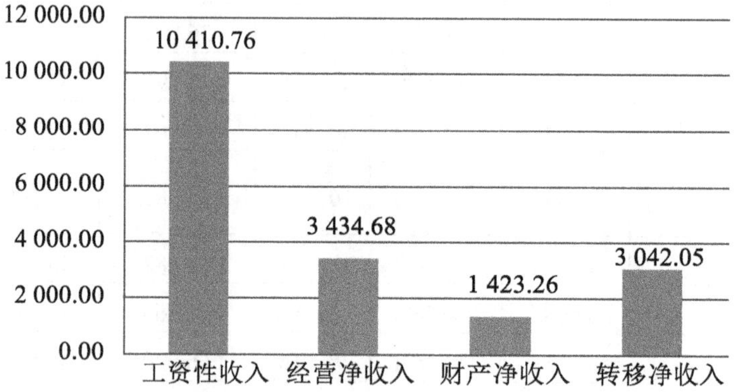

图 6.1　2013 年我国人均可支配收入的构成(单位：元)

(图片来源：摘自国研网)

说明：经营性收入基本包含了企业家的利润收入，财产收入基本包含了资本的收入。在我国土地等自然资源基本属于国家，没有列入居民可支配收入中，转移支付政府本义包括了政府、企业、个人对个人的转移支付，在这里主要指政府对个人收入转移的离退休金、失业救济金、赔偿等。

生产要素就像物品和服务一样，在市场中交易。需求和供给是理解竞争性要素市场的主要工具。企业对生产要素有需求，而家庭则提供这些要素。

对生产要素的需求称为派生需求，因为它是由这些要素所生产的物品和服务的需求派生出来的。一种生产要素的需求量是企业在一个给定时间内和给定的要素价格水平上计划雇佣的数量。需求定律应用于生产要素，就如同它应用于物品与服务一样。在其他条件保持不变时，要素价格越低，这种要素的需求量就越大。

一种生产要素的供给量也取决于它的价格。除非常特殊的情形外，供给定律也适合于生产要素市场。在其他条件保持不变时，一种要素的价格越高，这种要素的供给量就越大。

图 6.2 显示了一个要素市场。要素的需求曲线是 D，其供给曲线是 S。均衡的要素价格是 P_F，均衡数量是 Q_F。要素获得的收入是它的价格乘以使用数量。在图 6.2 中，要素收入等于 P_F、Q_F、O 以及均衡点所围成的矩形。

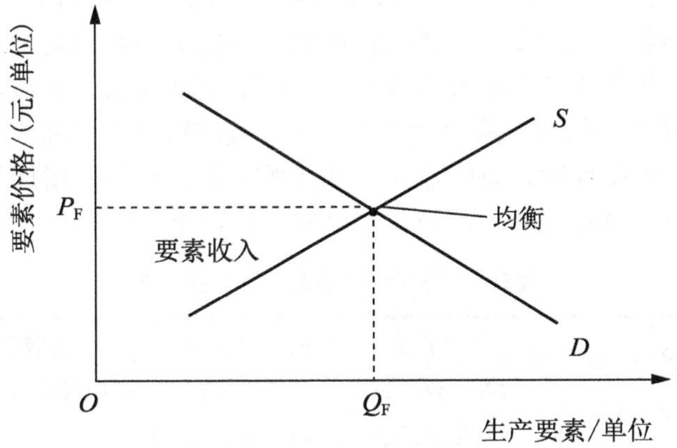

图 6.2 要素市场的需求与供给

需求或供给的变化改变了均衡价格、数量和收入。需求的增加使需求曲线向右移动，并增加了收入。供给的增加使供给曲线向右移动，而收入则可能增加、减少或保持不变，这取决于要素的需求弹性。如果需求富有弹性，收入增加；如果需求缺乏弹性，收入减少；如果需求弹性是单位弹性，收入保持不变。

6.1.1 旅游中的劳动市场

对大多数人来说，劳动市场是收入的主要来源。旅游业是劳动密集型产业，劳动收入占收入中很高的比例。

1. 劳动的需求

在企业雇佣的劳动数量与企业计划生产的产量之间存在着一种联系。总生产曲线表明了这种联系。企业对劳动的需求是它的产出供给的反面，即企业生产利润最大化的产量，而利润最大化产量是边际收益等于边际成本时的产量。为了生产利润最大化的产量，企业要雇佣使利润最大化的劳动数量。

使利润最大化的劳动数量是多少？当工资率变化时，它会发生什么样的变化？通过把多雇佣一位服务员带来的边际收益与这位服务员的边际成本相比较，我们可以回答这些问题。

1) 边际收益产量

劳动的边际收益产量(marginal revenue product，MRP)是多雇佣 1 单位劳动所带来的总收益的变化。表 6-2 显示了如何计算边际收益产量。前两栏表示马飞经营的农家乐雇佣的服务员数量与总供给量。这些数字告诉我们每天的游客接待量怎样随着劳动数量的变化而变化。第三栏表示劳动的边际产量——增加 1 单位劳动数量所引起的总供给量的变化。农家乐市场是完全竞争的。在接待一位游客收 80 元(提供吃、采摘、棋牌娱乐等一套服务)这一假定的市场价格上，马飞想提供多少就提供多少。因此，马飞的边际收益就是每人收 80 元。给定这个数据，我们可以计算边际收益产量(第四栏)。它等于边际产量乘以边际收益。例如，第二位服务员的边际供给量是每天服务 4 位客人。因为边际收益是接待一位收 80 元，第二位服务员的边际收益产量就是 320 元(接待 4 人，每人收 80 元)。

表 6-2 的最后两栏表示计算劳动的边际收益产量的另一种可选方法。总收益等于总产量乘以价格。例如，两位服务员每天接待 9 人，产生 720 元的总收益。一位服务员每天接待 5 人，产生 400 元的总收益。第六栏中的边际收益产量是多雇佣一位服务员的总收益变化。当第二位服务员被雇佣时，总收益从 400 元增加到 720 元，增加了 320 元。因此第二位服务员的边际收益产量是 320 元，与我们以前的计算相一致。

表 6-2　马飞农家乐的边际收益产量

劳动数量 (L)/人数	总供给量 (TP)/人次	边际产量 ($MP=\Delta TP/\Delta L$) /(元/人次)	边际收益产量 (MRP=$MR\times MP$)/ (元/人次)	总收益 ($TR=P\times TP$) /元	边际收益产量 MRP=$\Delta TR/\Delta L$ /(元/人次)
0	0			0	
1	5	5	400	400	400
2	9	4	320	720	320
3	12	3	240	960	240
4	14	2	160	1 120	160
5	15	1	80	1 200	80

随着劳动数量增加，边际收益产量递减。对完全竞争企业来说，边际收益产量递减是因为边际产量递减。对垄断者(或垄断竞争以及寡头)来说，边际收益产量递减还有另一个原因。当更多的劳动被雇佣，从而总产量增加时，企业必须降价以销售额外的产量，因而边际产量和边际收益递减，而这两者都导致递减的边际收益产量。

2) 劳动需求曲线

图 6.3 显示了劳动需求曲线是怎样派生的。边际收益产量曲线画出了在每一个劳动雇佣数量上的劳动的边际收益产量。图 6.3(a)是马飞的边际收益产量曲线。x 轴衡量马飞雇佣的服务员数量，y 轴衡量劳动的边际收益产量。灰色条形表示当马飞雇佣更多服务员时劳动的边际收益产量。标为 MRP 的曲线就是马飞的边际收益产量曲线。

企业的边际收益产量曲线也就是它的劳动需求曲线。图 6.3(b)表示马飞的劳动需求曲线 D。水平轴衡量的是雇佣服务员的数量，与图 6.3(a)部分一样。y 轴衡量每天的工资率。在图 6.3(a)中，当马飞把雇佣服务员的数量从每天 2 位服务员增加到每天 3 位服务员时，边际收益产量是每天 240 元。在图 6.3(b)中，马飞在每天 240 元的工资率水平上雇佣 3 位服务员。

边际收益产量曲线也是劳动需求曲线，这是因为企业雇佣使利润最大化的劳动数量。如果工资率低于边际收益产量，企业通过多雇佣一位服务员，就可以增加利润。相反，如果工资率高于边际收益产量，企业通过少雇佣一位服务员，就可以增加利润。

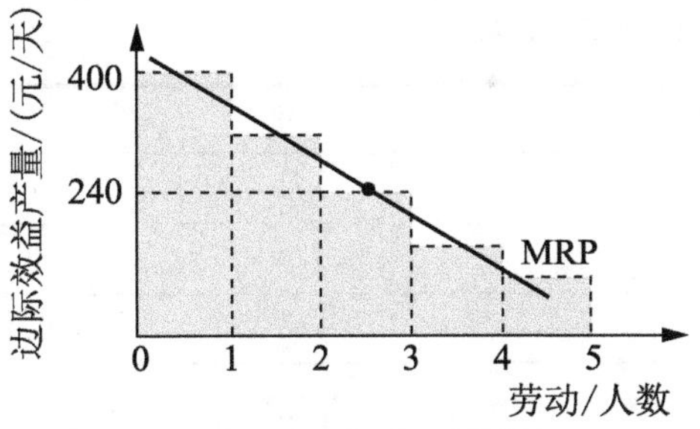

(a)边际收益产量

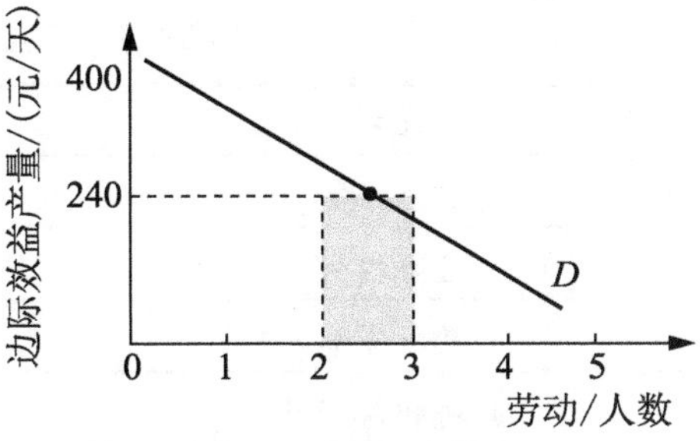

(b)劳动需求

图 6.3 马飞农家乐的劳动需求

但如果工资率等于边际收益产量，企业就不能通过改变雇佣服务员的数量来增加利润——企业获得了可能的最大利润。因此企业的劳动需求量是工资率等于劳动的边际收益产量时的需求量。由于边际收益产量曲线也是劳动需求曲线，并因为随着雇佣劳动数量的增加，边际收益产量递减，劳动的需求曲线就向下倾斜。在其他条件保持不变时，工资率越低，企业雇佣的服务员越多。

当我们研究企业的产业产量决定时发现，利润最大化的条件是边际收益等于边际成本。现在我们又发现利润最大化的另一条件：劳动的边际收益产量等于工资率。现在来看一看这两个条件之间的关系。

3) 利润最大化的两个条件的等价性

从雇佣的劳动数量看，当边际收益产量等于工资率时，利润达到最大化。从生产产量看，当边际收益等于边际成本时，利润达到最大化。

利润最大化的这两个条件是等价的。利润最大时的劳动数量是生产利润最大时的产量。为了弄明白利润最大化的这两个条件的等价性，首先回顾一下：

$$边际收益产量=边际收益\times边际产量$$

如果我们把边际收益产量称为 MRP，边际收益为 MR，边际产量为 MP，则 $\mathrm{MRP}=MR\cdot MP$。

如果我们把工资率称为 W，利润最大化的第一个条件就是 $\mathrm{MRP}=W$。但 $\mathrm{MRP}=MR\cdot MP$，因此 $MR\cdot MP=W$。

这个等式告诉我们，在利润最大化时，边际收益乘以边际产量等于工资率。用 MP 除以上述等式，得 $MR=W/MP$，这个等式表示，当利润最大化时，边际收益等于工资率除以劳动的边际产量。

工资率除以劳动的边际产量等于边际成本。它是企业多雇佣 1 单位劳动付出的 W，但这 1 单位劳动生产 MP 单位的产量。因此生产 1 单位产量的成本，即边际成本是 W 除以 MP。如果我们称边际成本为 MC，那么 $MR=MC$，所以这是利润最大化的第二个条件。

因为利润最大化的第一个条件暗含着第二个条件，所以这两个条件就是等价的。

表 6-3 总结了上面所推理的计算，表明了利润最大化的这两个条件的等价性。

表 6-3　利润最大化的两个条件

<table>
<tr><th colspan="2">元素</th><th>符号</th></tr>
<tr><td colspan="2">边际产量</td><td>MP</td></tr>
<tr><td colspan="2">边际收益</td><td>MR</td></tr>
<tr><td colspan="2">边际成本</td><td>MC</td></tr>
<tr><td colspan="2">边际收益产量</td><td>MRP</td></tr>
<tr><td colspan="2">工资率</td><td>W</td></tr>
<tr><th colspan="3">利润最大化的两个条件</th></tr>
<tr><td colspan="2">1.MR=MC</td><td>2.MRP=W</td></tr>
<tr><th colspan="3">条件的等价性</th></tr>
<tr><td>1.MRP/MP=MR</td><td>=</td><td>MC=W/MP</td></tr>
<tr><td>乘以 MP 得出</td><td></td><td>乘以 MP 得出</td></tr>
<tr><td>MRP=MR・MP</td><td></td><td>MC・MP=W</td></tr>
<tr><td>2.MR・MP=MRP</td><td>=</td><td>W=MC・MP</td></tr>
</table>

利润最大化的两个条件是：边际收益(MR)等于边际成本(MC)，边际收益产量(MRP)等于工资率(W)。这两个条件是等价的，这是因为边际收益产量(MRP)等于边际收益(MR)乘以边际产量(MP)，而工资率(W)等于边际成本(MC)乘以边际产量(MP)。

核实马飞的农家乐的数字，并证实刚刚考查过的条件起的作用。马飞的利润最大化的劳动决定是：如果工资率是每天 240 元，就雇佣 3 位服务员。当马飞雇佣 3 位服务员时，边际产量是每天接待 3 人。马飞接待 3 人的边际收益是每人次收 80 元。因此边际收益产量是 3 人乘以 80 元，等于每天 240 元。在每天 240 元的工资率水平上，马飞获得最大利润。同样，马飞的边际成本是每天 240 元除以每天 3 人，等于接待一人收 80 元。在边际收益为每人次 80 元时，马飞获得最大利润。

你已经发现需求定律适用于劳动，就如同它适用于物品或服务一样。在其他条件不变时，工资率(劳动价格)越低，劳动的需求量越大。

4) 劳动需求的变化

劳动需求的变动取决于三个因素：旅游企业的收入；其他要素的价格；技术与资本。

(1) 旅游企业的收入。企业收入越高，企业的劳动需求越大。收入通过影响边际收益产量而影响劳动需求。较高的价格增加边际收益，反过来也会增加劳动的边际收益产量。企业收入变化导致企业的劳动需求曲线移动。如果企业收入增加，劳动需求就增加，劳动需求曲线向右移动。

(2) 技术与资本。技术进步和资本增加会改变劳动边际产量从而改变劳动的需求。技术进步和资本积累削减了工作量，因而减少了劳动的需求。新技术和资本是某些类型劳动的替代品，从而减少了劳动需求。

需要注意的是，对劳动需求的这些影响是长期影响，只有当企业调整它的所有资源，把新技术运用于生产过程中时才会出现。

参考资料

图 6.4 显示了我国 2005—2013 年旅游业营业收入数与旅游从业人员数的统计值。

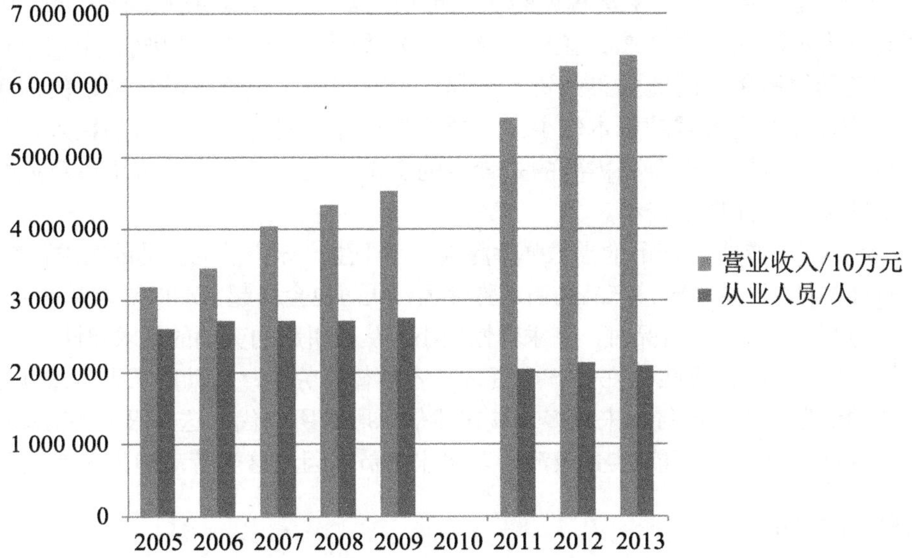

图 6.4 我国旅游业营业收入与旅游从业人员统计图

背景资料：2008 年是在线旅游发展关键的一年，这一年随着苹果手机的诞生，全球移动互联网大幕开启，苹果公司在 2007 年发布的第一代 iPhone 取得了巨大成功后，向第三方开发者提供了 iOS 软件开发工具包。这一举措被证明是手机发展历史上非常关键的一点，它让旅游公司能研发专门针对手机用户的移动应用。这一年又一具有革命性的模式诞生，这就是 Airbnb 及其代表的 P2P 个人房屋租赁模式，它是为房屋所有者(或租客)提供向陌生人出租闲置房间的平台，随之诞生的还有一个新的经济形态“分享经济”。同年，驴妈妈上线，穷游网正式商业化运营。2010 年，随着移动互联网的爆发，只针对移动端的 last-minute 预订模式的 Hotel Tonight 诞生。

依据以上数据可见，对旅游就业营业收入与旅游业就业人数进行相关性分析，2009 年以前为 0.81，2009 年后(缺省 2010 年数据)的相关系数为-0.87。以 2009 年为界，旅游营业收入与就业人数的相关性出现了逆转性变化，其原因可能是多方面的，但包含的原因之一是 2009 年前，旅游业就业需求主要依赖于行业产出水平，在 2009 年后在线旅游技术等旅游新技术的大发展，削减了旅游劳动力的需求。

(依据国研网旅游行业数据库整理，缺省 2010 年数据。)

5) 市场需求

到目前为止，我们研究了单个企业的劳动需求。劳动的市场需求是所有企业的总需求。

劳动的市场需求(类似于物品和服务的市场需求)是通过把每一个工资率水平上的所有企业的需求量加总而产生的。每个企业的劳动需求曲线向右下方倾斜，因而劳动的市场需求曲线也向右下方倾斜。

6) 旅游中的劳动需求弹性

劳动的需求弹性衡量劳动的需求量对工资率的反应灵敏度。一般而言，劳动的需求弹性取决于：生产过程的劳动密集程度；产品的需求弹性；资本对劳动的替代性。

(1) 劳动密集程度。劳动密集程度越大，劳动的需求越富有弹性。要弄清其中原因，我们先假定工资占总成本的90%，工资率增加10%导致总成本增加9%。企业会对总成本如此巨大的变动很敏感，因此如果工资率增加，企业将较大幅度地减少劳动的需求量。在旅游业中，旅行社发展所需的资本较少，主要依赖于导游服务等劳动力的投入，其劳动的需求弹性较大。而景区发展首先需要的是较多的资本投入，景区人员成本占总成本比例较小，其劳动的需求弹性也就较小。

(2) 产品的需求弹性。产品的需求弹性越大，用于生产该产品的劳动的需求弹性就越大。当旅游产品对人们并不重要时，产品的需求弹性大，从而也会引起劳动的需求弹性大。当旅游产品逐渐成为人们的必须消费品时，需求弹性减小，从而引起的劳动的需求弹性相应减小。

(3) 资本对劳动的替代性。在生产中资本越容易替代劳动，劳动的长期需求就越富有弹性。旅行社的信息咨询服务将越来越多地被在线信息服务所取代，这类服务的劳动弹性大，但计算机难以替代(虽然有可能)实景表演、客房服务员，因此这类劳动的需求就缺乏弹性。

2．劳动的供给

我们现在从劳动市场的需求方转向供给方，并考查人们如何决定时间在工作和其他活动之间的分配。

人们能够把他们的时间分配于两类广义的活动：劳动供给和闲暇(闲暇是一个包罗万象的类别，包括除劳动供给之外的所有活动)。对大多数人来说，闲暇带来的享受远远大于供给劳动。我们来看一看夏洛特与大多数人一样的劳动供给决定。如果周末不做城市一日游地接导游工作，他就享受了闲暇，所以他会很高兴。

但夏洛特选择了周末工作，其原因就在于他得到的工资率超过他的保留工资。夏洛特的保留工资是他愿意供给劳动的最低工资。如果工资率超过了他的保留工资，他选择供给一些劳动。但他供给多少劳动呢？夏洛特供给的劳动数量取决于工资率。

1) 替代效应

在其他条件不变时，夏洛特得到的工资率越高，至少在一定范围内，他供给的劳动数量就越多。原因就在于，夏洛特的工资率是他闲暇时间的机会成本。如果他提前一个小时下班去看一场电影，这额外一小时闲暇的成本就是夏洛特放弃的工资率。工资率越高，夏洛特越不愿意放弃收入去享受额外的闲暇。较高的工资率促使夏洛特愿意工作更长时间，这种倾向就是替代效应。还存在一种收入效应，与替代效应的作用相反。

2) 收入效应

夏洛特的工资率越高，他的收入越高。在其他条件不变时，较高的收入诱使夏洛特增加对大多数物品的需求。闲暇就是这些物品之一。因为收入增加使得对闲暇的需求增加，从而劳动供给量减少。

3) 向后弯曲的劳动供给曲线

当工资率提高时，替代效应使劳动的供给量增加，而收入效应使劳动的供给量减少。在工资率很低时，替代效应超过收入效应，所以当工资率提高时，人们供给更多劳动。但当工资率持续提高时，收入效应最终比替代效应更大，劳动的供给量减少。劳动供给曲线向后弯曲。图 6.5(a)表示张三、李四和王五的劳动供给曲线。每条劳动供给曲线都向后弯曲，但这三个人有不同的保留工资率。

4) 市场供给

劳动的市场供给曲线是个别供给曲线的总和。图 6.5(b)表示劳动的市场供给曲线 S_M，由图 6.5(a)中的张三、李四和王五的供给曲线(分别是 S_A、S_B 和 S_C)导出。在工资率低于每小时 1 元时，没有人提供劳动。在工资率为每小时 1 元时，张三工作，但李四和王五不会工作。当工资率上升到每小时 7 元时，三个人都工作。市场供给曲线 S_M 最后向后弯曲，但它有一个很长的向上倾斜的部分。

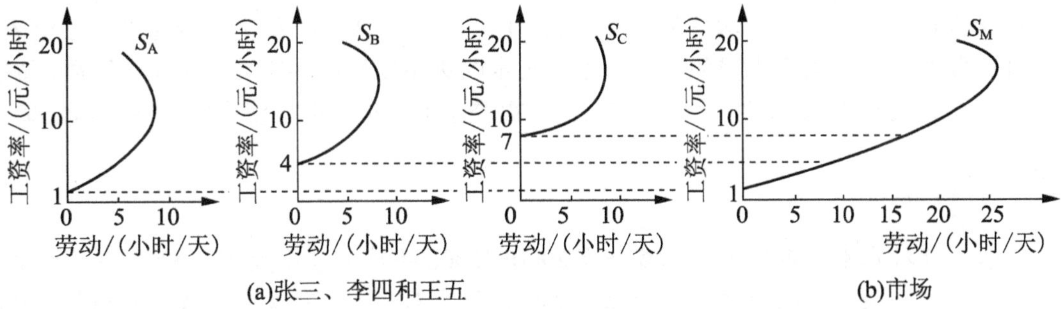

图 6.5 劳动的供给

5) 旅游劳动供给弹性

整体而言，旅游业劳动技术性不强，就业门槛低，劳动者可以较为自由地进出该行业，相比较其他技术性要求高的行业，旅游劳动供给弹性较高，劳动力价格(工资)的改变会引起劳动力供给较大幅度的变化。

案例分析

中新网杭州 1 月 11 日电(记者严格)记者日前从杭州市旅委获悉，2009 年杭州地区外语类导游仅占总导游人数的 11.04%，尤其小语种导游的稀缺，已经难以满足杭州旅游国际化的需求。针对旅行社小语种人才紧缺现状，杭州市旅委对旅行社人员参加小语种进修的给予培训费用返还，对旅行社引进小语种人才，给予每年 1.5 万元的人才专项经费补贴，并连续补贴 3 年。

(资料来源：杭州小语种导游稀缺 以补贴人才引进等手段应对[EB/OL]. http://www.chinanews.com/life/2011/01-11/277 9669.shtml.[2015-08-12].)

简要分析：小语种导游人才的供给稀缺，决定了其较高的劳动价格水平，政府予以补贴使得供需关系的矛盾得到一定的缓解。

3. 旅游劳动市场的趋势

1) 旅游劳动需求的趋势

产业发展与技术进步将共同影响旅游劳动的需求。整体经济水平的增长将使得旅游产品的需求增加，推动产业规模和产品水平的提高，从而使得旅游需求增加并引致旅游劳动需求的增加。但技术的提高特别是包括在线旅游等智慧技术的快速发展必然对传统旅游业中的许多人工服务构成代替，从而使得许多普通旅游劳动力需求减少。同时，随着技术的进步也将创造适应这些技术的新的工作，为了从技术进步中获益，人们必须获得新技能，并变换他们的工作。例如，在线服务使得传统旅行社的许多服务被替代，但催生了旅游应答员的新职业。同时，随着旅游产品的升级，对导游等旅游服务人员的综合性能力要求越来越高，具有丰富知识、讲解技能、服务技巧并具有良好服务态度和责任心的导游受到了劳动力市场的青睐。

2) 旅游劳动供给的趋势

由于人口增加、家庭技术变革、资本积累以及受教育水平的提高，劳动供给在整体上会增加。随着劳动力教育水平的提高、旅游技术的进步以及旅游需求个性化的发展，旅游劳动供给必将向技术化、专业化的方向发展。提高就业门槛，也将使得旅游供给弹性减小。

参考资料

刘长生等对张家界市的主要旅游企业2000—2006年员工工资(劳动力价格)的影响因素分析显示：纯粹的性别歧视对收入分配产生较大的负面影响；员工的受教育回报呈现递增的规律；旅游企业员工收入与其工作经历之间呈现出“凹形”的经济关系。

(资料来源：刘长生, 郭小东, 简玉峰. 旅游企业员工收入差异的影响因素分析——以张家界市的旅游企业为例[J]. 旅游学刊, 2008, 23(9): 60-67.)

6.1.2 旅游中的资本市场

资本市场是旅游企业借以购买物质资本资源的金融资源的渠道。物质资本是旅游交通、服务设施、建筑物以及旅游企业用来生产物品和服务的其他设施的存量。物质资本也包括企业拥有的原材料、半成品和成品等存货。这些资本资源被称为物质资本，是为了强调它们是真正的实物。它们是由一些企业生产，并由另一些企业购买的物品。物质资本是一个存量——在一个给定的时间点存在的实物数量。存量每年都在变化。它随着旧资本逐渐消磨而耗尽，并随着企业购买新的资本项目而补充和增加。

交易物质资本项目的市场并不是资本市场。它们是物品市场。例如，旅行社所需要的旅游汽车的数量和价格是由这些产品的交易市场决定的。在一个给定的时期内，企业购买许多不同项目的资本。这些资本物品的货币价值称为企业的投资。但只有实物本身(而不是它们代表的货币价值)是资本。用于购买物质资本的金融资源称为金融资本。

图 6.6　资本进入旅游产业

(图片来源：www.nddaily.com)

在研究劳动市场的供给与需求的过程中已经学过的各种观点也适用于资本市场。但资本有一个特征：人们必须把现期的资本支出与它将赚得的未来收入相比较。

1. 资本的需求

企业对金融资本的需求产生于它对物质资本的需求，而在给定时期内，企业打算借贷的数量由计划投资——计划中的新资本购买决定。这种决策由企业的利润最大化所推动。决定投资和借贷计划的因素是：资本投入所获取的利润=资本的收益-资本的成本。依据我们前面分析的结论，其理想值的条件是：资本的边际收益=资本的边际成本。在经济学中这两个被表述为：资本的边际收益产量与使用资本的利率。

1) 资本的边际收益产量

资本的边际收益产量是 1 单位资本给企业所带来的总收益的变化。例如，饭店购置新的预定系统，两年中每年为公司增加 1 150 万元收入，那么这套系统的边际收益产量就是每年 1 150 万元。随着资本数量的增加，在资本的边际收益产量这方面，资本与劳动相似。如果购买第二套预订系统，饭店的总收益的增加额将低于第一套系统的 1 150 万元。

2) 利率与基准收益率

利率是借来进行金融投资的资金的机会成本，也是企业使用自有资金的机会成本。这是因为它可以把这些资金存到或借给别的企业，并获得现行的贷款利率。利率越高，在资本市场中计划投资和借贷的数量就越小。基准收益率，也称基准折现率。它是企业、行业或投资者以动态的观点所确定的可接受的投资项目中最低标准的收益水平，即选择的特定的投资机会或投资方案必须达到的预期收益率，是投资决策者对项目资金机会成本的估值。

特别提醒

在旅游中，对资本需求评估的依据并不是银行的利率，因为除开获银行借给或别的企业获得利息外，在行业中是可以进行很多的投资选项获得收益，其中最高的是实际的机会成本，国家对不同行业的基准收益率(行业的机会成本)提高了参考，如种植业是 6%，大中型机场建设是5%(依据《建设项目经济评价方法与参数》)。国标中没有提到旅游行业的计算依据，但一般是6%~12%。

知识链接

财务内部收益率(FIRR)和财务净现值(FNPV)是考查具体项目资本需求的主要指标。财务内部收益率是使项目整个计算期内各年净现金流量现值累计等于零时的折现率。它反映项目所占用资金的盈利率。将求出的财务内部收益率与行业的基准收益比较，当FIRR大于基准收益率时，即认为项目盈利能力能够满足要求。财务净现值是指按行业的基准收益率，将项目计算期内各年净现金流量折现到建设期初现值之和。当FNPV>0时，即认为项目盈利能力能够满足要求。当你能对项目未来的资本收益做出预测后，运用Excel中IRR与NPV函数工具能够便捷地计算出该项目资本投入的FIRR与FNPV。

企业需求的资本数量是使资本的边际收益产量等于资本支出的数量。但资本支出是一个现期支出，而边际收益产量是一个未来收益。利率(或上面所提到的基准收益率)越高，未来收益的现值就越小，计划投资的数量也就越小。

3) 资本的需求曲线

企业的资本需求曲线表示在其他条件不变时，企业对金融资本的需求量与利率的关系。图6.7表示快乐旅行社的资本需求曲线。在每年12%的利率(或基准收益率)水平时，快乐旅行社不需要资本(因为资本能获得12%的利息或有获得12%收益的其他项目)；但在每年8%的利率水平时，它花费2 000元买了一台新计算机；在每年4%的利率水平时，它花费4 000元买了两台新计算机。

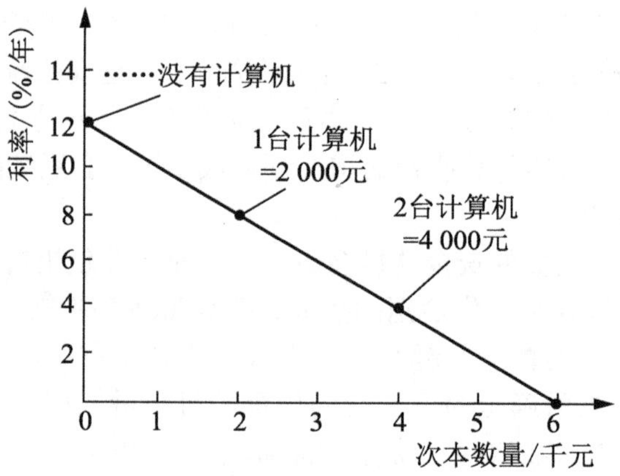

图6.7 饭店的资本需求曲线

对每个企业来说，利率(基准收益率)越低，资本需求量越大。

2. 旅游中资本的供给

旅游资本是社会整个资本的构成，由于资本在行业间的无差异性，其供给量取决于社会总资本的供给量。资本的供给量来自人们的储蓄决定。决定储蓄的主要因素是：收入；

预期的未来收入；利率。我们来看一看这些因素怎样影响吕岩的储蓄决策。收入储蓄是把当前收入转为未来消费的行为。当吕岩的收入增加时，他计划在当前和未来都消费更多。要增加未来消费，吕岩必须现在储蓄。因此，在其他条件不变时，吕岩的收入越高，储蓄得越多。

1) 预期的未来收入

如果吕岩当前的收入很高，而预期的未来收入很低，他的储蓄水平将会很高。如果吕岩当前的收入很低，而预期的未来收入很高，他的储蓄水平将会很低(甚至可能为负值)。与预期的未来收入相比，学生的当前收入很低，因而他们倾向于消费的比挣的多。在中年，大多数人的收入比他们预计的退休之后的收入要高，因而他们为退休之后的生活储蓄。

2) 利率

今天储存的 1 元在明天就增长为 1 元加上利息，利率越高，今天储存的 1 元在未来变出的数量就越大。因此利率越高，当前消费的机会成本就越大。由于当前消费的机会成本较高，吕岩减少了当前消费，增加了储蓄。

3. 资本市场均衡

储蓄计划和投资计划通过资本市场来协调，利率的调整使这些计划能协调起来。图 6.8 表示资本市场。资本需求是 KD_0，资本供给是 KS_0。均衡利率是每年 6%，资本数量(企业投资数量和家庭储蓄数量)是 1.5 万亿元。如果利率超过每年 6%，资本供给量将超过资本需求量，利率就将下降。利率将不断下降，直到资本过剩被消除。如果利率低于每年 6%，资本需求量将超过资本供给量，利率就将上升。利率将不断上升，直到资本短缺被消除。

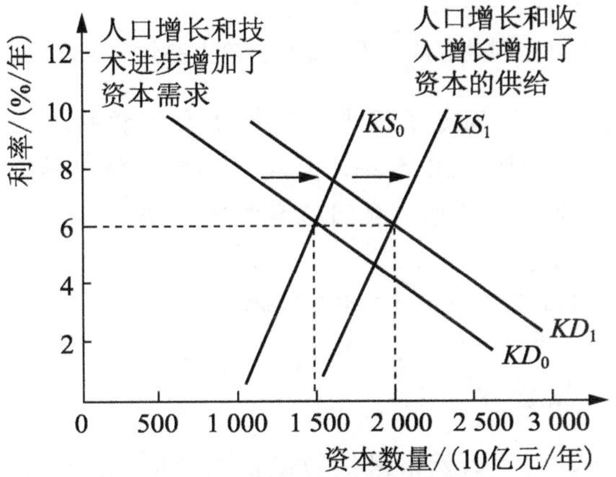

图 6.8　资本市场的均衡

4. 需求和供给的变化

随着时间的推移，资本需求和资本供给都增加。需求曲线向右移动到 KD_1，供给曲线移动到 KS_1，两条曲线都移动。由于相同的或相关的因素影响，人口增加使需求和供给都增加。技术进步增加了需求，带来了高的收入，这反过来又增加了供给。随着时间的推移需求和供给都增加，资本量就增加，但利率保持不变。

在现实中，实际利率要波动，原因在于资本需求变化和资本供给变化的步伐不一致，有时候，迅速的技术变化在带来资本供给增加的更高收入之前，引起了资本需求的增加。当这一系列事件发生时，实际利率提高了。2005 年左右就是这样一段时间，在另一些时候，资本的需求增加较慢，甚至暂时减少。在这种情况下，供给比需求增长得快，实际利率下降。20 世纪 90 年代中期和 2008 年期间就是两个这样的时期。

参考资料

(1) 根据新古典增长理论，资本、劳动和技术决定着旅游产业经济增长。按照生产函数的定义，决定区域 i 的旅游产出(Y)的主要因素是:旅游产业资本投入(K)和劳动投入(L)。将区域旅游生产函数设定为柯布-道格拉斯(C-D)形式，首先得到了本文基本的区域旅游生产函数:

$$Y_i = A_i K_i^{\alpha} L_i^{\beta} e^{\varepsilon i}$$

式中，Y_i 为 i 区域旅游产业经济产出；A_i 为 i 区域旅游产业的技术水平；K_i 为 i 区域旅游产业的资本投入量；L_i 为 i 区域旅游产业的劳动投入量；$e^{\varepsilon i}$ 为随机干扰项，衡量其他未观测到的因素对区域旅游产出的影响；α 为资本的产出弹性；β 为劳动的产出弹性。如果估计出的参数 $\alpha+\beta=1$，则为规模报酬不变；如果 $\alpha+\beta>1$，则为规模报酬递增；如果 $\alpha+\beta<1$，则为规模报酬递减。

依据 2001—2007 年的数据，纳入空间依赖性的省域旅游产业生产函数估计结果，资本投入对中国省域旅游产业的弹性系数为 0.74，而劳动投入的弹性系数为 0.40，两者之和大于 1，处于规模报酬递增阶段。

(资料来源：吴玉鸣. 考虑空间效应的中国省域旅游产业弹性估计[J]. 旅游学刊, 2010, 25(8):18-26.)

(2) 近期，国务院常务会议确定了促进旅游投资和消费的政策措施，打造稳增长调结构惠民生新支点。业内人士预计，2015 年，全国旅游投资将继续保持稳定增长的态势，预计全年旅游直接投资将达到 1 万亿元，我国旅游投资将正式步入万亿元时代。未来 3 年，我国旅游投资将超过 3 万亿元。

(资料来源：苏诗钰. 专家预计未来 3 年旅游投资额超 3 万亿元[N], 证券日报, 2015-07-31.)

6.1.3 旅游中的自然资源市场

旅游中的土地和其他可再生自然资源的数量是固定的。供给量不会被个人决定所改变，景区企业可以改变他们自己拥有的土地数量，但当这个企业增加土地的数量时，就有另一个人(农民、居民或企业)在销售它。任何类型的和在任何特殊位置的土地的总供给数量是固定的，而与个人决定无关。这个事实意味着旅游中每一块特殊土地的供给是完全没有弹性的。图 6.9 说明了这种供给。不管租金如何，夫子庙地段的土地是一个固定的按面积计算的数目。因为不管租金如何，土地的供给是固定的，租金就取决于需求。对一块特定土地的需求越大，其租金就越高。

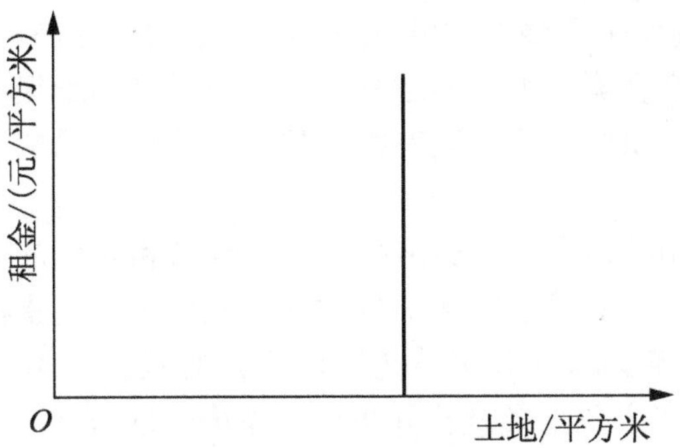

图 6.9　土地的供给

昂贵的土地能够而且确实会比便宜的土地得到更集约的使用。例如，为了获得更多的可供景区开发利用的土地，通过土地流转促使农民建立集中居住社区。然而，为了更集约地使用土地，就不得不与生产的另一个要素——资本相结合。增加每块土地上的资本量并没有改变土地供给本身。

虽然每类土地的整体供给是固定的，供给完全没有弹性，每个参与竞争性土地市场的单个企业仍面临着富有弹性的土地供给。例如，夫子庙周边附近有固定数量的土地，但吕岩仍能租到一块地方提供旅游纪念品。每个企业都能按现行的由市场决定的租金租到所需求的土地数量。因此，倘若土地市场是竞争性的，企业在这些市场中是价格接受者，就如同它们在其他生产要素市场上一样。

6.1.4　企业家才能

企业家才能指企业家经营企业的组织能力、管理能力与创新能力。企业家是创新的主体，企业家创新是转型发展的推动力。微观经济学认为，在生产相同数量的产品时，可以多用资本少用劳动，也可以多用劳动少用资本。但是，劳动、土地和资本三要素必须予以合理组织，才能充分发挥生产效率。因此，为了进行生产，还要有企业家将这三种生产要素组织起来，企业家才能和前三个要素的关系不是互相替代的关系，而是互相补充的关系。

正常利润通常是厂商对自己所提供的企业家才能的报酬支付，是企业家从事管理经营所获得的“劳动报酬”。从机会成本的角度看，当企业所有者在自己的企业当经理时，他就失去了到别人所拥有的企业当经理时所能得到的收入报酬，而他失去的这份报酬就是他在自己所拥有的企业当经理时的机会成本，如 4.3.1 中所描述的吕燕所放弃的经营另一家旅行社所获取的一年 50 万元的收益。或者说，如果她在自己的企业当经理，她应当自己向自己支付报酬，而且这份报酬数额应等于她在别的企业当经理时可以得到的最高报酬。所以，从机会成本角度看，正常利润属于成本，并且属于隐性成本。

6.2　要素收入的构成——经济租、机会成本

你已经看到要素市场的需求与供给怎样决定要素的价格和数量。你也看到生产要素的

需求取决于边际收益产量，生产要素的供给取决于可获得的资源和人们对资源使用的选择。

如果人们提供的生产要素有很大的边际收益产量或其供给很小，他们就得到一个很高的要素价格。如果人们提供的生产要素有很小的边际收益产量或其供给很大，他们就得到一个很低的要素价格。

生产要素的总收入由经济租和机会成本组成。经济租是生产要素所有者获得的超过促使其提供该要素使用所要求的额度的那部分收入。任何生产要素都可以获得经济租。促使一种生产要素的供给所需要的收入就是使用该要素的机会成本——要素在次优用途的价值。图 6.10 说明了要素收入包含经济租和机会成本成分的方式。

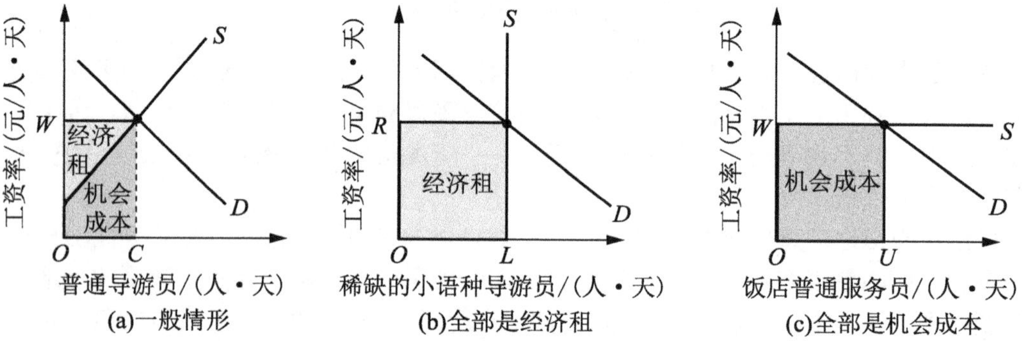

图 6.10　经济租与机会成本

图 6.10(a)表示一种生产要素市场。它可以是任何生产要素——劳动、资本或土地，我们假定它是劳动。需求曲线为 D，供给曲线为 S，工资率为 W，雇佣数量为 C。获得的收入是灰色和浅灰色区域的总和。在供给曲线以下的灰色区域衡量机会成本，而在供给曲线以上，但在要素价格以下的浅灰色区域衡量经济租。

为了说明为什么供给曲线以下的区域衡量机会成本，回顾一下解释供给曲线的两种不同的方式。它表示在一个给定价格水平的供给量，以及表示愿意供给一个给定数量的最低价格水平。如果供给者只获得了为促使他们提供每一单位该要素所需要的最低额度，每一单位要素都将获得不同的价格。价格将沿着供给曲线运动，而获得的收入将全部是机会成本——图 6.10(a)中的深灰色区域。

经济租的概念与生产者剩余的概念相似。经济租是一个人为提供一种要素的使用所接受的价格减去他愿意提供给定数量这种要素的最低价格。经济租与饭店经营支付的“租金”不同。日常工作中的“租金”是为建筑的服务支付的价格。经济租是任何一种生产要素得到的收入的一个组成部分。

由经济租构成的要素收入的这个部分取决于要素的供给弹性。一般地说，当供给像图 6.10(a)表明的情形那样时，它表示需要通过并不非常困难的资格考试的普通导游（获得该职业资格需要通过并不非常困难的资格考试）的供需状况，它既不是完全有弹性，也不是完全没有弹性时，要素收入的一部分是经济租，而另一部分是机会成本。

图 6.10(b)表示非常稀缺的小语种导游人员的状况，对于某个城市该语种导游人员数量基本固定为 L。因此，其供给曲线是垂直的，完全没有弹性。无论工资是多少，都没有办法

增加供给量。假定图 6.10 (b)中的需求曲线表示导游的边际收益产量，那么它确定的工资为*R*。小语种导游得到的全部收入就是图中的浅灰色区域，这个收入就是经济租。

图 6.10(c)表示一个饭店普通服务员劳动市场，这个工作的技术要求比较低，在现行的工资率水平(在这个例子中是 *W*)上可以得到大量的劳动。劳动供给是完全有弹性的。这些服务员所获得的全部收入都是机会成本，他们没有得到经济租。

本章小结

本章立足于旅游要素市场的供需关系与价格决定，来阐释旅游收入的分配。本章介绍了旅游中要素价格的决定及其与旅游收益分配的关系，并针对劳动、资本、自然资源及企业家才能这四种生产要素的要素内容、价值回报以及价格决定分别进行了说明，最后阐述了要素收入的构成——经济租与机会成本。

复习思考题

一、填空题

1．对一项旅游投资项目若同时具有多个投资方案时，将资金投入其中一方案，而放弃其他方案可能丧失的收益叫做________。

2．旅游收入的多少以及分配取决于所使用要素的________和________。

3．资本供需均衡的理想值条件是：________等于________。

4．________是指借来进行金融投资的资金的机会成本。

5．在竞争性的劳动力市场上，超过均衡工资的最低供给________了就业。

二、名词解释

1．旅游生产中的派生需求

2．边际收益产量

3．基准收益率

4．贴现

5．经济租

三、问答题

1．举例说明旅游中的生产要素的类型。

2．说明是什么把旅游企业生产的产量和企业雇佣的劳动数量联系起来的。

3．举例说明旅游企业边际收益产量和边际收益的区别。

4．举例说明现实旅游经济中的劳动数量的供需状况。

5．举例说明旅游企业劳动需求弹性的决定因素。

6．说明旅游资源的供给为什么是完全没有弹性的。

四、案例分析与计算题

1．图 6.11 说明了导游的劳动力市场的状况。

(1) 这个市场的工资率是多少？

(2) 有多少导游被雇佣？

(3) 导游获得的总收入是多少？

如果在淡季中，对导游的需求每天下降 100 人，那么：

(4) 新的工资率是多少？

(5) 多少导游被雇佣？

(6) 支付给导游的总收入是多少？

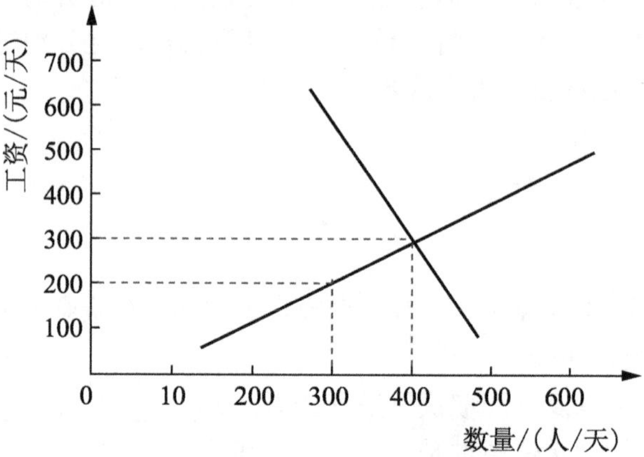

图 6.11　导游的劳动力市场状况

2．西安的曲江集团将它的别墅出售，获得了巨大的收益，查找相关资料回答以下问题：

(1) 为什么在过去十年间曲江新区的土地以及楼市价格上涨了？讨论一下土地的需求与供给。

(2) 曲江新区的土地供给完全没有弹性吗？

3．一旅行社在建立初期投资 100 万元，其 1～10 年的净收入均为 23 万元，基准收益率 $i=8\%$，求该旅行社 10 年的净现值。

第7章　旅游经济中的市场失灵与治理

学习目标

知识目标	技能目标
① 掌握旅游经济中市场失灵的概念与类型； ② 了解旅游经济中垄断的表现，掌握因为垄断造成市场失灵的经济学原理，以及治理垄断的思路，了解治理的主要手段； ③ 了解旅游经济中公地悲剧的表现，掌握因为公地悲剧造成市场失灵的经济学原理，以及治理公地悲剧的思路，了解治理的主要手段； ④ 了解旅游经济中非对称信息的表现，掌握因为非对称信息造成市场失灵的经济学原理，以及治理外部性的思路，了解治理的主要手段。	① 能够区分旅游经济中市场失灵的不同类型； ② 能够具体分析旅游经济中市场失灵造成的福利损失； ③ 能够针对不同原因造成的旅游经济中的市场失灵提出解决方案； ④ 能够具体分析旅游经济中治理市场失灵不同手段的福利改进状况。

知识结构

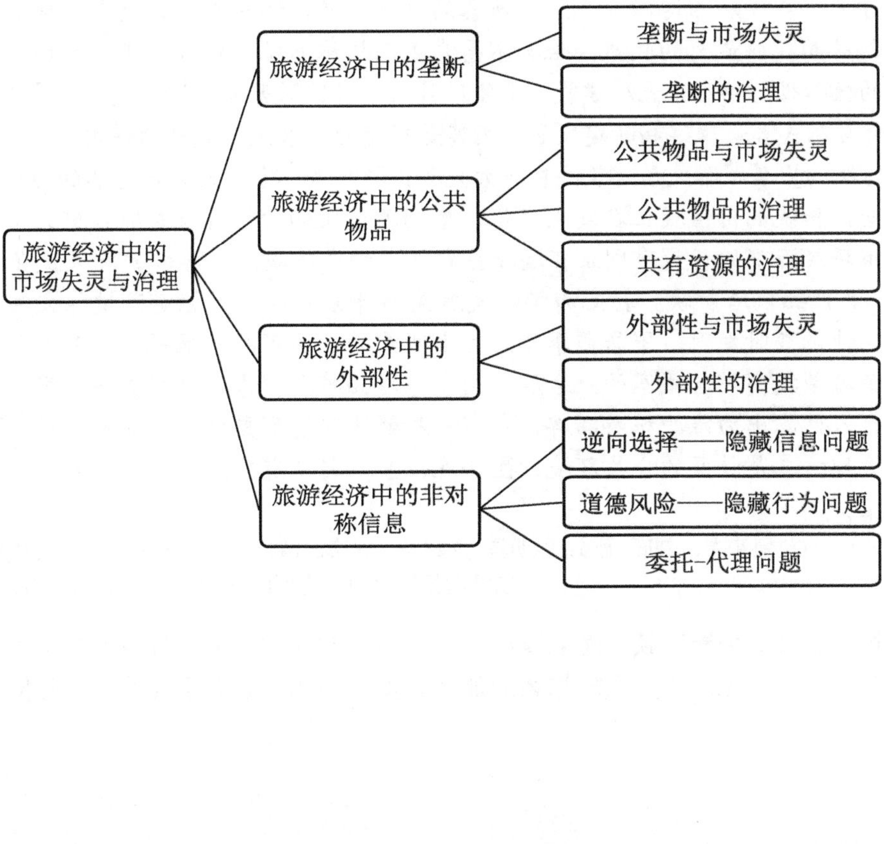

导入案例

甲居藏寨发展中的问题

甲居藏寨位于四川丹巴县城以北 7 千米处，面积约 5 平方千米，共有 120 多户人家，居民约 700 人，是嘉绒藏族的集居地。其民俗风情浓郁，文化底蕴深厚，民居依山而建，错落有致，古朴典雅，与自然环境和谐统一，充分体现了“天人合一”的建筑理念，在 2005 年《中国国家地理》举办的“选美中国”活动中，甲居藏寨荣登“中国最美丽的乡村”榜首，是少数民族村寨旅游开发研究的典型案例。

自 2000 年开始，甲居藏寨的旅游业快速发展，但在发展中也显现出一系列的问题，表现在：

(1) 村寨公共秩序混沌失序。在甲居藏寨实地调查时发现：部分村民集聚在景区入口处，游客一进入就吆喝拉客；部分接待户与导游串谋联合瓜分客源；甚至还有部分民居接待户为了吸引客源，擅自把自家的承包地或自留地改作临时停车场，使整个村庄变成了偌大的露天停车场。原有淳朴、静谧、有序的乡村氛围逐渐消失，取而代之的是无序的商业氛围的侵入。

(2) 旅游资源利用无度和蜕化。一方面，由于民居接待户的不断增加，环境不断遭到破坏，甲居藏寨从事旅游接待服务的农户从无到有，目前已达 80 余家，民居在从事旅游接待服务的过程中，产生大量的生活污水、垃圾未经任何处理就直接排放到社区的公共空间，而且污水顺山而下，还污染了山下部分居民的生活用水，对生态环境也造成一定程度的破坏。

另一方面，在发展旅游以后，甲居藏寨的每一位居民都希望通过最大程度利用传统的文化资源，从而获取最大的收益，但却不愿意主动传承和维护传统文化，特别是作为甲居藏寨旅游的核心吸引物——民居建筑的整体风貌与纯朴民风开始逐渐蜕变。一是为了扩大接待规模，部分居民开始改建和新建民居，尤其是新建的几家民居建筑的结构、风貌和建筑体量已经与传统的甲居藏寨民居建筑存在较大差异，严重破坏了甲居藏寨整体的协调性和统一性；二是居民传统的价值观正在发生变化，重利不重义的价值观正在取代重义不重利的传统观念，市场经济下的行为准则正在逐渐蚕食原来的道德观念，淳朴的民风正在消失。

(3) 公共产品供给短缺。村寨旅游的发展离不开旅游品牌、旅游环境等公共产品的供给，但在实地调查时发现，甲居藏寨旅游发展所需的公共产品明显短缺。其主要表现在：一是大家都希望提高甲居藏寨的知名度，树立旅游品牌和形象，吸引更多的游客前来观光游览，却无人愿意出力维护旅游品牌，损害甲居藏寨旅游形象的行为随处可见，却无人进行纠正和管理；二是社区的公共环境卫生状况较差，与旅游所要求的洁净的环境之间存在较大的差距。

(资料来源：刘旺，孙璐，吴明星. 少数民族村寨旅游开发中的公地悲剧及其对策研究——以丹巴县甲居藏寨为例[J]. 开发研究，2008，134(1)：125-130.)

市场机制是有效配置稀缺资源的重要手段，但是实际的经济运行中，市场机制并没有亚当·斯密的“看不见的手”原理描述的那样完美。正如甲居藏寨开发的实际情况一样，在某些情况下，市场机制并不能有效地进行资源的配置，帕累托最优状态就不能实现，这种情况就被称为“市场失灵”。美国经济学家斯蒂格利茨把市场失灵区分为两种情况：“新的市场失灵是以不完全信息、信息有偿性以及不完备市场为基础的；原始的市场失效是与诸如公共物品、污染的外部性等因素相联系的。”

由于旅游资源的属地性与公共性、旅游产品的无形性、旅游消费的异地性等特征，使得旅游运行经济中存在大量的市场失灵的情形。

7.1 旅游经济中的垄断

7.1.1 垄断与市场失灵

1. 垄断如何导致市场失灵

在垄断市场条件下，整个行业中，只有唯一的一个厂商在生产和销售，因此竞争失灵是在所难免的。甚至在寡头垄断市场上，由于市场受到几个可以相互串通的厂商的控制，想通过竞争来达到市场效率也是不可能的。

影响市场竞争性的因素不仅仅在于买者或卖者的数量，还在于该厂商所生产和销售的商品是否有相近的替代品，其他厂商进入该行业是否困难。对于垄断市场来说这两点都是否定的，这就进一步削弱了市场的竞争性。

如图 7.1 所示，MR 为厂商的边际收益曲线，D 为产品的需求曲线(也是消费者的边际效用曲线 MU)。由于垄断厂商追求利润最大化，根据利润最大化的原则，由 $MR=MC$ 决定了交点 E_0，按照 E_0 点生产的产量为 Q_0，价格由需求曲线 D 来决定为 P_0，这时垄断厂商获得了最大利润。

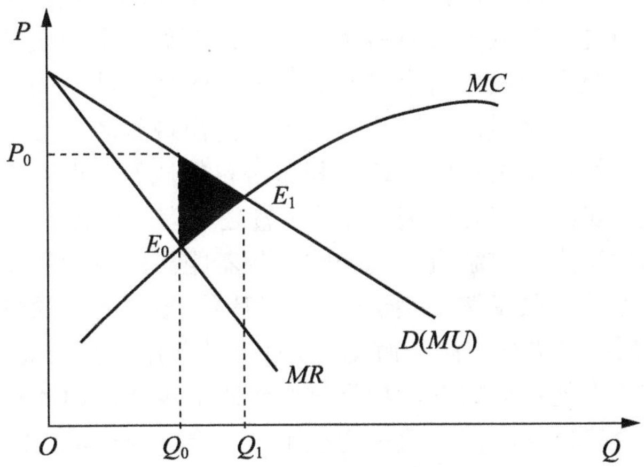

图 7.1 垄断导致的市场失灵

但由于此时的社会边际效用曲线 MU(需求曲线 D)高于边际成本曲线 MC，这表明消费者愿意为增加额外一个单位产量所支付的价格超过了生产该单位所增加的成本，因此还存在帕累托改进的余地，即对于整个社会来说还应该增加产量。

当产量达到社会边际收益等于边际成本时，即达到由交点 E_1 所决定的产量 Q_1 时，就实现了生产的帕累托最优。然而在垄断的条件下，这一产量是不可能实现的。厂商为了追求自身利益的最大化，产量决策只会是 Q_0。如此，就造成了图 7.1 中阴影部分的效率损失。这就是由于垄断造成的市场失灵。

2. 垄断形成的原因

旅游资源存在着“不可移动”的特点，因此旅游商品价值的实现与具体的时空坐标环境相联系，具有一定程度上的相对固定性，同时也具有一定的排他性和独占性。旅游商品市场中的经营者比较容易对旅游资源开发地、景区景点附近的商品市场形成垄断，一定范围外的投资者和经营者很难成为景区周边市场中的有力竞争者，从而商品的价格在很小程度上受到商品市场中商品供给和商品需求的影响。经营者控制价格，一方面带给经营者丰厚的利润回报，另一方面，价格的不稳定引起旅游商品市场的巨大波动，价格机制失去作用后，市场失灵便会出现。

自然垄断的形成是旅游产业一个较为棘手的问题。基于旅游目的地地理位置的优越性，对众多的旅游商品经营者形成天然的贸易壁垒，同时当地政府基于支持当地旅游业的发展和保护本地旅游商品市场的出发点，对外部旅游商品进入本地市场也设置了较多的人为门槛，致使自然垄断的现象更加严重。自然垄断的市场中，旅游商品的价格并非全部受当地供求的影响，而当地政府和当地的旅游商品的经营者会对旅游商品的价格的调整产生更大的影响。由于市场中的旅游商品经营者对市场总体运行模式了解较浅，加之众多经营者存在过度追求短期经济效益的眼光，导致了价格调整过度频繁且欠缺宏观指导，长期效益得到损害，当地的旅游资源受到破坏和旅游商品市场的原有竞争秩序被打乱。

自然垄断的形成，主要是由于旅游目的地或是旅游景区占据了有利的地理位置，同时存在一定的客观原因会导致旅游产品市场失灵。其中主要的客观原因包括气候条件、地理位置、风俗习惯等。首先，气候条件具有不确定性。例如，贵州虽然天气凉爽，被看做夏天避暑的好地方，但是夏天出去旅游会经常碰到阴雨天气，此时的雨天可能会影响正在旅游的人们的兴致，导致某一个景区或某个地区的景区出现旅游产品市场的市场失灵。解决因客观原因而造成的市场局部失灵时，政府和旅游目的地的管理者应该根据具体情况，设置可行的方案和突发性实践的应急机制，万不可置之不理。其次是地理条件，通常条件下，旅游资源的不可移动性决定了旅游资源的影响力随着距离的增加而逐步减小。例如，贵州省位于西南地区，交通条件欠发达，鉴于距离的问题，很多省外的游客不堪承受远距离的长途劳累，放弃到贵州省内进行旅游和游览，从而导致旅游商品市场可能会出现市场失灵，之前计划的供给和需求可能出现偏差，导致供大于求的现象，由此社会资源得不到有效的合理配置。最后，社会风俗的不同。很多情况下，社会风俗会成为游客十分青睐的游览对象，游客希望看到不同风俗下居民的社会生产生活状态，以此成为此次游览的重要目的。但是，社会风俗的不同，有时也会导致游客不能接受，出现社会风俗与游客的价值观、世界观不相一致的情况，此时便会导致大量游客拒绝前往该旅游目的地，则旅游目的地的供给明显大于对旅游商品的需求，即有效需求小于供给，此时价格不能发挥其进行自动调控的功能，旅游商品市场的失灵也由此产生。

理论争鸣

中国旅游业存在“垄断”吗？

最近“垄断”这个词很火，国字号的大企业不断爆出随意涨价、瞒报事故、铺张浪费等事件，令人对事件背后的垄断深恶痛绝。在旅游业中，对垄断的担忧同样存在。笔者却以为，旅游业谈垄断为时尚早，一盘散沙的现状才是真正值得忧虑的。

要判读旅游业中是否存在垄断现象，首先要明确到底何为“垄断”。按照我国《反垄断法》的定义，垄断行为是指排除、限制竞争以及可能排除、限制竞争的行为。

任何一个行业如果形成垄断，必然需要两个前提条件：一是企业数量极少；二是大企业所占比例极高。而在旅游业中，这两个前提都不存在。据统计，2011年我国境内有正规注册的旅行社超过2万家，30年间增加了100倍；2010年我国旅游总收入超过1.5万亿元，而排名第一的中国港中旅集团公司(以下简称港中旅)2010年主营收入也不过500亿元，占比还不到3.5%。在一个如此分散的市场中，垄断根本是项不可能完成的任务。

一般来说，垄断有三种形式：进入垄断、资源垄断和价格垄断。

旅游业存在进入垄断吗？旅行社的运营成本不高，唯一的进入门槛就是政府部门颁发的执照。任何人只要申请到执照都可以开旅行社，此外再没有一个可以让后来者望而却步的行业门槛。2010年以来互联网巨头纷纷进军在线旅游市场，足以证明这个市场的吸引力之大和门槛之低。

旅游业存在资源垄断吗？无论是机票、酒店还是景点，这些旅游资源都是在市场上公开销售的，任何旅行社都可以买到，甚至旅行者个人也可以随意购买。显然，市场上并不存在一个有能力垄断资源的超级企业。

旅游业存在价格垄断吗？由于旅游业的资源是公开的，各家旅行社拿到的价格并无太大差异，也就是说每条线路、每个产品的成本都基本公开透明。而在销售市场上，无论旅行社规模大小，相同产品的价格都相差无几，甚至波动曲线也是一致的，即按照旅游淡旺季节随行就市。

可见，目前我国旅游市场上还没有出现垄断现象，不需要为此过于忧虑。恰恰相反，我们现在迫切需要的是优胜劣汰，鼓励优秀企业做大做强。

(资料来源：赵焕焱. 中国旅游业存在“垄断”吗？http://www.traveldaily.cn/article/52437 [2011-07-18].)

讨论：对于中国旅游业是否存在垄断，业内有不同的观点。

以上内容是一家之言，你认同这种观点吗？

7.1.2 垄断的治理

如何治理这种由垄断所造成的效率损失呢？垄断者高价出售商品的目的在于取得超额利润，这便使我们很自然地想到通过税收来校正这种损失。但如果对垄断者课以重税，必然使垄断厂商的边际成本曲线 MC 向上移动，MC 和 MR 所决定的产量 Q_0 更加偏离社会合理的产量 Q_1，造成更大的损失。

是否可以通过补贴的形式来解决这一问题呢？如图 7.2 所示，如果能给每个单位产出补贴一定金额，就会使厂商的边际收益曲线 MR 向上移动到 MR_1 的位置。当 MR_1、MC 和

$D(MU)$三条曲线交于一点时，就意味着垄断者的利益与社会的利益相一致了，这时的产量便会从原来的 Q_0 增加到理想的 Q_1。

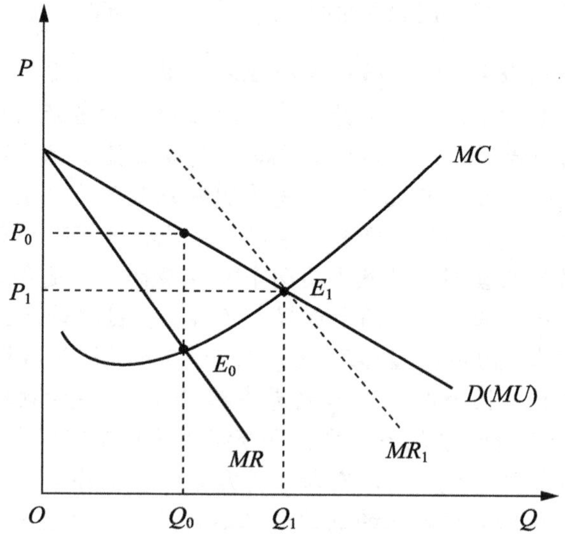

图 7.2　垄断者补贴

从理论上讲这种方法似乎可以解决问题。但是，一方面，筹集这部分补贴资金是否会造成更大的效率损失？另一方面，对损害消费者利益谋取超额利润的垄断者，社会不但不予惩罚反而给予补贴，这样公平吗？

看来解决垄断带来的效率损失问题需要另寻其他方法。

在现实中，主要是通过反垄断措施来解决由垄断带来的市场失灵问题。政府用法律手段禁止企业间通过垄断协议互相串通勾结来控制产量和市场价格，禁止经营者滥用市场支配地位，以及排除、限制竞争效果的经营者集中。

知识链接

《中华人民共和国旅游法》第六条规定："国家建立健全旅游服务标准和市场规则，禁止行业垄断和地区垄断。"

《中华人民共和国反垄断法》第一条规定："为了预防和制止垄断行为，保护市场公平竞争，提高经济运行效率，维护消费者利益和社会公共利益，促进社会主义市场经济健康发展，制定本法。"第三条规定："本法规定的垄断行为包括：①经营者达成垄断协议；②经营者滥用市场支配地位；③具有或者可能具有排除、限制竞争效果的经营者集中。"

案例

丽江八大旅行社价格垄断被罚 334.6 万元

在新修订的《旅游法》刚刚实施之际，旅游业行业协会涉及垄断被查引发业界关注。

2013 年 10 月 8 日，记者从国家发改委官网获悉，9 月底国家发改委对三亚、丽江扰乱旅游市场秩序的价格违法案件进行了查处。其中，丽江市旅游协会旅行社分会牵头组织八大旅行社集团统一报价、统一分配返佣的行为，被认定违反《垄断法》。云南省发改委依法对丽江市旅游协会旅行社分会罚款 50 万元，八大旅行社集团总计被罚款 334.6 万元。

7.2 旅游经济中的公共物品

7.2.1 公共物品与市场失灵

1. 竞争性与非竞争性

在资源条件既定的情况下，如果某种物品被一个人消费以后，其他消费者的可用量减少，影响到了其他人的消费，那么就说这种物品具有竞争性。竞争性物品是单个消费者的消费将减少他人可使用量的物品。因此，竞争性物品也被称为效用减少性物品，这时增加消费的边际成本就大于 0。例如，某人多购买一份披萨，就需要在生产上多投入一件资源，或者说在投入资源一定的情况下，某人多消费一份披萨就使得其他人少消费一份披萨。

2. 排他性与非排他性

如果在消费一件物品时，能够把他人排除在外，消费所产生的利益仅限于某个人或某些人，那么就说这种物品具有排他性。对于排他性物品的消费，通行的规则是谁付钱谁受益，这些物品的消费权，除非本人允许，别人是不能享用这些物品的。然而在某些情况下，这种排他性却是不明确的，或者成本是很昂贵的。一件物品如果在消费时，他人不能够被排除在外，消费所产生的利益不能为某个人或某些人所专有，那么就说这种物品具非排他性。例如，消除旅游目的地空气污染的服务，它能使所有旅游者获得更好的旅游体验，而不能排除部分旅游者。

按消费物品的收益范围以及消费者之间的利益关系划分，可以把所有物品粗略地划分为公共物品和私人物品，这两种物品构成了全部社会产品的两极。然而，在旅游经济中，产品的性质并不像理论描述的那样泾渭分明，有许多物品是介于这两者之间的。它们或者具有非竞争性和排他性，或者具有竞争性和非排他性，这些物品兼有公共物品和私人物品的性质，因此我们把这些物品称为混合物品。

根据上述分析，不同的物品具有两种不同的性质，因此可以把物品分为不同的类型，见表 7-1。

表 7-1 旅游经济中的公共物品类型

排他性 竞争性	有	无
有	旅游餐饮、旅游纪念品	拥挤的免费景区
无	不拥挤的收费景区	旅游目的地形象、旅游基础设施、旅游环境、不拥挤的免费景区

把混合物品分为两大类。一类是具有非竞争性但有排他性的物品，具有这种性质的物品称为俱乐部物品。例如，不拥挤的收费景区内，增加一个人或减少一个人并不影响他人的旅游体验，也就是说不拥挤的收费景区具有非竞争性，但是不购买门票的旅游者则被禁止入内。另一类是具有竞争性和非排他性的物品，这些物品称为共有资源。例如，对于免费的博物馆，任何旅游者都可以进入，具有非排他性。一般情况下，多增加一名旅游者并不会影响其他旅游者，也就是说增加一名旅游者的边际成本为0(在不拥挤的情况下)。但是博物馆的游客容量是有限的。例如，每一时间段只能容纳100人，当旅游者人数接近或超过该值时，再增加就会使游客旅游体验下降、执勤人员增多，这时增加游客量的边际成本就不等于0了。

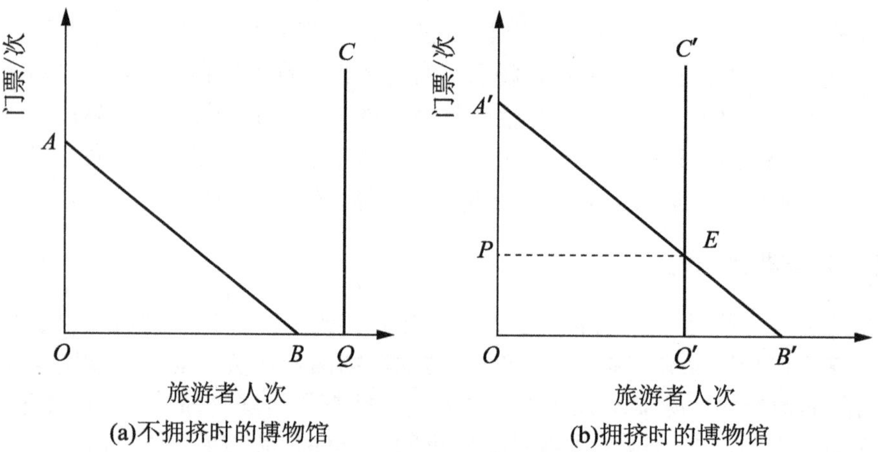

图7.3　拥挤和不拥挤时博物馆的不同性质

如图7.3(a)所示，假设博物馆的游客容量为Q，博物馆的供给曲线或边际成本曲线为QC，而旅游者的需求曲线或边际效用曲线为AB，这时最大游客量B没有超过博物馆的游客容量Q。此时，无论游客量为多少，每增加一位的边际成本都为0。在这种情况下，边际供给曲线和边际成本曲线的交点为B点，此时博物馆免费是可取的，不会造成拥挤，社会净得益为AOB。即在游客容量以内，博物馆具有非竞争性和非排他性，属于公共物品。

当旅游者达到或超过容量时，旅游者的游览速度就会减慢，旅游体验将会受到影响，表现为图7.3中边际成本迅速增加。如图7.3(b)所示，假若博物馆的容量为Q'，即供给曲线或边际成本曲线为$Q'C'$，而需求曲线或边际效用曲线为$A'B'$，最大游客量B'超过了游客容量Q'。这时，超过容量以后每增加一名旅游者的边际成本就不为0了，博物馆出现了竞争性，这时的博物馆就不再是公共物品而变成了共有资源。在这种情况下，边际供给曲线和边际成本曲线的交点为E点，此时免费且不限制游客数量是不可取的，要收费P才不会造成拥挤，$POQ'E$为收费所得，社会净得益为$A'PE$，对比图7.3(a)的社会净得益AOB，不难发现，收费出现了效率损失$EQ'B'$。

7.2.2 公共物品的治理

1. 公共物品的市场失灵

现在来考查公共物品的一个有趣的现象——公共物品搭便车问题。当产品或服务具有非排他性和非竞争性时，就会出现消费者一方面自己不愿意去购买这一产品，另一方面又等着别人去购买，自己可以从别人的购买中顺便得到好处的现象。

举一个例子来进一步说明搭便车问题。例如，某地有甲、乙两处 4A 级景区，它们都是该地区的主要旅游景区。为了吸引更多旅游者，它们想要对本地的旅游形象进行推广，推广的费用为 20 万元。形象推广后，每个景区将增加 15 万元的收益。如果两个景区共同出资推广，则扣除已付的 20 万元，各自得到 5 万元的额外收益。如果仅一个景区出资，则其获得的净利润为 −5 万元，而不出资者，由于增加的旅游者也将来本景区旅游，它可以搭便车，可以获得 15 万元的净利润。

这一博弈与前面所学的“囚徒困境”在结构上是相似的，因此这一博弈的纳什均衡是右下的(0，0)，如图 7.4 所示。也就是说，无论甲还是乙都选择不买，两个人都想搭对方的便车，最终的结果是都不出资进行旅游目的地形象推广。

		乙景区	
		出资	不出资
甲景区	出资	5,5	−5,15
	不出资	15,−5	0,0

图 7.4 形象推广的出资困境

假如公共物品和私人物品都是通过市场买卖获得，每个人都会把自己的收入用于购买私人物品，而对于公共物品大家都等着别人去买，自己来搭便车。因而搭便车问题导致的最终结果就是公共物品无法通过市场来进行消费。

2. 公共物品的提供

社会产品最终要被人们所使用，即进行消费。人们取得产品消费权的方式无外乎两种，一种是公共提供，另一种是市场提供。公共提供就是政府通过税收筹集资金以支付产品的生产成本，并向公众免费提供。实践证明，社会产品中一部分需要通过公共提供的方式来消费。但是并非所有的产品都能通过公共提供来实现高效率。那么哪些物品需要进行公共提供，哪些物品需要进行市场提供呢？这就涉及市场经济的一个重要问题——资源配置问题。

一般来说，私人物品是由市场来提供的，这是因为具有排他性的私人物品的购买者可以完全独自占有物品的全部好处。例如，甲的面包对乙来说没有什么好处，用来生产面包的资源可以看做只对甲的效用服务，而甲也愿意为这种好处付费，于是私人物品的资源成本只“服务”于单个的人。在这样的情况下，市场提供的交换原则是可行的、有效率的。

而对于公共物品则不同。购买公共物品，个人不能完全占有消费这种商品的好处。由于其他人不能被排除在享受商品的好处之外，因此从生产公共物品所花费的资源中得到的社会效用就会超过购买公共物品的个人所得到的效用。所以，资源成本就不能落在一个人的身上。显然，在这种情况下，采取市场提供的方式是不妥的，它会造成资源配置效率的损失，公共物品只能由公共提供。

在图 7.5 中，i 是无差异曲线，生产可能性边界 AB 表示在现有资源和技术条件下，私人物品与公共物品各种可能组合的点的集合。在 AB 上任意点切线的斜率就是公共物品和私人物品之间的边际转换率(MRT)，i_1 与 AB 的切点 E 就是符合生产效率和产品组合效率的产品组合。

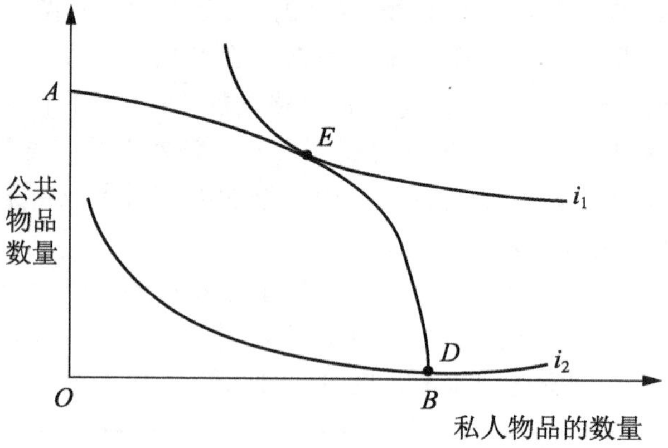

图 7.5　公共物品市场提供的效率损失

假如公共物品与私人物品都由市场提供，市场机制不会引导社会到 E 点。这是由于公共物品具有非排他性和非竞争性，几乎所有的人都不愿去购买公共物品，而是等待从别人的购买中顺便得到好处。因此公共物品在市场提供条件下的提供量几乎为 0，所有的资源都将用于私人物品的生产和消费，所形成的产品组合表现为 D 点，而 D 点处于比 E 点低的无差异曲线上。也就是说，同样的资源消耗(E、D 在同一条生产可能性曲线上)，社会对 D 点的满意程度远远低于对 E 点的满意程度，这样便造成了效率损失。这种效率损失表现为资源配置偏离产品组合效率。

图 7.6　旅游中的公地悲剧

(图片来源：zixun.zhongsou.com)

7.2.3 共有资源的治理

1. 共有资源的市场失灵

共有资源往往被过度使用，这是因为社会和个人的利益出发点是不同的。例如，经营家庭旅店是一些古镇居民的非常好的经营项目，由于每个经营者都是根据自己的利益出发来决定自己的规模即房间数，而不考虑由于他们的行为带来的负的外部效应。在这样的情况下，实际的供给数量就会超过对于整个社会有利的数量，而古镇的环境往往也会遭到破坏。

如图 7.7 所示，由于游客量的有限性和竞争的存在，房间数的增加将使其平均收益下降，在图中表现为每一家旅社的平均收益曲线向右下方倾斜。一般而言，旅馆每一间房间的成本，包括租金、水电费、劳动力工资基本相同。假定其为一个常数，在图中用一条水平的成本线 C 表示，当平均收益大于每间的成本时，新增的房间供给还是有利可图的，因此房间的数量将继续增加，一直到平均收益与成本相等的 E_2 为止。

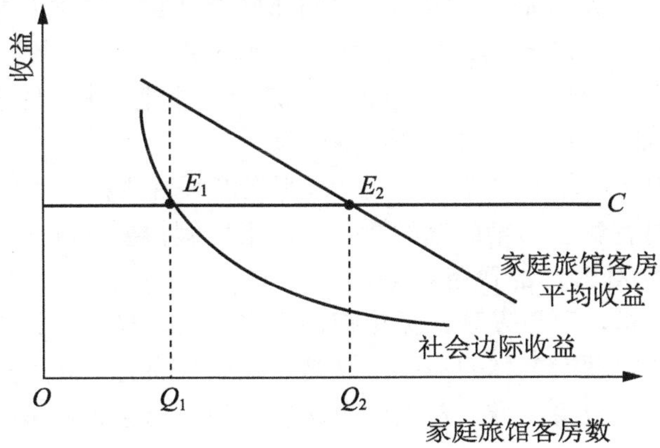

图 7.7　公用共有资源问题

在图 7.7 中，由个体利益决定的市场均衡的房间数为 Q_2，但从整个社会看，由于家庭旅馆的经营存在的负外部效应的存在，如污水的排放，社会边际收益曲线低于单个的收益线，社会边际收益的曲线与成本线相交于 E_1 点。这时，如果房间的数量超过了 Q_1，再增加房间所得到的边际收益将小于成本，对社会来说是得不偿失的，因此社会有效率的房间数为 Q_1。

可见，在共有资源问题存在的条件下，市场将背离社会利益，过度供给将增加资源的消耗。而且从经济的角度看，社会成本超过了社会效益，造成了损失。

共有资源问题的出现主要是因为共有资源的外部效应，而外部效应与权益界定不清晰有着密切的联系。因此解决共有资源问题，实际上在于如何解决产权问题。

2. 共有资源市场失灵的治理

对于消除外部影响，清晰界定产权是一种好方法，把它归纳为一个更加一般的法则，就是科斯定理(Coase theorem)。现在给出的关于科斯定理一个比较流行的说法是：只要产权是明确的，并且其交易成本为0或者很低，则无论开始把这种产权赋予谁，有关各方总能达成一种协议，使市场均衡的最终结果都是有效率的。科斯定理不仅包括各种产权法，而且税收和津贴这些方法也可以看做科斯定理的具体应用。

现在举一个例子来说明科斯定理。假设有一个旅游度假村，把它生产的污水不断排向附近的一条河流，而这条河的沿岸则住着50户居民。如果由于河水污染使每户居民损失100元，那么50户居民一共损失5 000元。假设这个时候有两种解决方法：一种方法是度假村建一个污水处理池，其费用为4 000元；另一种方法是补偿居民的损失5 000元。显而易见，第一种解决方法的成本较低，因而这种方法代表最有效率的解决方案。如果市场选择了第二种方案，那么说明市场还存在改进的可能，这种改进就是帕累托改进。通过改进，当市场选择了第一种方案时，就实现了帕累托最优状态。

按照科斯定理的含义，对于河流污染问题的解决，无论是给予度假村排放污水的权利，还是给予居民不受污染的权利，只要该度假村与50户居民的协商费用为0或很小，那么市场机制总是可以得到最有效率的结果，即采取修建一个污水处理池的方法。

现在来分析一下是否真的如科斯定理所说的那样能够实现最优方案，达到帕累托最优状态。如果把排放污水的权利给予度假村，那么沿河居住的50户居民就会联合起来，共同给排放污水的度假村义务修建一个污水处理池，这是因为修建污水处理池的费用为4 000元，每户仅需出资80元，低于每户的损失成本100元。

如果把不受污水侵害的权利给予50户居民，那么度假村便会自动修建一个污水处理池。这是因为这时候度假村有解决污染问题的责任。如果度假村要继续污染，它要向居民赔偿5 000元，高于修建污水处理池的费用4 000元。

根据这个例子的分析，可以发现，无论把污染权给谁，最终的结果都会选择成本较低的一个方案。正如科斯定理所宣称的那样，只要产权是明确的，并且交易成本为0或者很低，则无论开始把这种产权赋予谁，自由的市场机制最终总会找到最有效率的解决方案，从而达到帕累托最优。

案例7.1

车到新州

最近，新泽西高速公路管理局宣布：当州际公路(turnpike)的电子收费装置(E-Z Pass)全部安装完毕后，明年开始，管理局将在一天中的不同时间对同一路段采取不同的收费价格。也就是说，在早晚上下班的高峰期，收费将适当增加；在非高峰期，收费将相对便宜。据说，这个新的政策大概将在明年年初实行。

新州高速公路过于拥挤状态，一直是州政府头痛的问题之一。由于人口密集，就业量增加，双收入家庭增加，再加上近几年经济繁荣，人均收入增加，新州公路上汽车增加的速度远大于人口增加的速度。以New Jersey turnpike为例，1997年，turnpike上的汽车流量达到了2.05亿辆，创下了该公路建成47年来的最高纪录，比1996年增加了3.6%。解决高速公路拥挤问题的方法，大概可以分为三类：一是工程解决，比如加宽或新建更多的公路；

二是行政解决，比如鼓励多人合乘一车(car pool)；第三种方法是经济解决，比如实行收费，或时段收费。

图 7.8　马路上的世界末日

(图片来源：http://www.chncomic.com)

工程解决对人口稀少、尚待开发的地方还可行，在新州新建公路几乎是不可能的事情。行政解决，有一定的作用，但搞得不好会使居民怨声四起，因为人们都不愿意让政府以行政手段限制自己的行动方式。

经济解决是通过价格手段调节供需的关系。经济学的一条基本原理是，当价格为 0，即免费使用时，需求将一定会在固定时段中超出供给，造成“排队现象”。高速公路上的“排队现象”就是“塞车”。新州州际公路从一开始就有收费装置，但如果不同时段收费相同，并不能调节高峰时期的交通流量。实行不同的收费价格后，人们将比较自己的时间价值与高峰期多交的费用。“高峰期”的车道将让给一定要在“高峰期”赶路上班的人，雇主也不得不调节雇员的上班时间，否则老板得给八九点上班的雇员增加“高峰时段”补贴或增加工资。

实行不同收费价格的政策看起来增加了一部分人的负担，但比起大家都受塞车之苦的隐形社会负担来说，还是很小的。据有关估计，每年全美城市塞车的隐形经济费用(按劳动力时间计算)是 750 亿美元。其中洛杉矶和纽约居前两名，分别为 90 亿美元和 80 亿美元。这个数字还不包括废气造成的环境污染，塞车给人们造成的精神负担等其他社会负担。

经济学的研究对象是有限的资源的最佳配置。如果资源无限，经济学就没有存在的必要。但新州现在缺乏新建公路的土地，经济解决交通问题是不可避免的。目前，一些经济学家建议一种一劳永逸的电子收费方法，即立法规定每辆汽车都装有一种小型发射器，并在“潜在塞车点”装上扫描器(并公布扫描器位置)，汽车在高峰期经过“潜在塞车点”都会被记录，这样无须停车付费，只要每月按账单付费即可。这个建议在技术上完全可行，只是各级政府还没意识到它的必要性。人口密度最大的新泽西州，也许会率先采用。(摘自《美国经济纵横谈》——张铮)

案例 7.2

勃朗特公园的今与昔

有一天我从《华尔街日报》中无意了解到，数年前勃朗特公园与今天的“椅子公园”有着天壤之别。十几年前的勃朗特公园臭气熏天，经常发生暴力事件，是曼哈顿岛上的一个毒瘤，严重影响了纽约的声誉。

纽约市政府为了割除毒瘤，实行了很多政策，如加大拨款、增派警力等，但最终效果都不好。最后，纽约市政局决定，公园由私人公司接手，并保证现有的每年财政拨款水平。经过一番改造后，公园正式对外开放。由于有来自市政府的稳定“收入”，再加上经营状况良好，公司的盈利状况极好，并在华尔街上市了。目前，该公司还在不断扩大规模，专门经营那些管理不善的公司。同时，纽约市政府也获益匪浅。首先，它交给了公众一个真正意义上的公园；其次，它节省了纳税人的钱财；最后，还赢得了一个精明强干、政策灵活的好名声。纽约市长续任两任，主要得益于他在打击犯罪、整顿市容方面的突出业绩。而最大的受益者，恐怕还是公众。

图 7.9　欢乐的公园

(图片来源：http://www.redocn.com)

在经济学中，公园私营这类现象大致可以被归入公共产品由私人来提供的研究范畴。在美国，公共产品尽可能让私人来提供，近几年来已经成为一种潮流。究其原因，主要在于私人提供公共产品的效率往往更高些。严格地讲，公园还不属于纯粹的公共产品，而是所谓的“俱乐部产品”，即会产生拥挤的产品，并因此而具有一定的排他性。公园的这种介于公共产品和私人产品之间的性质，或许恰是在它私营后能够得到“一石三鸟”之明显功效的基本原因。

换个角度看，公园私营也可被视为公共部门的市场化过程，即政府逐渐部分退出，或从台前转入幕后的过程。仅就这个例子而言，公园私营表面上有些矛盾，但从普通百姓、市政当局、私营公司三者皆大欢喜的结局看，在传统的公共部门，市场都可以大有作为。

对美国这样发达的市场经济尚且如此，对中国这样的发展中国家来说，恐怕市场发挥作用的空间就更大了。(原刊载于《经济学家茶座》——张宁燕)

7.3 旅游经济中的外部性

7.3.1 外部性与市场失灵

外部性(externality)就是个体的行为对他人福利的影响。当个体从其活动中得到的私人利益小于该活动所带来的全部利益时，称之为正外部性(positive externality)或外部经济；当个体在其活动中所付出的私人成本小于该活动所造成的全部成本时，称之为负外部性(negative externality)或外部不经济。

旅游活动的综合性、社会性决定的旅游业的综合性使得旅游业具有典型的外部性效应。其外部经济性表现为：在旅游产品的生产过程中加速旅游地的开放程度，改善当地的经济状况；在旅游产品的消费过程中扩大当地居民的就业机会，促进不同地区之间的文化交流。外部不经济同样兼有生产外部不经济与消费外部不经济的双重特征：旅游产品、服务提供过程中自然生态环境、人文资源遭到不可逆的破坏，同时却引起社会财富总量的增加及再分配；而在消费的过程中，旅游者个体则对生态环境、传统文化造成持续不断的损害。在旅游业的发展过程中，外部经济性更具直接性，凸显较早，是一种显性效应；而外部不经济则是在资源开发过程中逐渐积聚，具有隐性特征，在相当长一段时期内往往被外部经济性所覆盖，一旦表现出来，通常意味着不可逆转、难以修复。

案例 7.3

20 世纪初的一天，列车在绿草如茵的英格兰大地上飞驰。车上坐着英国经济学家庇古(Pigou)。他边欣赏风光，边对同伴说：列车在田间经过，机车在田间经过，机车喷出的火花(当时是蒸汽机)飞到麦穗上，给农民造成了损失，但铁路公司并不用向农民赔偿。这正是市场经济的无能为力之处，称为“市场失灵”。

将近 70 年后，1971 年，美国经济学家乔治 ·斯蒂格勒(George Stigler)和阿尔钦(Alchian)同游日本。他们在高速列车(这时已是电气机车)上见到窗外的禾田，想起了庇古当年的感慨，就问列车员，铁路附近的农田是否受到列车的损害而减产。列车员说，恰恰相反，飞速驰过的列车把吃稻谷的飞鸟吓走了，农民反而受益。当然铁路公司也不能向农民收“赶鸟费”。这同样是市场经济无能为力的，也称为“市场失灵”。

同样一件事情在不同的时代、不同的地点结果不同，两代经济学家的感慨也不同。但从经济学的角度看，火车通过农田无论结果如何，其实都说明了同一件事：市场经济中外部性与市场失灵的关系。

1. 正外部性

当一个生产者采取的经济行为对他人产生了有利的影响，而自己却不能从中得到报酬时，便产生了生产的正外部性。正外部性的例子很多。例如，开展旅游有助于保护和修复历史建筑等遗产；旅游开发有助于当地环境的改善；开展旅游资源调查有助于生物的保护。

如图 7.10 所示，旅游景区建设的私人成本用边际成本 $S(MC)$曲线表示，在这样的情况下，景区建设的数量由 $S(MC)$和边际效用 $D(MU)$共同决定为 Q_1。但由于存在正外部性，即景区的建设使得历史建筑得到了保护和修复，所以社会的实际成本 $S'(MC')$比景区建设的私人成本要低，社会有效率的景区建设数量为 Q_2，这时 $Q_2>Q_1$。然而依靠市场机制就不能使景区建设数量达到有效率的 Q_2，造成了图 7.10 中阴影部分的损失。

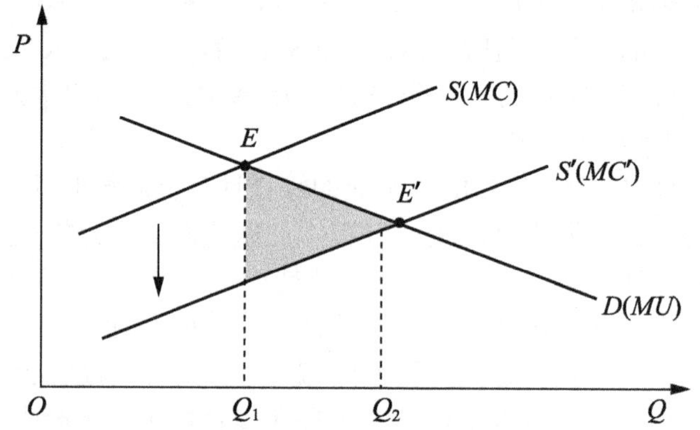

图 7.10　景区建设的正外部性

旅游消费与供给一样，也有外部性。例如，一座历史建筑就具有正外部性，因为那些在经过这座建筑物的旅游者会享受到这些建筑的美丽，并感受到这种建筑物所提供的历史。但建筑物的所有者得不到维修建筑物的全部收益，因此，往往会遗弃这些建筑物。

在图 7.11 中，$D(MU)$为建筑物所有者的边际效用曲线。由于对建筑物的消费有正外部性，即有外部效益，所以它的社会边际效用曲线 $D'(MU')$高于建筑物所有者的边际效用曲线 $D(MU)$。作为建筑物所有者，是根据自己的边际效用和边际成本来决定其投入量的，这个投入量为 Q_1。但作为整个社会，有效率的投入量是由社会边际效用曲线 $D'(MU')$和 $S(MC)$决定的 Q_2。

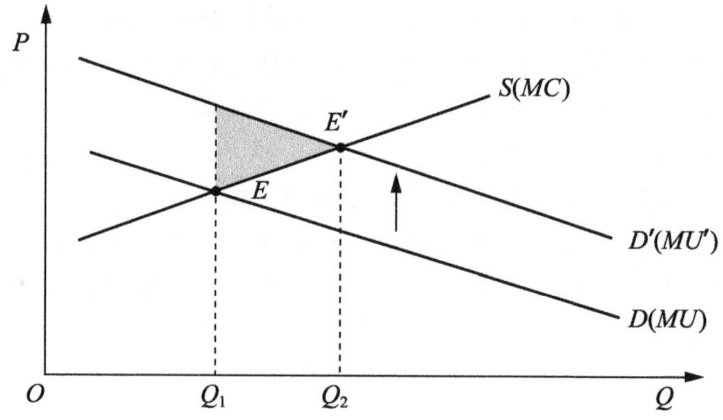

图 7.11　历史建筑的正外部性

由于从个人利益所决定的投入量 Q_1 低于社会有效率的投入量 Q_2，这时边际效用大于边际成本，继续投入是有利的。但依靠私人达不到有效率的投入量，便造成了图 7.11 中阴影部分的损失。所以许多地方政府在这类问题上的做法是：对拆毁历史建筑物实行管制，并向修复这些建筑物的所有者提供税收减免。

案例 7.4

丽江古城旅游发展的正外部性

旅游业是一个开放性的行业，游客通过旅游把物质财富带到旅游目的地，从而促进当地经济发展。丽江市旅游局 2012 年统计数据显示，丽江市以旅游业为龙头的第三产业增加值完成 73.62 亿元，增长 12.4%，高于全省平均水平 0.6 个百分点，增幅位居全省第 4 位，对全市经济增长的贡献率达 32.8%，拉动 GDP 增长 5.4 个百分点。对于丽江古城旅游发展促进经济发展的调查中，本地居民共有 164 人赞同，同意率达到 86.9%。从居民的自身感受调查和统计数据都反映出丽江古城旅游发展对经济的正外部性。

图 7.12　古城之旅

(图片来源：http://www. kaixin001.com)

丽江古城旅游发展的社会正外部性，使本地知名度和美誉度得到提升。1986 年丽江古城被国务院列入国家历史文化名城，1997 年成为世界文化遗产，2005 年成为国家 4A 级旅游景区，2006 年成为首批全国文明风景旅游区，2008 年经复查继续保留为全国文明风景旅游区。丽江古城民居修缮项目获得联合国教科文亚太地区的高度肯定，在 2007 年 8 月文化遗产保护优秀奖颁奖仪式上，联合国教科文组织亚太地区文化顾问理查德·恩哥哈特对丽江古城的保护状况给予了高度评价："希望你们继续为遗产保护做出贡献，用你们的保护成果来鼓励整个亚洲太平洋地区的遗产保护。" 2011 年丽江古城又晋升为国家 5A 级旅游景区。

在宏观经济学中，乘数效应是指某一变量增减所引起的经济总量变化的连锁反应。旅游乘数效应是旅游消费对旅游目的地经济影响的一种表示方法。编制丽江古城民居修缮手册、丽江古城环境风貌保护整治手册，并与美国世界遗产基金会(Global Heritage Fund)合作完成 299 户传统民居、236 个传统院落的修缮，对民居建筑进行分级保护，建立古城环境生态系统。截至 2011 年年底，丽江古城投入 1700 多万元，分三批对丽江古城内的 24 座公厕进行星级生态旅游公厕的改造，每个公厕安装 EM 处理器，采用微生物处理系统，使粪水转化为无污染的有机肥。2010 年，全市在积极申报丽江古城 5A 级景区时，也对全市范围内的环境进行彻底治理，整治效果显现，2011 年获得“国家级园林城市”称号。

(资料来源：杨清.基于外部性的丽江古城旅游可持续发展研究[D].
西南民族大学硕士毕业论文．2013, 有删减)

2．负外部性

外部性的结果可能是有利的，也可能是有害的。例如，旅游者的增加使得历史遗迹本体受到影响的风险增加，因此产生了负外部性。旅游产业发展具有系统性的特征，旅游活动一旦开始，它的影响就会自始至终地影响到每一个旅游因子，尤其是与旅游目的地社会、经济、文化和环境的多方面交错混杂在一起。消费活动与生产活动的不当，都可能会破坏旅游环境。

如图 7.13 所示，对于景区开发来说它的内部边际成本为 $S(MC)$，但由于开发的负外部性，如开发造成的自然环境的破坏，即外部成本的存在，所以对社会整体而言，其成本就是景区开发的内部成本与外部成本之和，它高于景区开发成本，如图 7.13 中 $S'(MC')$所示。这时如果景区开发不用承担外部成本，它所决策的产量就是由自己的边际成本 $S(MC)$和需求曲线 $D(MU)$决定的 Q_1。但对于整个社会来说，由于外部成本的存在，最有效率的产量应是由社会边际成本 $S'(MC')$和社会边际效用曲线 $D(MU)$决定的 Q_2。这时 $Q_1>Q_2$，边际成本大于边际收益。然而景区的供给量仍是 Q_1，所以造成了图 7.13 中阴影部分的损失。

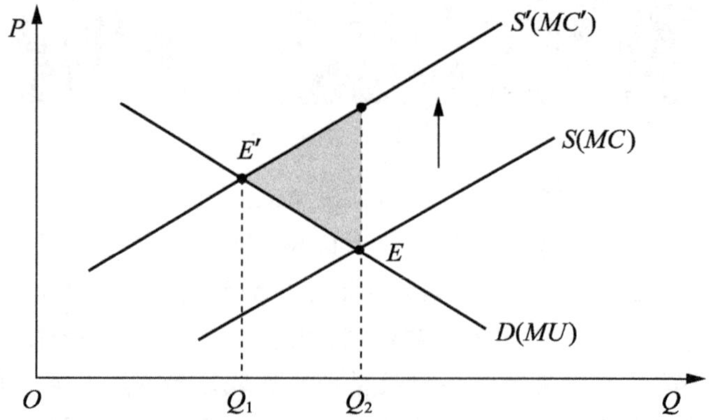

图 7.13　景区开发的负外部性

与生产者造成污染相类似，消费也可能对其他人造成一些损害和影响，也有负外部性。例如，旅游者随意乱扔果皮、纸屑，污染了环境、影响了他人的活动，这就是人们在自己消费的同时造成的负外部性。吸烟也是一个明显的负外部性的例子，吸烟者的行为给周围的人造成被动吸烟，危害了他人的身体健康，但吸烟者并未对那些被动吸烟者所受到的损失支付任何东西。

案例 7.5

西江苗寨开发的负外部性

自从西江苗寨开发至今，景区的开发对于当地经济的拉动不言而喻，对于改善当地居民的经济收入和生活水平起了很大作用，同时先进文化和先进理念的介入提升了当地居民的个人素质。但是在这背后，景点的开发，一定程度上打破了西江苗寨原有的生态文化，原生态的文化和植被等受到损害，使当地文化日益被同化，影响当地淳朴的社会风气，出现道德标准下降甚至会出现违反国家法律的社会行为等。同时游客游览过程中以及旅游商品的开发商产生的垃圾、噪声等严重影响当地居民的生产生活，环境污染、大气污染、水污染等问题也接踵而来。以上种种消极的表现和行为，打破了旅游商品市场良好的竞争秩序，违反了旅游商品市场的社会经济规律，不但对当地和国家造成了难以治理的顽疾，更阻碍了当地经济建设的快速步伐，使地区经济发展不能达到帕累托最优的状态，浪费了社会资源和人力资源，旅游商品市场也深受其害，市场失灵也由此产生。

图 7.14 经济发展的外部性

(图片来源：http://www.nipic.com)

3．旅游开发的外部性特点

旅游开发外部性的特点主要表现在：

(1) 外部性独立于市场机制之外，即外部性的影响不属于买卖关系范畴。在旅游开发中，指开发者不需要支付货币则可享受较好的旅游基础设施或不必对环境污染承担治理责任。

(2) 外部性产生于决策范围之外，而且具有伴随性。它是伴随着旅游商品的生产和游客的消费而产生的某种副作用，因而不受本原性和预谋性影响。

(3) 外部性具有一定的不可避免性。外部性产生时，所产生的影响会通过关联性强制地作用于受影响者，而受影响者一般难以回避。例如，因旅游开发的进行，旅游地的知名度大增，前来旅游的游客越来越多，这对当地的经济、社会、环境状况的影响是不可避免的。

(4) 外部性的量化具有模糊性。不论是外部的经济性还是不经济性的价值量化都很困难，其结果都是模糊的。外部性的量化难度主要表现在：第一，难以用货币进行计量。不论是收益或损失，影响范围太大，行业关联性太强，无法划清各行各业的旅游活动和非旅游活动。在旅游地，没有哪个行业的效益或损失与旅游无关，也不能说行业内的效益或损失完全是旅游活动的结果。第二，微观效益与宏观效益不一致。外部性产生的效益除了进行单项的局部的考查外，还必须进行多层次、多结构以至总体性的综合评价。第三，近期效益与远期效益不一致。如环境污染，由于许多污染物具有不可逆转地进行积累的特征，致使这些污染物对环境的危害呈现出缓发性、滞后性。

图 7.15　曾经沧海难为水

(图片来源：http:// /www.gov.cn)

案例 7.6

济南水资源紧张

济南以泉水众多著称于世，素有“泉城”的美誉。清代刘鹗的《老残游记》中有“家家泉水，户户垂杨”的描写。泉水与济南的城市发展息息相关，它在做出历史性贡献的同时，也抚育了李清照、辛弃疾等诸多文化名人。泉水是济南的灵魂。但自 20 世纪 80 年代以来，泉水时涌时停，断流周期缩短且断流持续时间逐渐增长，最长断流时间多达 926 天。

造成泉水断流的主要原因有两个：一是上游水土流失，涵养水源能力降低。二是下游地下水超采。泉水是具有外部性的公共物品，济南人人都可享用它的社会以及生态效应，这是一种典型的外部正效应。而对泉水资源的过度开采会破坏生态环境，具有明显的外部负效应。

7.3.2　外部性的治理

让外部性内部化，即通过制度安排，将经济主体的经济活动所产生的社会收益和社会成本转为私人收益和私人成本，使得私人的边际成本和收益与社会成本和收益相等是解决外部性问题的基本思路。目前，各国采取办法一般有管制、庇古税和补贴等。

1. 管制

管制即是对生产者的行为做出某些限制。这种限制的形式可以根据具体的情况来确定，一般有两种管制：一种是严禁生产者的某些行为；另一种是对生产的程度、规模和数量加以限制。

政府可以通过规定或禁止某些行为来解决外部性。例如，政府强制干预旅游业的外在影响。当采取经济措施不足以有效校正旅游业的外部性时，政府干预就显得尤为必要了。严格控制风景区内的建筑群，限制风景区内建筑物的高度；在公共资源领域构筑含有行政计划因素的制度框架，如限制游客进入景区内的生物脆弱地带以缓解对环境的外部性破坏；颁布禁令和规则，如将机场或某些旅游区域划为无烟区，设置吸烟室，避免对他人或环境产生外部不经济性，限制旅游区内车辆进入数额，要求进入旅游区的车辆必须安装消除污染的设备等。

通过管制的方式实现效率必须具备以下几个条件。

(1) 要了解生产者的供给曲线，即这一产品的内部边际成本。

(2) 要了解消费者的需求曲线。

(3) 要对外部边际成本进行衡量，并且推算出社会边际成本。

这样，政府就可以根据需求曲线与社会边际成本的交点来决定一个有效率的产出水平，并规定这类产品生产者的产出量不得超过这一水平。显然，管制是否能实现效率，首先取决于政府信息的完全程度。政府管制的另一个困难在于，它不能适应变化的环境。政府所规定的产出水平只有在一组给定的供给和需求曲线的条件下才被认为是符合效率的，一旦供给和需求发生变化，这一规定的产出水平就不再符合效率了。另外，政府制定出管制的总量后，又如何确定每个企业具体的限量呢？理论上可以通过测算每个企业的外部成本来规定其限量，但实际上要让政府具体了解每个企业的具体生产状况也是非常困难的。

2. 庇古税

为了纠正外部性，在市场的基础上，政府可以用政策引导方法，引导生产者向着有利于社会整体利益和符合社会效率的方向进行。

用税收的办法来解决外部性问题，这一古典的办法首先是由庇古于 20 世纪 20 年代明确提出来的，如今虽然已有所改动，但它仍然是经济学家给出的对外部性问题的“标准”解决办法之一。因此通常把用于纠正负外部性影响的税收称为庇古税。

管制本身并没有要求企业承担外部成本，而税收的效果也许比管制更有效率。以污染为例，政府可以通过确定不同的税收水平，实现政府所想要实现的任何污染控制程度。税收越高，污染越少，如果政府的税收水平足够高，使得生产厂家无利可图，厂家就会停止生产，污染就减少为 0。

在管制的条件下，如果政府要求每个企业减少等量的污染，那就忽视了不同企业减少污染的成本不同这一问题，虽然管制可以达到限制污染的目的，但它不是最省钱的办法。

在税收的条件下，政府征收统一的污染税，消除污染成本低的企业就会大幅度减少污染，而消除污染成本较高的企业减少污染的幅度就会小一些。

正如市场把物品分配给那些对物品评价最高的买者一样，庇古税规定了污染权的价格，它把污染权分配给那些消除污染成本最高的企业。无论政府选择的污染水平是多少，它都可以通过税收以最低的成本达到这个目标。同时庇古税的征收还可以激励企业去开发更清洁的技术，因为使用更清洁的技术有利于减少企业支付的税收。

某些产品或服务在生产过程中发生的一部分成本没有被纳入该生产者的成本中，而由生产者以外的其他人承担。这种成本被称为外在成本。

最明显的例子就是前面提到的度假村所排出的废气和废水对空气和水质的污染，清除这种污染需要耗费一定的资源，然而生产者未必愿意去清除这种污染。由于外在成本的存在，产品或服务的私人成本与社会成本就产生了不一致性。在生产者个人看来，这一产品的成本不包括外在成本；但从整个社会看来，这一产品的成本则应包括由生产者个人所承担的私人成本和由其他人承担的外在成本。如以生产者所承担的私人成本来决定生产的资源配置，就会低估这一产品的成本，使得这一产品或服务的提供量超过符合效率准则的生产量。

如图 7.16 所示，$D(MU)$为需求曲线，$S(MC)$为私人边际成本曲线，$S'(MC')$为社会边际成本曲线，$S(MC)$与 $S'(MC')$之间的垂直距离表现为每追加一个单位产品所产生的外在成本。如果让生产者根据自身利益来决定生产，则产出量为 Q_1；但从整个社会的利益来看，符合效率的产出量为 Q_2，这时就会造成效率损失(可以分析效率损失部分并估计其大小)。

对于外在成本造成的效率损失的纠正，关键是要找到使外在成本“内部化”的手段和方法。例如，校正性税收就可以将这部分成本内部化，迫使生产者承担这一成本。这种做法就是向具有外在成本的生产者征税，使税收与其所产生的外在成本相一致，这样就使得生产者承担了外在成本。

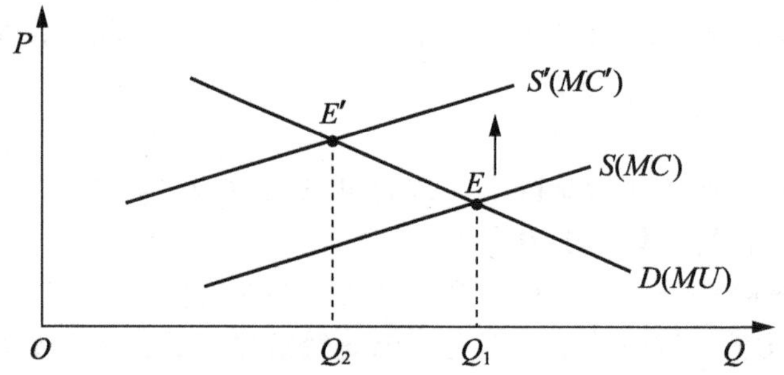

图 7.16　税收对外在成本的校正

在图 7.16 中，通过征税使得私人边际成本曲线从 $S(MC)$移到社会边际成本曲线 $S'(MC')$的位置。这样，私人成本与社会成本就统一了，私人成本的提高迫使生产者从自身利益考虑就会减少该产品的产量，使之符合效率准则的要求。

在消费具有负外部性的物品时，其情况也是相似的。通过税收使消费具有负外部性物品的消费者承担由于他们的消费所造成的外在成本，从而避免效率损失。这就是为什么香烟经常被课以重税的原因。

要使税收实现对外在成本的效率校正，满足资源配置效率，就必须弄清这一产品或服务所产生的外在成本的大小以及它与产出量的关系。过高估计外在成本，税收会使产出量低于满足效率要求的产出水平；过低估计外在成本，又不足以完全消除外在成本所造成的效率损失。

3. 补贴

旅游产品或服务生产出来之后，所产生的一部分利益会被生产者以外的其他人所享受，从而降低了社会的总成本，这部分利益被称为外在利益。

产品提供者是根据自己所得到的利益来决定产量的。对于社会来说，外在利益是客观存在的，产品提供者得不到的那部分外在利益并没有消失，只是被社会的其他一些人所获得。所以社会在决定合理的产量时往往会与生产者所决定的产量不一致。

显而易见，当社会获得全部利益而生产者只获得部分利益时，社会将倾向于一个比生产者决策产量大的量，也就是说，这时企业的生产并没有达到社会所要求的产量。在这样的情况下，企业从自身利益考虑主动放弃了有效率的资源配置，造成效率损失。

同样，对于外在利益所造成的效率损失，关键在于怎样把外在利益“内化”。

如图 7.17 所示，由于外在利益的存在，社会边际成本曲线 $S'(MC')$低于私人边际成本曲线 $S(MC)$，$S(MC)$与 $S'(MC')$之间的垂直距离表现为每增加一个单位产品所产生的外在利益。这时对产品提供者进行补贴，使产品提供者的成本降下来。如果产品提供者的成本恰好降到与社会成本一致，即 $S(MC)=S'(MC')$，就不会造成效率的损失。这种做法实际上是把不同于产品提供者的外在利益通过补贴的形式补偿给产品提供者，使产品提供者站在与社会利益一致的立场上进行生产，从而避免了效率损失。

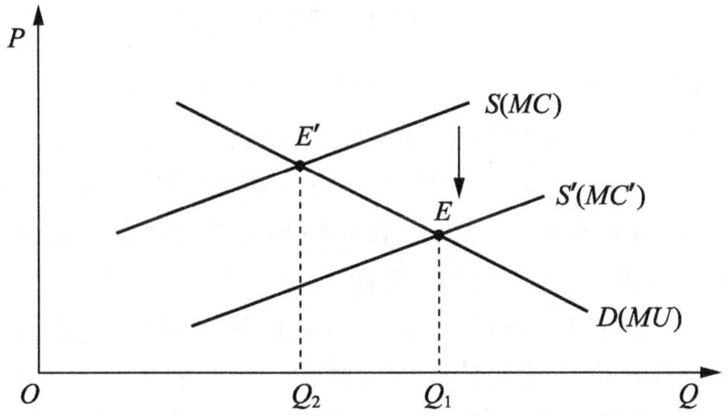

图 7.17　补贴对外在利益的校正

在消费中，当消费具有正外部性的物品时，也同样存在外在利益。例如，前述的历史建筑物，房前屋后的花、草都属于这一类属。由于它们的主人不可能全部享受到这些物品的所有好处，因而消费量就会受到限制。但对于整个社会来说，这些物品的外在利益并没有消失，而是被过路的人消费掉了。所以就社会而言，它倾向于一个比私人消费量更大的量。

如何把私人消费量与社会消费量相统一呢？同样，也可以采用补贴的办法，把私人得不到的外在利益转化为可得到的现实利益，把私人的利益与社会的利益统一起来，就可以解决效率损失的问题。

通过补贴的办法来实现对效率损失的纠正，关键问题是如何把握好尺度。如果不能准确评价外在利益，补贴过多或不足都会造成效率损失，影响补贴政策的效果。虽然准确衡量外在利益在实践中还有不少困难，但对那些给予社会额外利益的人以奖赏是符合公平原则的。

7.4　旅游经济中的非对称信息

完全竞争市场理论的一个重要假定就是完全信息，即供求双方对于所交换的商品具有充分信息。但在现实生活中更多的是，当事的一方具有较多的信息，而另一方所具有的信息却较少，这种情况被称为信息不完全或非对称信息(asymmetric information)。

如图 7.18 所示，旅游消费具有异地性，消费者选择信息的间接性以及购买与消费的同时性等特征，决定了旅游经济中信息的重要性。旅游非对称现象在旅游经济中比较常见，是影响旅游经济效率的重要因素。

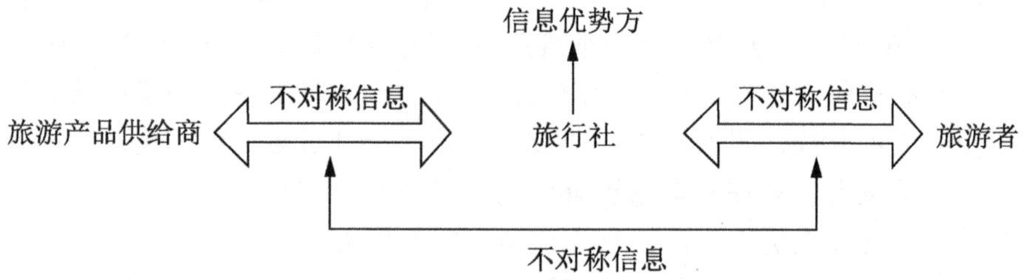

图 7.18　旅游市场信息分布状况

信息的非对称可以从两个角度划分：一是非对称发生的时间；二是非对称信息的内容。从非对称发生的时间看，非对称性可能发生在当事人签约之前，也可能发生在签约之后，分别称为事前非对称和事后非对称。研究事前非对称信息的模型称为逆向选择(adverse selection)模型，研究事后非对称信息的模型称为道德风险(moral hazard)模型。

非对称信息可能导致市场失灵。如图 7.19 所示，S 为一个游乐场的供给曲线，在基础设施约束条件下，随着旅游者消费数量的增加，其边际成本递增(也是在不同供给数量下愿意并能够接受的最低价格，即供给价格)，供给曲线是一条向右上方的线。D 为消费者了解到的真实情况(如该游乐场的品质一般)后所产生的需求曲线，它表明能给旅游者带来的真实边际效用。这时供给和消费的合理水平为 Q_1，这是完全信息的情况。但是，如果消费者不具备完全信息，即游乐场对其游乐项目进行了夸大性的宣传从而获得了旅游者的信任，旅游者便会高估其价值，这时的需求曲线就为 D'，它使生产和消费的数量达到 Q_2。显然，一种合理数量应以其真实的效用来确定，出于旅游者的不完全信息使得产品偏离组合效率，造成了图 7.19 中阴影部分的效率损失。

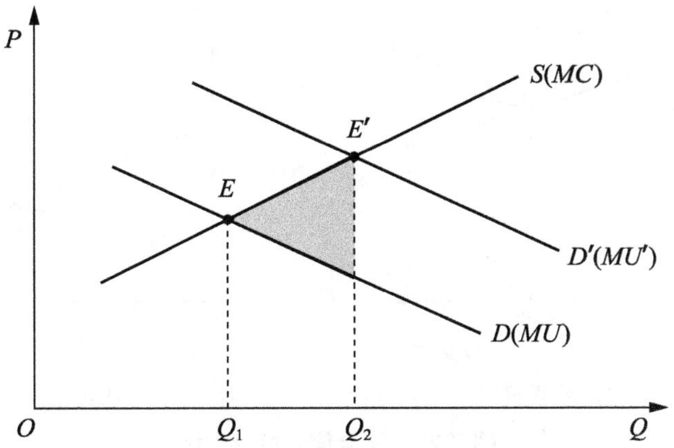

图 7.19　不完全信息使游乐场工序偏离组合效率

图 7.20　真假难辨

(图片来源：http:// news.myhz.com)

7.4.1　逆向选择——隐蔽信息问题

1．旅游消费市场

假定有两个新开发景区——高品质景区和低品质景区。再假定景区经营者(卖方)和旅游者(买方)都知道哪个景区是高品质的，哪一个是低品质的。这样就会如图 7.21 所示的那样，在图 7.21(a)中，S_H是高品质景区的供给曲线，D_H是需求曲线。同样，图 7.21(b)中的 S_L和 D_L分别是低品质景区的供给曲线和需求曲线。在任何给定的价格下，S_H高于 S_L，这是因为高品质景区经营者必须得到较高的价格才愿意出售。同样，D_H 高于 D_L，这是因为旅游者愿意为到高品质景区支付更多的钱。

景区的经营者的门票期望价格是：高品质景区 200 元/人次，低品质景区 100 元/人次。旅游者的期望价格是：高品质景区 150 元/人次，低品质景区 80 元/人次。如果双方都确知两个景区的内在品质，则高品质景区的门票应为 150～200 元(图 7.21(a)中的 180 元)，低品质景区的交易价格为 80～100 元(图 7.21(b)中的 90 元)。

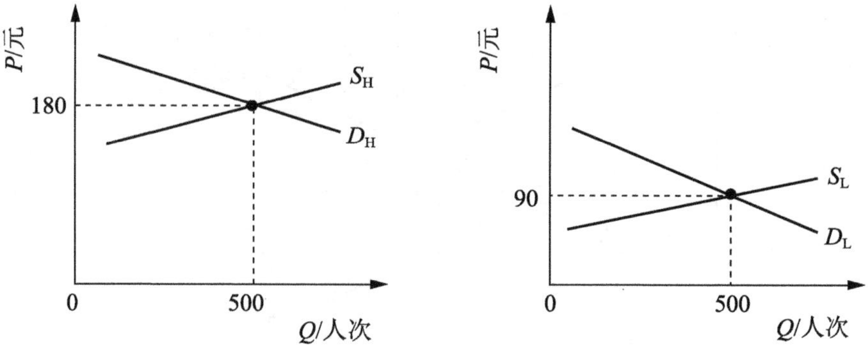

(a)高品质景区　　(b)低品质景区

图 7.21　完全信息旅游市场

然而，在实际生活中，景区经营者对于景区的品质比旅游者要清楚得多(旅游者只是在实际消费后才会知道其真实品质)。在旅游者不得不对可选择的景区品质进行猜测时，一般都会把所有的可选择对象看做“中等”品质，即旅游者认定景区是高品质还是低品质的概率是 0.5，则愿支付门票价格是：0.5×(150+80)=115(元)。

对这样的门票价格，景区经营者是否会接受呢？这时，低品质经营者愿意并将扩大规模增加接待量，而高品质景区则不愿意接受并将逐步减小规模。低品质景区将逐步地驱逐高品质景区。

对旅行社来说也是这样，在旅游者能分辨旅行社优劣的前提下，提供高质量产品和服务的旅行社才能赢得市场。但是，在旅游者不能分辨真假优劣的条件下，资质良好的旅行社就不能获得其应有的优势。大量信用低、规模小的旅行社争夺信用佳、规模大的旅行社的业务，这种状况的存在会使旅游者买不到优质的旅游产品，劣质旅游产品大行其道，形成“劣质服务驱逐优良服务”的状况。在这种情况下，旅游经营者为了达到短期营利的目的就会生产质量低的产品和服务，从而在旅游市场上形成不正当的竞争，形成旅游市场失灵，引发逆向选择。逆向选择可以用来解释为什么“零团费”“负团费”在旅游经济中大行其道。

案例 7.7

房价持续走低，海南酒店业面临考验，近一两年，海南旅游“负团费”现象愈演愈烈，全行业都以低于经营成本的价格运营来“填坑”和“填海”。酒店业的净房价一再跳水走低，一些以接待团队为主的酒店，五星、四星、三星的净房价被压到 60 元、40 元、30 元。非典过后，酒店业经营形势 2005 年比不上 2004 年，2004 年还比不上受非典重创的 2003 年。面对酒店房价年年走低，各地家庭旅馆的净房价倒一直平稳在 40 ~ 80 元。海南酒店市场中同样出现逆淘汰现象。海南酒店市场逆淘汰过程阶段划分见表 7-2。

表 7-2　海南酒店市场逆淘汰过程阶段划分

阶段	时段划分	产业特征	主要事实	逆淘汰过程	逆淘汰结果	评价
正常阶段	1988 年建省前	① 买方信息高度不对称，对产品评价高于卖方；② 酒店市场属于绝对的“卖方市场”，优质经营实体占主导；③ “零团费”尚未出现	旅游市场尚未较好激活，酒店市场仍维持相对合理的供需均衡	总体上，逆淘汰过程尚未开始	无	旅游市场尚未全面开启，未有明显逆向选择
初始阶段	1988 年建省前后	① 买方信息高度不对称对产品评价高于卖方；② 优质经营实体尚有较大比例，总体上仍处于“买方市场”；③ “正常团费”竞争模式占主导，“零团费”尚处于潜伏期，市场竞争风险和竞争压力相对较低	伴随着建大特区的热潮，大量社会资金投向酒店业	① 劣质酒店增多；② 国内旅游刚起步造成了买卖双方间的信息不对称，信息高度闭塞造成“买方弱势”；③ 逆向选择过程仍未全面展开	经营实体数量大量增加，产业集中度过低，酒店市场竞争强度逐渐加大	逆向选择条件基本具备，劣质社淘汰，优质社成为可能
继发阶段	20 世纪 90 年代房地产泡沫时期到 SARS 之前	① 买方信息不对称，但信息不对称程度下降，逐步认识劣质市场的转变，买方评价下降，仍高于卖方；② 酒店市场由“卖方市场”向“买方市场”转变；③ 旅游市场“零团费”竞争模式成型，经历了“正常团费”到“零利润”再到“零团费”的演化过程，市场竞争风险和竞争压力相对较低	伴随着建大特区的热潮，大量社会资金投向酒店业	① 劣质酒店增多；② 国内旅游刚起步造成了买卖双方间的信息不对称，信息高度闭塞造成“买方弱势”；③ 逆向选择过程仍未全面展开	经营实体数量大量增加，产业集中度过低，酒店市场竞争强度逐渐加大	逆向选择条件基本具备，劣质社淘汰，优质社成为可能
变异阶段	2003 年，后 SARS 阶段	① 买方信息不对称，买方评价持续下降，旅游市场变异；② 酒店市场已由“卖方市场”彻底变为“买方市场”；③ 旅游接待板块发生了质的变化，由单一的旅游饭店裂变为旅游饭店、家庭旅馆、非经营性房产、本地居民自有房产四大板块；④ “零团费”演化为“负团费”，市场竞争风险和竞争压力加大	海南保住“无非典”的健康岛、生态岛形象后，房地产复苏，大量资产投向宾馆酒店	①买方评价继续下降，市场处于全面的“卖方弱势”；② SARS 过后，旅游市场“旺丁不旺财”，竞争进一步恶化，“零团费”竞争演变为“负团费”竞争，旅行社向酒店市场转移风险的强度加大，优质酒店面临全行业的经营困境	经营困境	优质经营实体被驱逐，劣质市场均衡呈现雏形

(资料来源：王健生.海南酒店业面临考验[N]. 中国旅游报．2015，8，31.)

2. 旅游保险市场

下面以旅行社责任保险为例，来考查旅游保险中的非对称信息现象。旅行社投保责任保险，当发生责任保险事故后，保险公司代为旅行社承担理赔责任。假设旅行社责任保险事故发生概率是 1%，保险公司出售的保险单规定，如果发生责任事故，旅行社将得到 100 000 元的理赔(为简化起见，假定所有的理赔额均为 100 000 元)。如果保险公司出售了大量保险单，那么可以推断，有大约 1%的保险单持有者将会发生责任事故，并且都会从保险公司获得 100 000 元的赔偿，如果保险公司出售了 100 000 份保险单，那么有理由肯定大约有 1 000 份会获得赔偿。

因此，忽略管理和营销成本，该保险公司能负担的这种保险单的价格大约为 1000 元，因为它要售出大约 1000 份需要赔偿的保单。

对于这种情况，1 000 元的价格(保险费)在保险精算意义上是公平的。如果保险市场是竞争性的，保险公司间的竞争会把保险价格提到高于 1 000 元的某个水平(因为一家保险公司会有各种各样的成本。例如，出售保险单和处理赔偿的雇员的工资，还有为了保持偿付能力，保险公司需要留足保险费以支付赔偿)。但是购买责任保险的旅行社是回避风险的，这意味着它们在一个有 0.01 的概率损失 100 000 元和 0.99 的概率不受损失的赌博中愿意承担 1000 元的确定的损失。因此，存在保险市场能够发展的一组条件：保险公司能够提供在消费者可以接受的价格上的保险单。

实际上，每个旅行社发生责任保险事故的概率并不相同，虽然保险公司可以利用历史数据来估计平均概率，但要确定这一概率如何随旅行社的不同而变化，即使是可能的，往往也相当困难。在这类情况下，危险较高的旅行社(如经营特种旅游或高海拔地区旅游的旅行社)会发现 1 000 元的价格很有吸引力。由于他们遭受事故的概率超过了 0.01，他们的预期收益就要大于 1000 元，即大于保险价格。另外，危险较低的旅行社会觉得保险价格没有吸引力。结果，保险公司面对的是：旅行社中大多数来自高风险群体，换言之，保险公司将在全部潜在的旅行社群体中进行逆向选择。有较高风险的旅行社更可能购买保险，而保险公司在出售保险单时很难区分一个旅行社是高风险还是低风险。

由于购买保险的消费者都是具有高风险者，保险公司售出的保险单中需要赔偿的比例就比它所预期的要大。因此，为保持偿付能力，保险公司必须提高保险价格，这又会使更多的低风险客户不愿购买保险。其结果是，在保险购买者中，高风险客户的比例会变得更高，保险公司又得进一步提高保险价格，最终，会形成只有高风险的客户愿意购买这种保险。

似乎有一种很好的解决办法，保险公司只要对高风险客户收取比低风险客户更高的费用，即实行两种价格，这种问题就解决了。但是，这样做的前提条件是保险公司能够获得有关客户风险状态的全部信息，而这一点几乎是做不到的。

3. 逆向选择的治理

有什么办法解决逆向选择问题呢？有两种思路。

1) 信号传递

卖者通过一定的方式显示产品的真实品质。如果在一个信用极高的市场，买卖双方都以最大诚信为原则，卖者所标示的旧车质量就是车的真实质量。如果市场信用度不高，卖者可以通过付出一定的成本来承诺自己卖的是好车，如请相关部门做一个公证等。可见，逆向选择存在的基础就是信用的缺失。

在旅游市场中，逆向选择的结果是“低质量”的旅游企业驱逐“高质量”的旅游企业。如果“高质量”旅游经营者不甘心在竞争中处于劣势，它们就必须向旅游者传递一些信号来显示它们自己真实的实力。那么旅游企业的等级(品牌、信誉等)将是向旅游者传递信号的重要标志。假设旅游者接受“高质量”旅游企业的花费为 a_1，接受“低质量”旅游企业的花费为 a_2；“高质量”旅游企业每提升一个等级的成本为 c_1，那么提升 n 个等级的总成本为 nc_1；“低质量”旅游企业每提升一个等级的成本为 c_2，提升 m 个等级的总成本为 mc_2。一般情况下，“高质量”旅游企业每提升一个等级的成本比“低质量”旅游企业每提升一个等级的成本要低。因为旅游企业上升一个等级不仅要具有一定的“硬件”条件，如旅游企业设施设备的先进程度等，还要具有一定的“软件”条件，如企业的管理水平、综合能力等。“高质量”旅游企业的软件条件要比“低质量”旅游企业的“软件”条件好很多，因此其提升等级的成本比“低质量”旅游企业提升等级的成本要低，即：$c_1 < c_2$，则$(a_1-a_2)/c_2 < (a_1-a_2)/c_1$。假设“高质量”旅游企业提升为 L 个等级，恰好 L 在$[(a_1-a_2)/c_2，(a_1-a_2)/c_1]$内，即：$(a_1-a_2)/c_2 < L < (a_1-a_2)/c_1$，“高质量”旅游企业提升了 L 个等级带来的收益是 a_1-a_2，成本是 c_1L，净收益为 $a_1-a_2-c_1L$。由假设可知 $a_1-a_2 > c_1L$，即：$a_1-a_2-c_1L > 0$，那么就是说“高质量”旅游企业提升了 L 个等级后的收益是大于零的，也就是说“高质量”旅游企业提升等级对它们来说是值得的。而“低质量”旅游企业提升 L 个等级后的净收益为 $a_1-a_2-c_2L$，由假设可知 $a_1-a_2 < c_2L$，即：$a_1-a_2-c_2L < 0$，净收益小于零，这对“低质量”旅游企业来说提升 L 个等级是不合算的，因此它们更愿意维持原状。这样就可以将“高质量”旅游企业同“低质量”旅游企业完全区分开来了。要想改善旅游市场信息不对称的状况，减少逆向选择的不利影响，旅游产品生产经营者要向旅游者传递某些信号来让旅游者了解和认识到他们产品的优质，对旅游者做出正确的引导。不仅可以提升自己的竞争力，还可以在一定程度上驱逐假冒伪劣产品。旅游产品经营者向旅游者传递信号的方式有以下几种。

(1) 向社会公开承诺，提高服务质量。向社会公开承诺：保质、保量、假一赔百等。

(2) 品牌。品牌是品质的象征，品牌背后蕴含着产品各种明确的信息，有了品牌的产品能够在优劣混杂的旅游市场中脱颖而出。在旅游市场中比较成功的旅行社品牌有国旅、中旅、中青旅等。品牌的建立是需要长期不断地投入资金，因此这些产品会把建立品牌的成本打入产品价格中去，价格相对要比其他种类产品稍高一些。但对于旅游者来说，由于信息不对称的存在，他们很难在旅游市场中辨别旅游产品的质量，而品牌信号的传递使旅游者很容易找到优质的产品。

(3) 广告。广告是一种最为直接向旅游者传递信号的方式和手段。

(4) 品质等级，如 A 级景区、星级饭店等。

2) 信息甄别

买者设定不同的价格，这样就可能买到品质与价格较为相近的产品。高质量的旅游经营者(如旅行社)虽然处于信息优势，但由于逆向选择的原因往往使它们处于竞争劣势；旅游者因处于信息劣势而处于不利的选择境地。要解决逆向选择，减少信息不对称，只能通过高质量的旅游经营者和旅游者的努力来设计有效防范逆向选择的机制，达到降低信息不对称的目的。

信息甄别模型说明，委托人(不拥有私人信息的一方)可以提供若干个交易合同，供代理人(拥有私人信息的一方)选择。代理人会根据自己的私人信息选择一个最适合于自己的合同。委托人可以通过调整合同“筛选”拥有私人信息的一方，或者说，诱使代理人显示其私有信息。在旅游市场上，旅行社不知道旅游者的一些私有信息，如旅游者的性格、经济支付能力等。同时，旅游者不知道旅行社为他提供的服务是不是他所需要的，为事后旅游纠纷的发生埋下了隐患。旅行社为了避免旅游纠纷的发生可以利用信息甄别来获取旅游者的一些私有信息。信息甄别过程如图 7.22 所示。

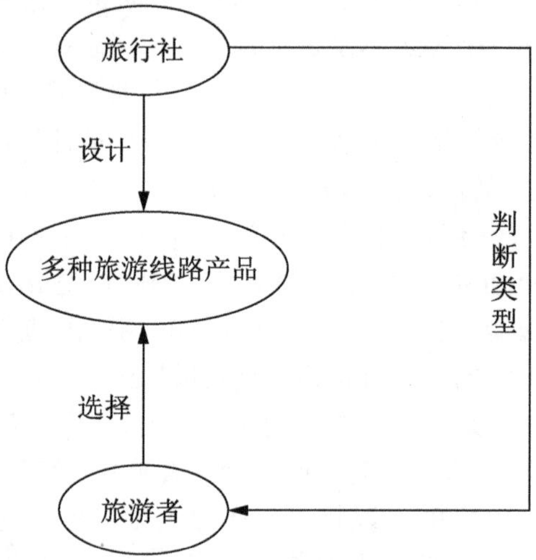

图 7.22 信息甄别过程

案例 7.8

迪士尼的信息甄别

2005 年 6 月 6 日《中国旅游报》刊登文章《迪士尼“霸王条款”打闷旅行社》：历来在景点面前处于主导地位的旅行社，近来却意外地在迪士尼那儿碰了一次壁。昨日记者获悉，将于 9 月开幕的香港迪士尼近日对旅行社开出“苛刻”的合作条款，昂贵的押金、捆绑销售和严格的操作规范，给满腔热情的旅行社当头浇了一瓢冷水。一时间，迪士尼在“强卖”，并被指责“不合行规”的说法甚嚣尘上，部分旅行社暂停了相关产品的预订。

上海中旅证实，由于票务问题未能解决，目前“不敢也不能接受游客到迪士尼游玩的预订”。旅行社抱怨最多的，是关于迪士尼对门票和酒店“捆绑”销售，以及收取高额押金的做法。据悉，旅行社从迪士尼拿酒店与门票的“套票”，可获得一定折扣；而若是单买门票，旅行社则无法获得折扣。更令旅行社望而却步的是，迪士尼要求旅行社交纳巨额押金，金额在 100 万元以上。此外，若预订有变化，还须提前 30 日告知迪士尼。这引起了不少旅行社的不满，认为收取巨额押金的做法既“不合行规”又增加了旅行社的营运风险。此前，只有航空公司、酒店在黄金周前后才会收取押金，而从未有景点收取押金的情况。另外，单拿门票无折扣相当于强迫旅行社购买“套票”，这些做法都让旅行社很难接受。有旅行社透露，迪士尼提出来的要求相当于“霸王条款”，几乎没有旋转的余地，旅行社不接受则失去了合作的可能。意欲寻求代理商，尽管迪士尼开的条件被业界频称“苛刻”，但仍有旅行社表示“可以理解”并安之若素。据透露，迪士尼提供了多种票务供应和结算方式，其中优先考虑代理商，每天保证代理商获得一定量的票，并有一定折扣，而非代理商则无法享受此优惠。关键是，并非所有旅行社都能成为迪士尼的代理商。在华东地区，迪士尼顶多找 3～4 家代理商，至于会花落谁家再过十来天就清楚了。消息灵通人士向记者表示，迪士尼的苛刻条件，对旅行社的实力、抗风险能力等起到一定程度的筛选作用。事实上，一旦被选定为代理商，迪士尼不仅为旅行社提供稳定的票务、一定的折扣，还将投重资帮助旅行社展开“捆绑宣传”。这对旅行社来说，绝对是件美事。香港迪士尼乐园的行为是不是“霸王条款”？首先，“霸王条款”的说法，旅行社方面的声音就不一致，有的旅行社对迪士尼的做法大加谴责，称其为“霸王条款”，有的旅行社却对迪士尼的做法安之若素。究其原因，旅行社看法的差异源于其资质的差异，优质旅行社可以接受迪士尼提出的条件，而且迪士尼的条件使它们在与劣质旅行社的竞争中占据主动，它们可以安然接受，劣质旅行社则不愿意接受迪士尼的做法，因为受资质所限它们无法满足迪士尼开出的条件，无法承担由于这部分投入而带来的经营风险。其次，迪士尼的行为之所以被称为“霸王条款”，主要是由于迪士尼所开出的条件。下面我们就来看看迪士尼开出的条件：①百万押金；②门票与客房捆绑销售才可获得折扣。“霸王条款”是一种非公平交易行为。

因此，迪士尼和旅行社之间进行的是一桩公平交易，交易带来的是双赢的结果。正因如此，不能够成为迪士尼代理商的旅行社才会如此不平，对迪士尼的行为大加抱怨。通过以上的分析，我们可以看出，迪士尼的行为并不是“霸王条款”，而是一种信息甄别行为，迪士尼通过其开出的条件，对其旅行社代理商的实力和抗风险能力起到筛选作用，从而遴选出合格的代理商。从这个案例中我们可以看出，信号传递和信息甄别是相辅相成的，信号传递使迪士尼获得必要的市场势力，这是迪士尼能够从容地设计对旅行社代理商的信号甄别机制的基础，而信号甄别机制的设计又维护了信号传递机制中传递信号的有效性，正如迪士尼的案例中，迪士尼的品牌传递出企业资质的有效信息，合理的旅行社代理商选择机制的设计又有效地保护了迪士尼的品牌形象。信号传递机制与信息甄别机制的结合形成有效的风险化解机制，既可防止由于事前信息不对称所引起的逆向选择，也可以防止由于事后信息不对称所引起的道德风险。

(资料来源：陈永 .基于信息部队称的旅游市场信号传递机制构建研究[D].
济南：山东师范大学，2007.)

7.4.2 道德风险——隐蔽行为问题

1．旅游经济中的道德风险

一个人的行为在购买保险之后可能会改变。当保险的购买者改变了他的行为，保险公司不知道人们会采取什么行为，以致所投保的不利事件发生，因此保险公司的赔偿概率就增加，道德风险问题便出现了。例如，购买了大量责任保险的旅行社可能就不那么小心防范责任事故的发生，因为已经得到很好的保险。其结果是，较之只购买了比较少的保险的人，他们就更可能发生责任事故。

道德风险并不仅仅是保险公司的问题，它也改变了市场有效配置资源的能力。例如，考查一个做旅游服务的汽车驾驶员购买保险以后的情形。在图 7.23 中，D 是对汽车每天行驶公里数的需求曲线，也是平均收益曲线(AR)，因为纵坐标成本为“元/千米”，所以 D 曲线也是边际收益曲线。需求曲线向下倾斜是因为随着行驶成本的提高，需求减少，有些人会改用其他交通工具。

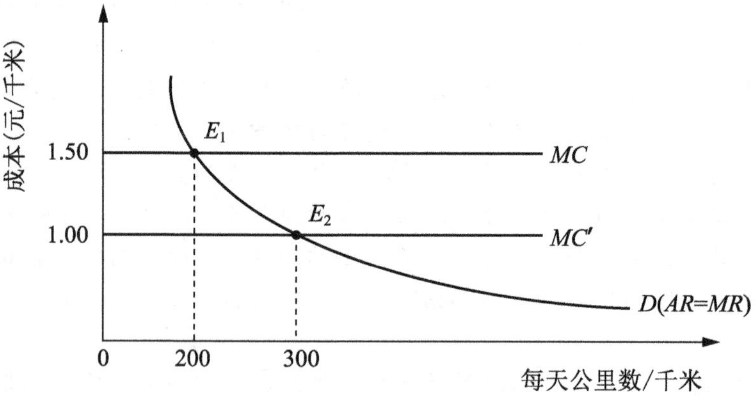

图 7.23 道德风险的效用

假设保险公司按公里数收取保险费，并且保险公司能够准确地衡量行驶过的公里数，那么一开始行驶成本就包括了保险成本，就不会存在道德风险问题，这时驾驶员知道行驶得多就会增加他的保险费。行驶的边际成本由 MC 给出，图 7.23 中每天的最佳效益由 $MR=MC$ 的交点 E_1 决定，每天行驶 200 千米是有效率的行程，每公里的边际成本为 1.50 元(其中 0.50 元是保险成本)。

事实上，保险是一次性购买的，并不取决于行驶的公里数，这时事故率的高低主要取决于驾驶员的驾驶习惯。而保险公司难以检查个人的驾驶习惯，结果就导致道德风险问题的出现。由于驾驶员的保险费并不随他行驶的公里数而变化，随着每天行驶公里数的增加，边际成本下降，驾驶员所看到的边际成本就低于 $MR=MC$ 所决定的 1.50 元。图 7.23 中，边际成本曲线 MC' 与 MR 的交点 E_2 决定的 1.00 元。额外行驶一公里的成本将变成 1.00 元，这时每天的行驶公里数就会从 200 千米增加到 300 千米的社会无效率水平。

无效率之所以产生，是因为保险之后，个人对活动的成本或收益的看法与真实的社会成本或收益不一样了。有了道德风险以后，驾驶员所看到的边际成本(MC')低于实际边际成本(MC)，从而每天驾驶的公里数就高于实际边际收益等于边际成本的有效率的水平。

2. 道德风险的治理

针对道德风险，约束与激励是两种并行不悖的手段。

1) 约束

约束的思路是经济行为的主体双方共担基于道德风险而可能产生的损失。如保险公司经常对一份保险单所负担的赔偿责任加以限制。例如，无论是旅行社责任保险还是旅游者的意外保险，保险公司都会明确保险赔付责任的最高限额。另外，还有一种被称为共同保险(co-insurance)的保险单，指保险公司的支付少于全部费用的100%，而持单人负担其余部分。例如，旅行社责任保险规定20%的共同保险率，这意味着保险公司只支付80%，而旅行社则支付20%的责任事故损失。

2) 激励

激励的思路是对避免发生道德风险的行为进行奖励。非常典型的是当没有发生保险事故时，保险公司会对下一期的保险费用给予折扣。再如，在旅游市场上，旅游产品消费的道德风险是在交易发生之后出现的，旅游者购买旅游产品之后，旅行社有意识地给旅游者提供不必要的或者是不合理的旅游服务——诱导需求。为了防止由于旅行社诱导需求的存在，导致过度旅游服务的出现，可以根据旅游者对旅行社及其导游所提供服务质量的满意度来对旅行社和导游进行评定，评出“优”和“差”。被“评优”的旅行社和导游，政府要进行奖励，被“评差”的要加大处罚力度。这样的激励机制不仅可以使各个旅行社和导游之间形成有效的竞争机制，还对旅行社保持高质量的服务具有一定的激励作用。

7.4.3 委托-代理问题

如果在一种制度安排中一个人的福利取决于另一个人的行为，那么委托-代理(principal-agent problem)关系就存在了。代理人(agent)是行为人，而委托人(principal)是行为影响的一方。在旅游企业，经理和员工是代理人，所有者是委托人。委托-代理问题就是指代理人为追求他们自己的目标，不惜以牺牲所有者的利益为代价。

代理关系在旅游经济中广泛存在。例如，导游人员作为旅行社的代理人进行服务，这样一来，他可能就以个人的偏好与利益而不一定以旅行社的目标来提供导游服务。同样，旅游企业的经理可能并不按照企业股东们的想法去管理企业。

不完全信息和代价高昂的监督管理是如何影响代理人行为的？什么样的机制可以使经理产生为业主的利益而努力工作的动力？这些问题是委托-代理分析的中心问题。

1. 委托-代理框架中的激励

旅游企业的员工和雇主之间的代理关系反映了他们之间存在的委托-代理问题。员工是为雇主工作的代理人，而雇主是委托人，雇主的福利依赖于员工的行为。但雇主要衡量一个雇员的工作努力程度以及这一工作在多大程度上与雇主的目标相一致，往往是不太准确的，这里存在信息不对称。员工对这些事情比雇主有更完全的信息，雇主可能没有关于员工的生产率的可靠数据。这可能导致员工在受雇之后产生隐蔽行为——偷懒。

雇主怎样才能设计出激励机制(incentive systems)，使员工的工作与雇主的目标相一致呢？现在考查一个旅行社负责外联工作的员工吕岩的情况。

第一种情况：如果吕岩努力工作，在她运气好的时候，每月给她的雇主创造 50 000 元的利润；如运气不佳，就只有 30 000 元的利润。

第二种情况：如果她不努力工作，在她运气好的时候，每月给她的雇主创造 30 000 元的利润；如运气不佳，就只有 20 000 元的利润。

吕岩的工资还没有从这些利润数字中减去，计算她给雇主创造的纯利润，还必须减去工资。因此，如果吕岩在某月创造了 30 000 元的利润，她的雇主就没有办法辨别她是工作很努力只是运气不好，还是运气好但工作不努力。即使她的雇主煞费苦心要监督她的行为，但可能费用太高，也很难找到一种准确度量工作努力程度的方法。

吕岩的雇主很想诱导她努力工作，因为这会增加厂商的利润。对此，可以设计出两种不同的工资支付方案。

第一种方案——固定月薪。不管吕岩为她的雇主创造了多少利润，她得到的都是每月 4 000 元。显然，这种支付方案不能诱导她努力工作。因为即使努力工作，她得到的也不会比不努力工作得到的更多。假设她在一月的销售中，运气好和运气不佳的概率各为 0.5，平均算来，在吕岩不努力的情况下，她的雇主可以预期她每月将创造的利润为

$$0.5\times30\,000+0.5\times20\,000=25\,000(元)$$

再从她所创造的这一总利润数中减去 4000 元的工资，她的雇主每月得到的平均净利润为 21 000 元，见表 7-3。

表 7-3　吕岩的两种工作支付方案　　单位：元

支付方案	吕岩的预期收入		吕岩的最大预期收入	雇主的预期利润
	努力工作	不努力工作		
1. 固定月薪 4 000 元	4 000	4 000	4 000	25 000-4 000=21 000
2.创造利润 50 000 时工资为 10 000，其他情况的工资为 2 000	6 000	2 000	6 000	40 000-6 000=34 000

第二种方案——奖励工资。如果吕岩创造了较高的利润，她就可以得到更多的奖励工资。方案设计为：月创造利润 20 000～30 000 元，工资为 2 000 元；月创造利润达 50 000 元，工资可达到 10 000 元。因为她在任何一个月都有 0.5 的好运气和不好运气的概率，可以预计，如果她努力工作，平均计算，她每月将得到：

$$0.5\times2\,000+0.5\times10\,000=6\,000(元)$$

如果她不努力工作，她每月只能得到 2000 元。因为不管她运气好还是不好，她每月只能创造 20 000 元或者 30 000 元的利润。

与第一种方案相比，现在吕岩就有努力工作的激励，因为她努力工作的月收入比不努力工作要高得多。她的雇主可以预计，平均算来，吕岩每月将创造的利润为

$$0.5\times30\,000+0.5\times50\,000元=40\,000(元)$$

再从这一总利润中减去 6 000 元的工资，她的雇主每月得到的平均净利润为 34 000 元，这比第一种方案要高得多。显然，在第二种方案下，吕岩和她的雇主的福利都得到了改善。

这个例子说明的重要一点是：当没有办法直接衡量员工投入的努力时，厂商采用奖金支付系统可以有助于诱导员工推进厂商的目标。当然，也可以采用其他激励系统。例如，吕岩的雇主建立一种利润分享系统，使吕岩将得到基本工资加上超出某一特定数量的利润的一个百分比。如果设计得当，这种系统也可以为吕岩的努力工作提供激励，并增加厂商的利润。

2．一体化公司内的非对称信息和激励设计

已经看到，企业的所有者和经理对于需求、成本和其他变量的信息是不对称的。还看到，经理如何设计奖励结构来鼓励雇员做出适当的努力。同样，所有者也能够设计工资结构来鼓励经理做出努力。

现在把注意力集中到一体化的公司——由几个部门组成的公司，每个部门都有自己的经理。有些公司是水平一体化的——几家企业提供相向或相似的产品，如国旅、中青旅等大型旅行社，它们的分公司都提供旅行社服务；有一些公司是垂直一体化的——“上游”部门生产原料、部件和零件，供“下游”部门用来生产最终产品，如港中旅，逐步形成了包括景区、饭店、旅行社等纵向一体的旅游集团。一体化公司内部仍然存在非对称信息问题。

在一个一体化公司内，不同部门的经理对关于他们经营成本和生产潜力的信息，比中央管理部门知道得多。这种不对称信息导致以下两个问题。

第一，中央管理部门怎样才能从部门经理那里得到关于部门经营成本和生产潜力的准确信息？

第二，中央管理部门应当用什么样的奖励或刺激结构来鼓励部门经理尽可能有效率地生产？部门经理是否应当按照他们生产的多少来取得报酬？如果是，如何设计合理的结构？

要弄明白这些问题，先来考查一家水平一体化的旅行社。这家旅行社有多家分社，每个分社的经理对他们生产能力的信息都比中央管理部门知道得多。旅行社的中央管理部门需要知道每个分社的真实的业绩水平，最主要的指标是各分社的游客接待量。

一个办法是，以各分社的经营利润为基础发给经理年薪。虽然这种年薪制可以使各分社的产出最大化，但是对那些本来成本就较高(如在北京、上海的分社，其房租成本与劳动力成本非常高)、利润较低的分社经理就不公平，即使这些分社的经营很有效率，这些经理的年薪也会比其他经理低。

另一个办法是询问分社经理有关他们的成本和旅游接待人次总数，然后根据他们的问答来发年薪。例如，每个经理将被询问他的分社每年的旅游接待人次总数，然后在年终，经理们根据子公司的实际接待量与这一目标的距离得到年薪。如果经理估计可行的旅游接待人次总数为 Q_f，那么，该年的年薪 B 就可能为

$$B=100\,000-50(Q_f-Q) \tag{7-1}$$

式中，Q 表示该分社的实际接待量；100 000 表示接待人次达到收入要求时的年薪；50 表示 Q 低于 Q_f 时减少年薪的系数。

然而，在这一方案下，分社经理就有可能低估他们分社的接待能力。通过自报一个低于真实的接待能力，即使没有效率地经营，他们也能较容易地得到大笔年薪。例如，一个经理估计他的分社一年的总接待量是 1 800 而不是 2 000，而实际的接待量只有 1 600，他的年薪就可从 80 000 元增加到 90 000 元。因而，这一计划没有能够得到有关生产能力的准确信息，并且不能保证子公司尽可能有效率地经营。

现在修改一下这一方案。仍旧询问分社经理们的产出能力，并且把他们的年薪与这一估计联系在一起。用一个比公式(7-1)稍微复杂一点的公式来计算年薪：

$$\text{如果 } Q^* > Q_f,\ B = 30Q_f + 20(Q^* - Q_f) \tag{7-2}$$

$$\text{如果 } Q^* < Q_f,\ B = 30Q_f - 50(Q_f - Q^*) \tag{7-3}$$

公式(7-2)中，参数(20、30 和 50)的选择，是使每个分社经理都具有透露真实可行的生产水平的激励，并使分社的实际接待量 Q 尽可能地大。

由图 7.24 可以明白这一方案的作用。假设实际的接待量极限是每年 Q^*=2 000。如果分社经理报告的可行的接待能力是实际接待量极限，他的年薪就由 Q_f=2 000 这条线给出，该线延续到产出超过 2 000 的地方以说明年薪计划(但用虚线表示的超过部分是不可行的)。当某一分社的接待量在其 2 000 的极限时，经理的年薪最大化，这时的年薪为 60 000 元。

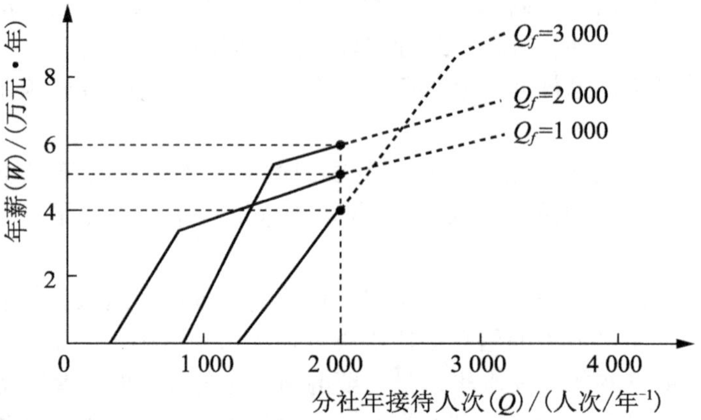

图 7.24 一体化公司的激励设计

然而，假定经理报告的可行的接待能力只是 1 000，则他得到的年薪由 Q_f=1000 的曲线给出。现在的最高年薪为 50 000 元，这个年薪额仍是以产出为 2 000 时得出的，但它比如实报告可行的接待能力 2 000 时得到的要少。

当经理夸大现行的接待能力时，同样的论证也适用。如果经理说可行的接待能力为每年 3000，年薪就由 Q_f=3000 的曲线给出。这时最高年薪为 40 000 元，这也是在产出为 2000 时实现的，它也比经理正确地报告可行的接待能力时所能得到的年薪要少。

本章小结

本章依据西方经济学的市场失灵理论，逐一介绍旅游经济中因为垄断、公共物品、外部性、非对称信息等引起的市场失灵的表现，不同类型市场失灵引起资源配置失效的经济学原理，以及针对不同类型市场失灵的治理方式。

复习思考题

一、填空题

1．可用________来描述历史建筑的保护修复对该地区旅游发展的影响。

2．如果上游度假村污染了下游居民的饮水，按照科斯定理，________且________，问题可妥善解决。

3．“搭便车”现象是________问题的一种形象的描述。

4．某一活动存在外部经济是指该活动的________。

5．公共产品的定价采用________方法。

6．通过税收或补贴来使外部性内在化，是指________。

7．如果一个旅游者在游览一个著名的景区时，他并不能阻碍另一个游客也同时欣赏那个景区，这种现象具体说的是________。

二、名词解释

1．市场失灵

2．公共物品

3．外部性

4．逆向选择

5．道德风险

三、简答题

1．简要说明旅游市场失灵的类型。

2．举例说明旅游经济中的共有资源，阐明其竞争性和排他性的特征，并提出解决过度使用的方法。

3．举例说明旅游经济中的负外部性及其治理方案。

4．举例说明旅游经济中的逆向选择及其治理方案。

四、案例分析与计算题

1．获得导游证的前提条件是参加并通过导游资格考试，学生可以从导游资格证备考服务中获得两种收益：第一，学到了有用的导游服务知识；第二，他们的考试成绩比其他学生更好。由于导游资格考试是竞争性考试，因此成绩的提高会给其他学生带来负外部性。假设该考试备考服务的市场需求函数为 $Q^d=30-P/2$，其中 Q^d 表示服务的数量，单位为百小时，P 表示每小时的价格。假设服务市场是完全竞争市场，市场的供给函数是 $Q^d=2P+30$，再假设备考的边际外部成本是 MEC=5+1.5Q。找出符合社会效率的备考服务水平、竞争均衡水平以及外部性带来的社会福利损失，并画图说明。

2．再次考虑一下题 1 中描述的导游资格考试市场，现在假设这一市场是垄断市场，仅有一个机构提供服务，厂商的边际成本曲线与题 1 中的市场供给曲线相同。比较垄断的产出水平与符合社会效率的产出水平的高低。计算垄断产生的社会福利损失，并画图说明。

3．有一家旅游度假村在不考虑对环境污染时可以得到 40 万元的利润，其治理污染的成本为 8 万元。如果该度假村所造成的污染只会影响到其附近的一个景区，该景区收入在环境不受污染时为 53 万元，在环境受到污染时为 33 万元。假设双方的谈判成本是无摩擦的，并且任何协议带来的收益都由双方平分。如果该度假村拥有污染权，双方将会达成怎样的协议？如果景区拥有使用良好环境的权利，双方又会达成什么样的协议？

4．依托公共资源的旅游景区，具有公共物品的属性，其开发一般也将会产生良好的正外部性，因此景区免费是众多人的呼声，国内也有一些景区进行了尝试，西湖景区是取得较成功的一例，但该免费政策似乎无法复制，龙门石窟景区在免费一段时间后不仅产生了严重的负外部性影响，游客量不升反降。查阅相关资料结合公共物品理论予以说明。

第 8 章　旅游产业结构与效益

学习目标

知识目标	技能目标
① 掌握旅游产业的概念与特征； ② 熟悉旅游产业的结构体系； ③ 掌握旅游产业优化的原则与准则； ④ 理解旅游产业关联的概念、方式与效应； ⑤ 掌握旅游产业效益评价的内容与指标体系； ⑥ 掌握旅游产业乘数效应的概念，理解旅游产业乘数效应的主要表现，了解旅游收入漏损的表现与原因。	① 能够对某地旅游产业发展的优化要求进行评价，并提出优化建议； ② 能够分析旅游产业的关联水平并进行评价，能够提出增强关联性的建议； ③ 能够对某地旅游产业发展的效益进行评价，并提出改进建议； ④ 能够运用乘数理论分析旅游企业、旅游地、旅游业的各种乘数效应。

知识结构

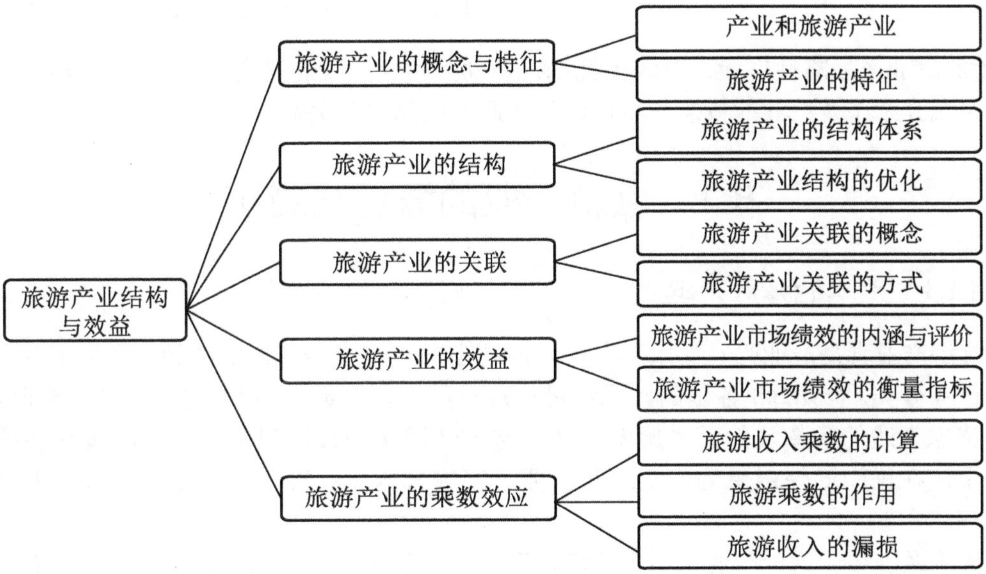

导入案例

世界旅行和旅游理事会(WTTC)《旅行经济影响权威报告》显示了全球旅游业对 GDP 与就业的直接与综合贡献，数据如下：

旅游业 GDP 直接贡献：2014 年旅游和旅行对 GDP 直接贡献达 23 648 亿美元，约占 GDP 比 3.1%；自 2015—2025 年将预计年均 GDP 贡献额提高 3.9%，2025 年贡献额达 35 932 亿美元，占比 3.3%。

旅游业 GDP 综合贡献：2014 年旅游和旅行对 GDP 综合贡献达 75 809 亿美元(占 GDP 比约 9.8%)，2015 年综合贡献额预计提高 3.7%，至 2025 年，年均 GDP 贡献额提升 3.8%，2025 年贡献额达 113 819 亿美元，占比 10.5%。

旅游业直接就业贡献度：2014 年旅游和旅行行业直接提供了 105 408 000 份就业机会，占全部就业的 3.6%。自 2015 年起，至 2025 年，将年均提高 2.0%，达到 130 694 000 份就业机会，占总就业的 3.9%。

旅游业综合就业贡献度：2014 年，旅游和旅行行业直接和间接提供 276 845 000 份就业机会，占全部就业的 9.4%。预计到 2015 年，该数字将提高 2.6%，达到 283 983 000 份。至 2025 年，将年均提高 2.3%，达到 356 911 000 份就业机会，占总就业的 10.7%。

(资料来源：WTTC.2015 全球旅游和旅行经济影响权威报告[DB/OL]. http：//www.pinchain.com/article/28373[2015-03-28])

“旅游业是战略性产业，资源消耗低，带动系数大，就业机会多，综合效益好”①，本章将系统介绍旅游产业的概念与特征、旅游产业的结构与关联。

8.1 旅游产业的概念与特征

8.1.1 产业和旅游产业

旅游产业真是产业吗？学术界在这一问题上一直存在着分歧和争论。在权威的《国际标准产业分类》(ISIC)和各国的国民经济产业分类中，很难找到“旅游业”或“旅游产业”这样特定表述的条款，然而“旅游产业”这一名词又频繁出现于政府的政策性和统计性文献中，在民间的使用更为广泛。我们要了解旅游产业经济学，首先应该对这个问题做出回答。

传统经济学认为，产业主要指经济社会的物质与服务产品的生产部门。一般而言，每个部门都专门生产和制造某种独立的产品，产业中的各个生产者企业生产相同产品，而产品是否相同是根据交叉需求弹性理论中的可替代性来限定的，如“农业”“工业”“交通运输业”等。由此可见，“产业”作为经济学概念，其内含与外延具有复杂性。旅游产业是指向旅游消费者提供异域体验性旅游产品的生产部门，是旅游生产企业的总和。

① 《关于加快发展旅游业的意见》国发〔2009〕41 号。

产业是随着社会分工的产生而产生，并随之发展的，是历史发展的产物。它以社会经济发展为背景，以分工和技术进步为契机。马克思曾经指出："单就劳动本身来说，可以把社会生产分为农业、工业等大类，叫做一般分工，把这些大类分为种和亚种，叫做特殊分工；把工场内部的分工，叫做个别分工。"这就说明，产业的分化和发展与分工有着密切的关系，分工的发展形成了许许多多的产业部门。人类从旧石器时代进入新石器时代，在新石器时代实现的畜牧业和农业的分离是人类历史上第一次社会大分工，其直接后果就是产生了人类社会的最初两个产业：农业和畜牧业。随着生产力的不断发展，在原始社会瓦解时期，实现了第二次大分工，形成了手工业和农业的分离。在奴隶社会初期，商业从农业、畜牧业和手工业中分离出来，实现了第三次社会分工，相应地形成了农业、畜牧业和商业等产业部门。从这一发展过程来看，产业由简单到复杂，由落后到先进，从传统产业发展到现代产业，大致经历了两个不同的阶段，即从产业革命开始的工业化阶段和产业的现代化阶段。18 世纪下半叶的工业革命，使工业走到了历史的发展舞台，农业的主导地位开始动摇，机器大工业已经形成了社会发展的主导力量。伴随着工业和手工业的分离以及工业内部特殊分工的形成，产业部门也迅速地发展起来。

在产业漫长的发展历史中，在不同历史时期和理论研究中，虽然都将其确定为经济学的范畴，但研究的重点不尽相同。在重农学派流行时期，产业主要是指农业。在资本主义工业产生以后，产业曾被用来专指工业，而我们所说的传统的产业概念就是在这个时期形成的。近代以后，随着社会生产力的发展和社会分工不断细化，特别是服务部门得到空前发展，出现了"经济服务化"的现象，导致以经济为中心的全社会各种物质生产活动和非物质生产活动日益紧密地结合起来。作为经济研究对象的产业，其范畴外延不断延伸和扩展，于是，凡是有投入产出活动的行为和事业都列入产业活动之内。

由此不难看出，产业是历史范畴，在社会生产力发展的不同阶段，由于社会分工的主导形式的转换和不断地向深层发展，以致形成具有多层次的产业范畴。因此，在界定产业时，不能忽视在微观经济与宏观经济之间多层次地形成产业的现象。另外，产业作为一个经济单位并不是孤立存在的，甚至是交叉和部分重叠，从而使全部产业成为一个有机的系统。

正因为如此，目前学术界一般是从如下几个方面规定产业这一范畴的：

(1) 产业是有投入和产出效益的活动单位。

(2) 产业是处于宏观经济与微观经济之间，从事同类物质生产或相同服务的经济群体。所谓"同类""相同"的含义是指：从需求方面说是指具有相互密切竞争关系的商品或服务；从供给方面说是指生产技术、工艺相近的物质生产和经济性质相同的服务业。

(3) 产业与社会生产力发展水平相适应的社会分工形式的表现，是一个多层的经济系统，如部门、产业、业种。

(4) 产业与产业之间存在着直接或间接的经济联系，整个产业构成一个具有函数关系的经济系统。

(5) 在实际分析产业问题时，应以一般分工和特殊分工形式所形成的多层产业活动为范围，根据不同的分析目的，对产业进行相应的组合和分类。

综合上述分析可以看出，"产业"作为应用性经济理论中的一个概念，人们对其边界界定的立足点与其说是理论上的严密性，不如说是现实的可用性。换言之，人们在确定“产业”划分的基准——企业某类共同特征时，是可以有选择性的，这种选择性服从于企业市场关系分析和社会再生产过程均衡状态分析的需要。同时，“产业”概念既是一个“集合”的概念，又是一个“细分”的概念，前者指具有某种同一属性的企业的集合，后者则是把国民经济以某一标准划分的产业，这样产业就形成粗细不均的若干层次。

旅游产业系统是凭借旅游资源和设施，为人们的移动消费提供行、住、食、游、购、娱等服务的综合体系。由于存在着旅游需求和旅游供给，也就存在着厂商的活动，同时也就存在着旅游厂商通过旅游供给来满足旅游者消费需求的经济活动。而且，不同的厂商向某一特定市场提供相似的产品和服务，这样各个厂商之间存在着竞争或合作的可能，从而满足了传统经济学中“根据交叉需求弹性理论中的可替代性来限定产品”的基本要求。

旅游产品的异域性、体验性与综合性，使得旅游产品的外延要比一般产业宽泛得多。若用向旅游者提供旅游服务或产品这一基准来论，旅游产业既包括旅馆(在我国现行的《国民经济产业分类与代码》中属K门类78大类)、旅行社和旅游公司(K门类80大类，统称为旅游业)等直接旅游企业以及旅游产业管理部门，也包括旅客交通运输企业(属G门类)、零售业(H门类64大类)、餐饮业(H门类67大类)、公共设施服务业(K门类75大类)、娱乐服务业(K门类81大类)、信息咨询服务业(K门类82大类)等部分为旅游者提供产品或服务的企业。

知识链接

师守祥等认为：从内涵上看，旅游业包括旅游产业和旅游事业，其中旅游产业是有关生产与销售的“经济概念”，即营利性的旅游部门的集合，旅游产业的根本目的在于通过对旅游的推动、促进和提供便利服务来从中获取收入，而旅游事业(包括政府部门、教育部门等非营利性机构)并非主要以发展经济为唯一目的。可以认为第一，旅游业的范围要大于旅游产业，并且包含旅游产业；第二，旅游产业范畴的界定应符合经济学规范，即从供给的角度界定看，旅游产业由旅游资源业、景观业和旅游销售业等组成。

(资料来源：师守祥. 旅游产业范围的界定应符合经济学规范[J]. 旅游学刊, 2007(11): 7-8.)

8.1.2 旅游产业的特征

旅游产业作为国民经济中诸多产业中的一个，基于旅游产品的特征性，该产业与其他产业相比较，具有三个方面的特征性。

(1) 旅游产业是一个以旅游者的异域体验活动为中心而形成的配置产业。从旅游产业的形成特点分析，旅游产业实质上是一个以旅游者的异域体验活动为中心而形成的配置产业。旅游产业涉及的范围是根据旅游活动的进行而演化形成的。旅游产业所规定的各个产业之所以成为旅游产业的组成部分，在于这些产业和企业都具有为旅游者提供服务的职能，凡是为旅游活动提供直接和间接服务的产业都是这个配置产业的组成部分。

(2) 旅游产业是一个跨地区、跨产业的产业。正是由于凡是为旅游活动提供直接和间接服务的产业都是旅游产业这个配置产业的组成部分，使得从范围来看，旅游产业是一个跨地区、跨产业的产业。其地区范围不仅包括旅游客源地和旅游目的地，也包括在两地的经济运动中存在的旅游通道，这样一种空间结合组成了旅游产业的空间体系。因此，旅游产业内部构造在地域空间上是一个“哑铃经济”的模型，是发生在旅游客源地的诸多经济现象和发生在旅游目的地的众多经济现象，客源地和目的地之间的经济联系体现了三者之间的矛盾运动。这表明了旅游产业具有宽泛的地区跨越性。

旅游产业所包含的产业要素范围是和旅游活动的形式相联系的。旅游产业要满足旅游者从居住地到旅游目的地的全部消费需要，涉及行、住、游、食、购、娱等多种需要，从满足社会的多个产业如交通运输业、饭店业、景区业、商业、饮食业、娱乐业、旅行社业等产业变成了旅游产业的组成部分。世界旅游理事会在旅游卫星账户(tourism satellite account，TSA)的统计中，把只要和旅游产业相关的各部门都划入了旅游业的范围中。不同的国家和地区在官方统计上对旅游产业所涉及的部门也不相同，在实践操作中也没有一个统一的标准。值得注意的是，虽然这些相关产业在旅游产业运行中承担的作用和各自的功用有所不同，但是在满足旅游者旅游需要方面是相同的。同时，我们也可以看出，旅游产业的相关属性也使得旅游产业的各部门和企业的经济职能缺乏统一性，有的部门和企业虽然是旅游产业的组成部分，但其主要职能并不是旅游经济的职能。

知识链接

2000 年 3 月，联合国统计委员会正式批准了世界旅游组织提交的《旅游附属账户：建议的方法框架》(简称“框架”)，使旅游业成为第一个拥有获得联合国首肯的国际性标准来测量和计量的产业。旅游卫星账户(表 8-1)又称为旅游附属账户，是一种宏观统计计量方法。它是以国民经济核算为统计基础，按照国际统一的国民账户的概念和分类标准，在国民经济核算总账户下所单独设立的一个子系统。通过编制这一账户，可以把由于旅游消费而引发的国民经济各行业中的直接和间接的旅游产出，从相关行业中分离出来单独进行核算，从而达到在国际统一的统计框架下对旅游经济进行全面测量和分析比较的目的。旅游卫星账户区别于传统的旅游统计体系，为各国提供了一个国际统一标准的计量方法，不仅大大提高了旅游统计数据的可信度和区域间的可比性，还能够准确全面地测度旅游经济在整个国民经济中的地位和作用，实现国际的可比和对旅游业经济影响的量化分析。

表 8-1　世界旅游理事会旅游卫星账户

主账户	副账户
交通运输业 住宿业 其他接待行业 娱乐业 其他相关服务等	餐饮 洗衣服务 汽油天然气供应 商品批发 印刷业 日常家用家具 金融服务 清洁服务 家具供应 安全服务 租车 制造 运输管理 旅游促销 造船 飞机制造 度假地开发 玻璃产品制造 计算机

8.2 旅游产业的结构

8.2.1 旅游产业的结构体系

结构是指事物(或系统)各组成部分的比例及构成的状况。凡有系统，必有结构，结构和系统是相互联系、互有区别的概念。结构存在于系统之中，系统由结构所组成，结构的性质特征及运行规律决定着系统的功能及特点。一个社会的经济是一个大系统，经济结构就是国民经济系统各组成部分的比例、构成及其相互联系、相互作用的内在形式及状况。

经济结构有广义和狭义之分。狭义的经济结构是指生产关系，而广义的经济结构则是把生产力和生产关系统一起来的社会经济结构。因此，广义的经济结构反映国民经济系统在总体上由哪些部门构成，具有哪些层次，要素的特点；反映各部门、各层次、各要素之间是怎样相互关联、相互结合地组成一个有机整体；反映国民经济系统内部及整体运动和变化的形式、规律及内在动力等。所以研究经济结构，有利于从经济系统的内在特征，动态地考查社会经济的运行过程和状态，从而揭示社会经济运动的规律和趋势。

旅游业是国民经济大系统中的一个子系统，具有其自身的结构。旅游产业结构，是指旅游业内部各组成部分的比例关系及其相互联系、相互作用的形式。

1．旅游产业部门结构

旅游部门结构，是指以食、住、行、游、购、娱为核心的旅游业内部各大产业间的比例关系，也就是旅游业的部门结构。由于旅游经济具有综合性的特点，从而决定了旅游产业结构具有多元化的性质。一般来讲，旅游业的主要产业是旅游交通、旅游饭店和旅行社，它们被誉为旅游业的三大支柱产业。但是，从旅游的六大要素看，旅游产业还包括旅游娱乐业、旅游商品的生产与经营部门、旅游资源开发与经营管理部门等。从更广的角度看，旅游产业还包括旅游教育培训部门、旅游研究和设计规划部门等。只有从大产业的角度来认识旅游产业结构，才能提高对旅游经济重要性的认识，从而确立旅游业在国民经济中应有的地位。

参考资料

旅游产业部门结构如图 8.1 所示。

2．旅游组织结构

旅游组织结构，是从生产关系角度研究旅游经济的所有制结构、企业规模结构和相应的经济体制结构等。

(1) 旅游经济所有制结构，反映了旅游业所有制关系的构成及比例。改革开放以来，我国旅游业最早与国际接轨，形成了以全民所有制为主体，集体、个体、外资所有制相结合的多种所有制并存的局面，从而推动了旅游业的迅速发展，繁荣了经济。因此，分析旅游经济的所有制结构特点、运行状况及发展趋势，既有利于坚持社会主义方向，又有利于不断改革开拓，促进旅游经济的进一步发展。

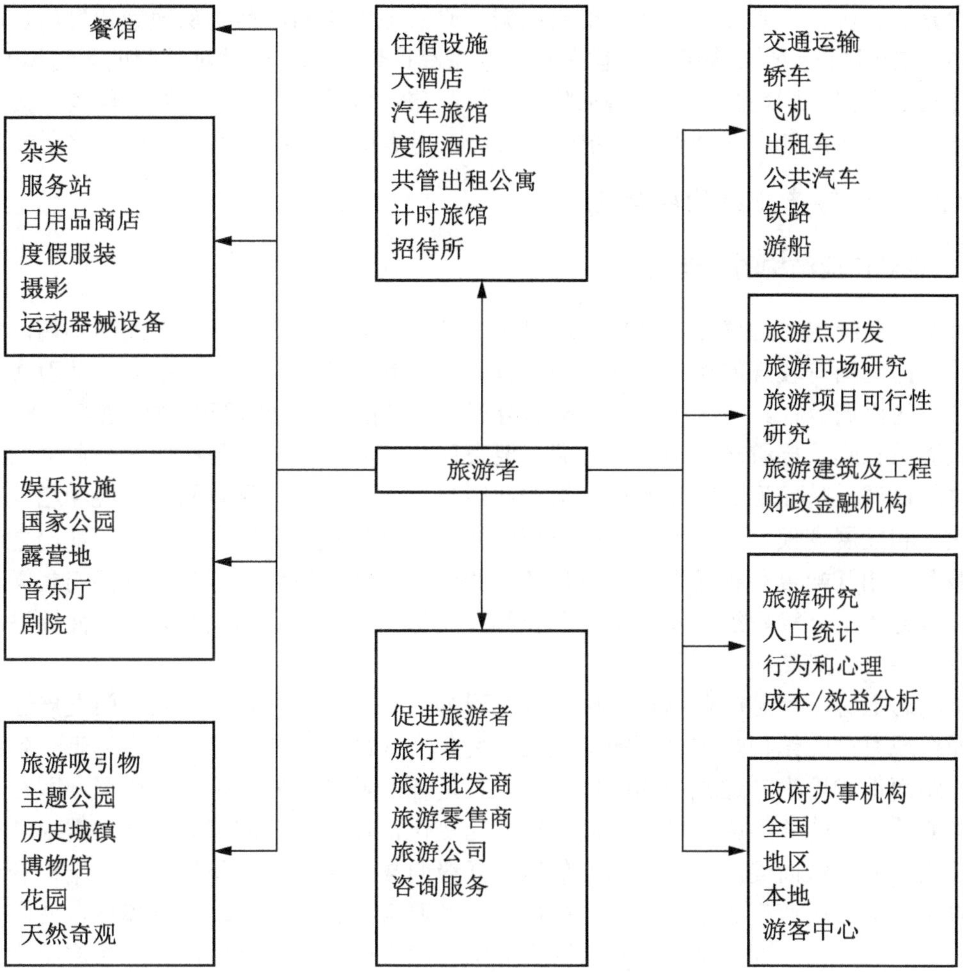

图 8.1　旅游产业部门结构

(资料来源：王大悟，魏小安. 新编旅游经济学[M]. 上海：上海人民出版社，2000.)

(2) 旅游企业规模结构，反映了旅游企业大中小结构比例和旅游企业集团化发展的状况。从国际旅游业发展的情况看，一方面，旅游企业大中小规模结构是由客观条件所决定的，是在市场竞争中，通过竞争淘汰、新建而逐步形成相对稳定的大中小企业规模结构；另一方面，旅游企业遵循集中化的市场竞争要求，逐步形成一些紧密型的企业集团，如饭店管理公司等，从而提高了旅游企业的竞争力和经济效益。

(3) 旅游经济体制结构，是从宏观角度所表现的有关旅游业的政策保障体系、产业管理体制及实施手段体系的状况。随着经济体制改革和我国旅游经济的发展，我国旅游经济体制正逐步形成以产业管理为主，集旅游政策保障体系、旅游法律体系和旅游宏观调控体系为一体的旅游经济管理体制。

3. 旅游地区结构

旅游业的发展总是在一定的地域空间内实现的，因此旅游地区结构的状况及变化，是进一步分析和认识旅游经济发展的重要依据。旅游地区结构，是指从地域角度所反映的旅游市场、旅游区的形成、数量、规模及相互联系和比例关系。通过对旅游地区结构的研究，不仅有利于掌握不同地区市场的需求状况、不同旅游区的特点及行为层次结构，而且有利于从宏观和中观角度进行合理的旅游产业布局，提高旅游经济的整体水平及综合效益。

8.2.2 旅游产业结构的优化

1. 旅游产业结构的合理化

旅游产业结构的合理化，是指在现有技术基础上旅游产业各部门之间的协调，即旅游产业各部门之间有较强的相互转换能力、有较好的互补关系及和谐的配合，从而实现整个旅游产业的协调运行。对旅游产业结构的合理化可从静态和动态两个方面进行分析。

从静态上看，旅游产业结构的协调主要表现在三个方面。一是旅游各产业部门之间相对地位的协调，从而形成有序的排列组合和明显的层次结构，具有相互适应和相互联系的增长速度和发展规模。二是旅游各产业部门之间关联方式的协调，使各产业部门之间能够相互服务、相互配合和相互促进。三是各产业要素之间的协调，即各产业部门之间在经营规模、服务水平、管理组织及劳动者素质等方面都相互适应、相互协调，从而促进旅游业综合生产能力的提高。

从动态上看，旅游产业结构的协调也表现为三个方面。一是各产业部门发展速度的协调，即在现有产业结构基本合理的基础上，使各产业部门的增长速度基本趋于一致，避免过大差距而造成再生产过程中的结构失衡。二是各产业部门发展阶段的协调，即在旅游产业结构变动中，能够适应市场消费需求结构的变化，使各产业部门的发展与需求结构的变化阶段相适应，从而促进产业结构不断地由低级向高级演化。三是旅游产业结构变动中的随机协调，即在旅游产业结构的演变过程中，既要考虑其发展的动态规律性，使产业结构的变化具有适应性；同时又要考虑旅游产业结构演变中的非常规性，加强对旅游产业结构的随机协调，从而在动态和随机的不均衡过程中促进旅游产业结构的协调。

2. 旅游产业结构的高度化

旅游产业结构高度化，是指旅游产业结构在合理化的基础上，充分利用科技进步和社会分工的优势，使产业结构不断地向资源深加工、产出高附加值化的方向发展，从而不断提高旅游生产要素的综合利用率，不断提高旅游经济的效益。具体来讲，旅游产业结构的高度化表现在以下几个方面。

(1) 产值结构高度化。即高需求收入弹性、高附加值的部门产出比例在旅游业总产出中明显提高，发展速度加快。

(2) 技术结构高度化。即科技进步在旅游产业结构运行中所起的作用明显提高；各产业部门之间的经济技术联系日益加强；产业分工不断细化，形成更加紧密的产业内部和外部的结构关系；技术进步对旅游经济的推动作用越来越强。

(3) 资产结构高度化。即资产结构适应旅游经济发展和需求结构变动而相应变动并合理化，产业扩展与收缩具有越来越强的连锁效应，产业规模经济的利用程度不断上升。企业组织创新加快，集团化的大规模竞争日益加剧，旅游产业结构变动的周期特征日益减弱。

(4) 就业结构高度化。即适应旅游经济发展的要求，就业规模增加；技术工人和脑力劳动的比例不断增加；就业结构变动的灵活性不断加强，旅游业的就业综合效应及带动力有较大幅度的提高。

(5) 经济运行高度化。即旅游产业结构对旅游市场需求的适应性显著增强，能够在基本满足各方面、各层次需求的条件下，从整体上保持旅游经济均衡、协调地运行。

3. 旅游产业结构合理化与高度化的关系

(1) 旅游产业结构合理化是高度化的基础。旅游产业结构高度化必须以旅游产业结构合理化为基础，只有先实现合理化，才能达到高度化。因为，产业结构高度化是相对稳定的，而产业结构合理化则是经常性的工作。只有当产业结构实现了合理化，其结构效益积累到一定水平之后，才能推进旅游产业结构向高度化发展。而当旅游产业结构未能实现合理化时，不可能向高一级水准产业结构推进，即无法实现旅游产业结构的高度化。

(2) 旅游产业结构合理化与高度化是相互渗透、相互作用的。旅游产业结构要实现高度化，必先实现合理化。但是，旅游产业结构的发展水平越高，对其结构合理化的要求越高，即高层次上的合理化。因此，旅游产业结构合理化也是一个动态发展的过程，即是不断调整旅游产业部门关系，增强其关联作用的过程。所以，一方面，旅游产业结构的高度化必须以结构合理化为前提；另一方面，旅游产业结构的合理化又是结构高度化发展的条件。

(3) 旅游产业结构合理化与高度化的目的不一样。通常，在旅游经济发展的不同时期或不同阶段，在产业结构不合理、结构性矛盾突出的情况下，就要对旅游产业结构进行合理化调整，缓解结构性摩擦，保证旅游经济稳定协调地发展。在产业结构基本协调，但需求结构变动大的情况下，产业结构调节的重点就应该是高度化问题，以提高旅游产业结构的转换能力。发挥结构的联动功能，促进旅游产业结构适应需求结构的变动而相应地变动及发展。

8.3 旅游产业的关联

产业关联理论是借助投入-产出表等对产业之间在生产、交换、分配上的关系进行分析的一种方法。旅游产业关联分析是用投入-产出表分析旅游产业与相关产业之间的关联关系的一种方法。

8.3.1 旅游产业关联的概念

1. 产业关联

产业关联又称产业联系，是指产业之间在经济技术上的数量比例关系，主要包括产业之间投入产出、供给需求的数量关系。产业关联的理论和方法主要是 20 世纪 30 年代美国经济学家列昂惕夫开创的投入产出经济学。它借助产业联系表(投入-产出表或列昂惕夫表)对产业之间在生产、交换和分配上发生的联系进行分析和研究，从而得出产业之间数量比例上的规律性。

2. 旅游产业关联

在旅游活动中，旅游产业与其他产业或部门之间存在的技术经济联系构成旅游产业关联。旅游的产业特性决定了旅游产业与其他产业的关联程度较高，一项旅游活动的完成需要多个产业的密切配合。因此，旅游产业与其他产业之间存在着密切的关系，具体表现在以下几个方面。

1) 产品和服务关联

旅游业以其他相关产业或部门提供的产品或服务为依托，如交通运输部门、住宿部门、餐饮业等。由于旅游活动在客观上涵盖了“吃、住、行、游、购、娱”六要素，这一特点就决定了它包容的物质产品内容非常丰富，进而决定了旅游活动可以直接带动和推进相关社会生产活动的不断深化和发展，这种高度的关联带动功能，使得旅游业无可取代地占据了一个产业群体的核心地位。在这个核心地位中，旅游业就好比一个晶体的晶核，对与之关联的建筑、交通、饭店、餐饮、娱乐、商贸、工艺美术以及工农业的许多产业都能起到直接或间接的带动作用。

2) 生产技术关联

科技是第一生产力。科学技术运用于旅游产业，同样会对旅游经济的发展产生巨大的推动力。例如，随着网络发展、信息技术革命，旅游业营销、旅游资源开发利用等通过新的生产技术，以更快的速度向前发展。

3) 投入产出关联

旅游业消耗其他产业部门的生产产品和服务，因此形成投入-产出关系，即以货币为媒介的等价交换。

4) 劳动就业关联

旅游业是劳动密集型产业，为社会提供大量就业机会。旅游活动涉及“吃、住、行、游、购、娱”等诸多产业，也就能在多种产业范围中创造和提供更多的就业机会。据统计，旅游业带动就业人口比例为1∶5左右，提供机会多，就业成本低，国家投入不大，经济效益显著。因此，从扩大就业、发展经济、稳定社会等积极意义方面着眼，旅游业无疑可以成为新的经济增长点。

5) 投资关联

旅游业的发展，要通过相关产业部门的协调发展来实现，这就需要一定数量的投资。旅游业要发展，需要进行必要的旅游投资，对旅游基础设施，如道路交通和饭店宾馆的投资，必定会带动相关产业如建筑产业的发展，这就是旅游投资乘数效应。旅游业具有较高的经济效益和较强的国际竞争力。旅游业是一个融劳动密集型产品、资金密集型产品、技术密集型产品于一体的综合性产业，因而在商品经济由低到高的发展过程中，可以在各个阶段同时并存，寻求发展，参与竞争。

8.3.2 旅游产业关联的方式

目前的产业关联方式可分为以下几种。

1．前向关联与后向关联

前向关联是指通过供给联系与其他产业部门发生的关联。当甲产业在经济活动过程中需吸收乙产业的产出时，对于乙产业来说，它与甲产业的关系便是前向关联关系。后向关联就是通过需求联系与其他产业部门发生的联系。对于旅游产业和相关产业而言，后向关联度要比前向关联度大，旅游产业需要从交通运输业、邮电通信业、金融保险业、信息技术服务等众多产业中得到产品、技术和服务的支持，这些产业部门的发展直接影响着旅游产业。

2．单向关联与环向关联

单向关联是指先行产业部门为后续产业部门提供产品，以供其生产，但后续产业部门的产品不再返回先行产业部门的生产过程。环向关联是指A、B、C、D等产业部门间，先行产业部门为后续产业部门提供产品，同时后续产业部门的产品也返回相关的先行产业部门的生产过程。在旅游产业中，旅游是由食、住、行、游、购、娱六大要素组成的，每一种要素所形成的产业或多或少都存在单向关联。同时旅游业是综合性的行业，产业部门间的联系是很复杂的，所有要素及其相关行业或部门形成蛛网式的关系。

3．直接关联与间接关联

直接关联是指具有直接的投入产出关系的各产业之间的联系；间接关联是指两个产业部门不发生直接的产品或服务联系，通过其他产业部门的中介才有关联。根据投入-产出表计算直接消耗系数和资金消耗系数，分析制定产业发展规划。由直接消耗系数和资金消耗系数反映产业之间直接关联和间接关联关系。前向、后向、单向、环向关联中相邻两个产业之间的联系都是直接关联。

参考资料

崔峰等采用消耗系数来反映前向关联，它包括直接消耗系数与完全消耗系数。直接消耗系数用公式表示为

$$a_{ij} = x_{ij} / X_j (i, j = 1,2,3,\cdots,n) \tag{8-1}$$

式中，x_{ij} 为第 j 产业部门生产经营中直接消耗的第 i 产业部门的货物或服务的价值量；X_j 为第 j 产业部门的总投入；a_{ij} 为直接消耗系数，它从直接消耗的角度刻画了 j 部门对 i 部门的直接依赖度或牵引作用，a_{ij} 值越大，表明某产业对其他产业的直接需求越多，直接拉动能力也越强。完全消耗系数用矩阵形式表示则为

$$\boldsymbol{A} = \boldsymbol{Q}\boldsymbol{X}^{-1} \tag{8-2}$$

式中，$\boldsymbol{Q}$ 为投入-产出表中第Ⅰ象限中间产品流量数据矩阵；$\boldsymbol{X}^{-1}$ 为社会总投入对角矩阵逆

矩阵；*A* 为直接消耗系数矩阵，反映了投入–产出表中各产业部门间技术经济联系和产品之间的技术联系。

浙江省旅游业对各产业部门的直接消耗系数和完全消耗系数见表 8-2。

表 8-2　浙江省旅游业对各产业部门的直接消耗系数和完全消耗系数

产业部门	直接消耗系数	完全消耗系数	产业部门	直接消耗系数	完全消耗系数
旅游业	0.393 6	0.649 2	卫生社会保障和社会福利业	0.000 87	0.004 39
交通运输及仓储业	0.313 0	0.581 9	水的生产和供应业	0.000 65	0.003 25
住宿和餐饮业	0.089 6	0.159 5	农业	0.000 63	0.078 34
信息传输计算机服务和软件业	0.018 7	0.050 7	教育事业	0.000 34	0.002 49
金融保险业	0.013 9	0.067 0	通信设备计算机及其他电子设备制造业	0.000 31	0.024 81
电力热力的生产和供应业	0.011 6	0.086 2	仪器仪表及文化办公用机械制造业	0.000 21	0.011 89
服装皮革羽绒及制品业	0.005 3	0.025 2	其他社会服务业	0.000 19	0.016 37
交通运输设备制造业	0.004 7	0.071 5	金属制品业	0.000 12	0.017 95
文化体育和娱乐业	0.004 1	0.010 7	非金属矿物制品业	0.000 10	0.010 94
食品制造及烟草加工业	0.004 1	0.080 7	电气机械及器材制造业	0.000 03	0.025 15
石油加工炼焦及核燃料加工业	0.003 4	0.145 6	其他制造业	0.000 00	0.004 93
化学工业	0.003 3	0.121 1	石油和天然气开采业	0.000 00	0.119 11
房地产业	0.002 5	0.007 6	金属矿采选业	0.000 00	0.006 55
租赁业和商务服务业	0.002 4	0.048 6	非金属矿采选业	0.000 00	0.001 04
造纸印刷及文教用品制造业	0.002 3	0.042 4	金属冶炼及压延加工业	0.000 00	0.066 49
煤炭开采和洗选业	0.002 0	0.026 9	废品废料	0.000 00	0.005 76
通用专用设备制造业	0.002 0	0.032 1	燃气生产和供应业	0.000 00	0.006 07
邮政业	0.001 6	0.004 3	建筑业	0.000 00	0.005 49
批发和零售贸易业	0.001 5	0.035 5	科学研究事业	0.000 00	0.001 45
纺织业	0.001 3	0.025 2	综合技术服务业	0.000 00	0.007 15
木材加工及家具制造业	0.000 9	0.009 2	公共管理和社会组织	0.000 00	0.000 00

采用分配系数来反映后向关联。直接分配系数计算公式为

$$r_{ij} = x_{ij} / (X_i + M_i)(i = 1,2,\cdots,n;\quad j = 1,2,\cdots,n,n+1,\cdots,n+q) \tag{8-3}$$

式中，当 j=1，2，…，n 时，x_{ij} 为第 i 部门提供给第 j 部门中间使用的货物或服务的价值量；当 j=n+1，…，n+q 时，x_{ij} 为第 i 部门提供给第 j 部门最终使用的货物或服务的价值量；q 为最终使用的项目数；M 为进口；X_i+M_i 为 i 部门货物或服务的总供给量(国内生产 +进口)。

r_{ij} 值越大，表明其他产业对旅游业产品的直接需求越大，旅游业的直接供给推动作用越明显。完全分配系数用矩阵形式表示为

$$D=(I-R)^{-1}-I \tag{8-4}$$

式中，D 为完全分配系数矩阵；R 为直接分配系数矩阵；I 为单位矩阵。

浙江省旅游业对各产业部门的直接分配系数和完全分配系数见表 8-3。

表 8-3 浙江省旅游业对各产业部门的直接分配系数和完全分配系数

产业部门	直接分配系数	完全分配系数	产业部门	直接分配系数	完全分配系数
旅游业	0.304 16	0.437 20	电力热力的生产和供应业	0.000 00	0.000 21
交通运输及仓储业	0.001 68	0.002 70	其他制造业	0.000 00	0.000 09
租赁业和商务服务业	0.001 12	0.002 53	石油加工炼焦及核燃料加工业	0.000 00	0.000 02
房地产业	0.000 67	0.001 01	燃气生产和供应业	0.000 00	0.000 00
住宿和餐饮业	0.000 33	0.000 57	农业	0.000 00	0.000 09
化学工业	0.000 14	0.001 08	石油和天然气开采业	0.000 00	0.000 00
电气机械及器材制造业	0.000 12	0.000 61	金属矿采选业	0.000 00	0.000 01
通用专用设备制造业	0.000 09	0.000 66	非金属矿采选业	0.000 00	0.000 04
纺织业	0.000 08	0.000 70	木材加工及家具制造业	0.000 00	0.000 11
仪器仪表及文化办公用机械制造业	0.000 07	0.000 24	废品废料	0.000 00	0.000 00
通信设备计算机及其他电子设备制造业	0.000 06	0.000 34	水的生产和供应业	0.000 00	0.000 01
造纸印刷及文教用品制造业		0.00 006	建筑业	0.00 000	0.00 075
服装皮革羽绒及制品业	0.00 006	0.00 073	邮政业	0.00 000	0.00 001
信息传输计算机服务和软件业	0.00 005	0.00 025	批发和零售贸易业	0.00 000	0.00 049
交通运输设备制造业	0.00 004	0.00 036	金融保险业	0.00 000	0.00 012
食品制造及烟草加工业	0.00 003	0.00 034	科学研究事业	0.00 000	0.00 000
煤炭开采和洗选业	0.00 001	0.00 001	其他社会服务业	0.00 000	0.00 005
金属冶炼及压延加工业	0.00 001	0.00 023	教育事业	0.00 000	0.00 008
金属制品业	0.00 001	0.00 025	卫生社会保障和社会福利业	0.00 000	0.00 007
非金属矿物制品业	0.00 000	0.00 026	文化体育和娱乐业	0.00 000	0.00 005
综合技术服务业	0.00 000	0.00 003	公共管理和社会组织	0.00 000	0.00 011

(资料来源：崔峰, 包娟. 浙江省旅游产业关联与产业波及效应分析[J]. 旅游学刊. 2010，25(3)：13-20.)

图 8.2　旅游产业是现代经济的重要组成

(图片来源：http://www.nipic.com)

直接投入引起的国民经济各部门的产出扩大将会继续引起各部门投入的再扩大，形成旅游业对国民经济各部门的间接影响和引致影响。这需要从旅游业完全投入的角度来研究旅游业对国民经济各部门的影响。

8.4　旅游产业的效益

8.4.1　旅游产业市场绩效的内涵与评价

旅游经济收益的构成如图 8.3 所示。

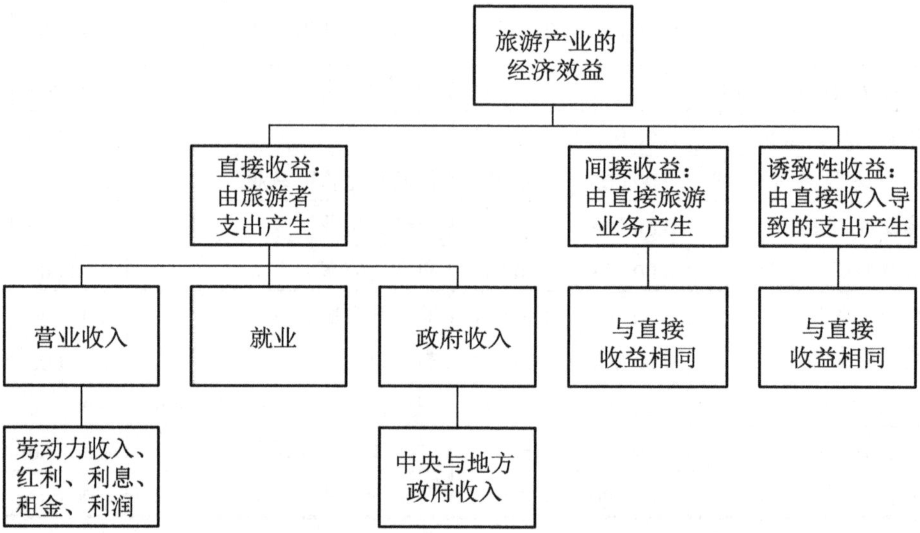

图 8.3　旅游经济收益的构成

市场绩效是指在一定的市场结构下，由一定的市场行为所形成的价格、产量、成本、利润、产品质量和品种以及在技术进步等方面的最终经济成果。市场绩效受市场结构和市场行为的共同制约，是市场关系或资源配置是否合理的最终标志，它反映市场运行的效率。

对市场绩效的评价，即判断一个产业或整个经济的绩效是“好”还是“坏”，是“高”还是“低”，取决于所设立的评价准则。

8.4.2 旅游产业市场绩效的衡量指标

1．收益率

收益率是一种衡量每单位货币投资盈利多少的方法。以下将解释经济利润与收益率之间的关系。收益率的正确计算可能很难，有时候还必须做出使最终结果发生偏差的折中。

收益率是利润的一种衡量方法。我们首先要区分经济利润与会计利润。经济利润是用收入减去机会成本，会计利润由会计使用标准会计原则来衡量。在计算收益率时，应该在计算任何收益率前调整会计利润以反映经济利润。

经济利润与会计利润间存在着几个重要的区别。主要的区分是关于长期资本资产，如工厂与设备。经济利润等于收入减去劳动力、原材料和正确衡量的资本成本。收入、劳动力成本和原材料成本的衡量一般来说是容易的。问题是衡量年资本成本。若所有的资本资产是租赁得来的，年资本成本等于年租赁费用。总租赁费用等于每单位租金率乘以资本单位数，即恰当的资本成本衡量方法是流量(每一时段租赁资本的价格)而不是存量[持续许多时段的资本(如机器)的成本]衡量方法。如果存在发展良好的租赁市场，如二手设备的租赁市场，计算资本的相关租金率和经济利润就较容易。当租金率不是现成可得时，经济学家必须在计算经济利润前明确算出租金率。

在计算用以决定长期经济利润的内含资本租金率的过程中，资本资产应以重置成本估价。重置成本是购买可比质量资产的长期成本。若资本以重置成本估计，那么低收益率便是不应有新的资本进入产业的一个信号。这并不意味着厂商应停产或厂商在过去的投资决策中犯了错误。例如，一家在机器便宜时购买机器的厂商根据重置成本可能获得一个低收益率，但它就其最初购买而言仍享有大额利润。一个高的收益率是新资本应进入产业的一个信号。

研究者经常用经济利润除以厂商的资本价值，以获得资本的一个赚得的收益率。这一收益率是控制厂商间资本差异的盈利能力的衡量。经济利润、资本的赚得等收益率和资本租金率间存在着密切的关系。展开这一关系需要了解资本的租金率，在设备提取折旧后，租金率必须能向资本所有者提供某一特定的收益率。

折旧是在资本使用期间经济价值的降低。例如，如果你以每年 1000 元出租你的房屋，而房屋的损耗是每年 300 元，那么折旧就是 300 元，而考虑到折旧后你的净年租费为 700 元。如果房屋最初值为 10000 元，那么你的收益率为 7%，折旧率为 3%。对投资者关系重要的是减去折旧率后的收益率。因此，租金率可表示为赚得的收益 r 加上折旧率 δ。下面讨论收益率的计算方法。利润为：$\pi=R-$劳动力成本$-$原材料成本$-$资本成本。这里，R 是收入，资本成本是资本的租金率乘以资本价值。资本价值是 $P_K K$，其中 P_K 是资本价格而 K 是资本量。如果租金率为$(r+\delta)$。那么利润为：$\pi=R-$劳动力成本$-$原材料成本$-(r+\delta)P_K K$。赚得的收益率是使经济利润为零的那个 r。令 $\pi=0$ 并解上式中的 r，得：

$$r=\frac{R-\text{劳动力成本}-\text{原材料成本}-\delta P_K K}{P_K K} \tag{8-5}$$

因此，赚得的收益率是净收入除以资产价值，这里净收入等于收入减去劳动力成本减去原材料成本减去折旧。

2. 价格-成本加成

为了避免有关收益率计算的问题，许多经济学家使用一种不同的方法来衡量厂商业绩，这就是勒纳指数，即：价格-成本加成[$(P-MC)/P$]。价格-成本加成是将价格 P 和边际成本 MC 的差额作为 P 的分子而得到的。由于会计收益率与价格-成本加成间的相关程度可能相对较低，这两种业绩衡量方法的使用存在着差异。

经济学原理告诉我们，利润最大化厂商的价格-成本加成等于厂商面临的需求弹性 ε 的负倒数

$$\frac{P-MC}{P}=-1/\varepsilon \tag{8-6}$$

竞争性厂商的定价为 $P=MC$，这是因为它的剩余需求的价格弹性为负无穷。

不幸的是，由于边际成本的数据很难获得，因此许多研究人员运用价格-平均可变成本加成而不运用合宜的价格-边际成本加成。其对价格-平均成本加成的近似方法一般是用销售收入减去工资、再减去以销售额平均的原料成本。也就是说，倾向于忽略资本、研究和开发及广告成本。

这种方法可能导致严重偏差。假设边际成本固定不变且给定为

$$MC=v+(r+\delta)P_K K/Q \tag{8-7}$$

式中，r 为竞争性收益率，δ 为折旧率，而生产 1 单位产出 Q 所需的劳动力和原材料成本是 v。方程描述了一项需要 K/Q 单位的资本(每单位资本的成本为 P_K)来生产 1 单位的产出的技术。但是，使用 v 来替代边际成本将导致严重偏差，这可通过将式(8-7)中的 MC 代入式(8-6)看出：

$$(P-v)/P=-1/\varepsilon+(r+\delta)P_K K/(PQ) \tag{8-8}$$

因此，$(P-v)/P$ 与正确的衡量 $(P-MC)/P=-1/\varepsilon$ 相差方程式(8-8)中的最后一项 $(r+\delta)P_K K/(PQ)$，这一项是资本的租金价值除以产出的价值。

3. 托宾 q

另一种业绩衡量方法——托宾 q(*Tobin q*)，是一家厂商资产的市场价值(通过其已公开发行并售出的股票和债务来衡量)与这家厂商资产的重置成本的比率。这一业绩衡量方法既没有收益率也没有价格-成本加成。若一厂商比以重建成本为基础的价值所值更多，那么它赚得超额利润。这些利润远远超出了使厂商留在产业中所必需的利润水平。

使用托宾 q 的优点是避免了估计收益率或边际成本的困难。另外，为了使 q 具有意义，厂商资产的市场价值和厂商资产的重置成本都需要精确的衡量。

为了获得一家厂商资产市场价值的精确估计，通常可能的方法是加总厂商已发行的证券(如股票和债券)的价值。获得厂商资产重置成本的估计要困难得多，除非存在二手设备市场。而且，广告及研究和开发的费用产生了难以估价的无形资产。构造托宾 q 的研究者们通常在他们的计算中会忽略这些无形资产的重置成本。由于这一原因，q 通常大于 1。相应地，使用 q 来衡量市场力量而不做进一步的调整将是误导性的。

如果能够正确计算托宾 q，就可以确定垄断厂商超额索价的程度。为了做到这一点，必须计算 q 等于 1 时要降低多少收益(除去资本收益)。例如，令 e_m 为一垄断厂商固定不变的年收益，e_c 为竞争厂商固定不变的年收益。资产市场价值与其重置成本的比 q 等于 e_m 与 e_c 的比。例如，若 q 等于 2，在厂商索取竞争价前其收益必须降低一半。

8.5 旅游产业的乘数效应

8.5.1 旅游收入乘数的计算

在考查旅游收入对经济的影响时，常常用到乘数效应。旅游收入经过初次分配和再分配，可以发现旅游收入对经济的影响要比旅游收入本身大得多。究竟旅游收入的影响有多大，乘数效应可以获得大致的数据。

经济学上的乘数是指某经济量的单位变化而引起其他经济量的最终变化。乘数又称为倍数，其基本公式为

$$M = \Delta R / \Delta I \tag{8-9}$$

式中，M 为乘数；I 为自变量；R 为收入量。

这个理论同样可以应用到旅游经济中。当一个国家或地区获得一笔旅游收入 100 元(为增量 I)，在初次分配时，增加的收入量是 100 元；若拿出 80 元进行第 1 次再分配(获得的这 100 元并不是放在口袋里就结束了，我们将其中的一部分再进行消费，即进行再分配)，增加的收入量为 80 元；其后拿出 64 元进行第 2 次再分配，又增加了 64 元收入……最终带来数倍于这笔旅游收入的国民收入增加量的现象，即为乘数效应，又称为增值效应。

旅游收入乘数效应的实现必须以一定的边际消费倾向为前提。边际消费倾向(MPC)表示在收入中拿出多大的比例来再增加消费，如从 100 元中拿出 80 元来进行消费，则边际消费倾向为 80%或 0.8。旅游收入的边际消费倾向一般认为是从收入中拿出多大的比例在本国或本地区进行再分配，只有这部分收入在本国或本地区经济系统中继续运转，对经济产生影响，而那些不参与再分配或不在本国、本地区流动的部分对经济产生的影响极小。

旅游收入的每一次分配都可以看成是一次循环。假定旅游收入为 100 元，每次循环的边际消费倾向为 80%，则旅游收入初次分配 R_1＝100 元。

第 1 次再分配　R_2＝100×0.8(元)

第 2 次再分配　$R_3=100\times0.8\times0.8$(元)

第 3 次再分配　$R_4=100\times0.8\times0.8\times0.8$(元)

…

第 n 次再分配　$R_n=100\times n(0.8)$ (元)

那么 $\Delta R=\sum_{i=1}^{n}R_i=500$ 元，乘数 $M=\Delta R/\Delta L=500/100=5$。

当每次循环的边际消费倾向(MPC)为一常量时，则乘数可以用下式表示(可从以上分析中导出)：

$$M=\frac{1}{1-\text{MPC}} \tag{8-10}$$

因此，当边际消费倾向为 80%时，乘数 $M=1/(1-0.8)=5$。

在计算出旅游收入乘数之后，就可以知道旅游收入对经济的影响。一个国家或地区增加一笔旅游收入，所引起的经济增加量是旅游收入的 M 倍。

8.5.2　旅游乘数的作用

旅游收入对国民经济的不同侧面的影响，有以下几种常用的乘数模式。

(1) 营业收入乘数。该乘数是指增加单位旅游营业收入额与由此导致的其他产品营业总收入增加额之间的比率关系。它表明一地区旅游业的发展对整个地区营业收入的影响。

(2) 居民收入乘数。该乘数是指增加单位旅游收入额与由此导致的该地区居民总收入额之间的比率关系。它表明一地区旅游业的发展对整个地区居民收入的影响。

(3) 就业乘数。该乘数是指增加单位旅游收入所创造的直接与间接就业人数之间的比率关系。它表明一地区通过一定量的旅游收入，从而对本地区经济系统的连锁反应所导致的最终就业机会的影响。

(4) 政府收入乘数。该乘数是指每增加一单位旅游收入最终导致目的地政府收入的增加量，主要是税收和其他应缴款项的增加。它反映旅游收入对国家建设的作用。

(5) 进口额乘数。该乘数是指每增加一单位旅游收入最终导致目的地总进口额的增加量。它反映地区随着旅游经济活动的发展，向国外进口物质、设备等的增加量与旅游收入增量的关系。

应用乘数效应分析旅游收入对国民经济的影响时，存在以下一些局限性。

(1) 数据不足。从数学角度看，乘数在旅游收入循环无数次才能获得，而在现实中也需循环十多次才能接近实际的乘数，因此，每次循环的数据都必须获取才能确定最终的增加量。但在实际操作中是不可能做到的，因为在循环进行到第 3 次以后就有错综复杂的数据关系，难以准确把握。

(2) 边际消费倾向变化。如果用 $M=1/(1-\text{MPC})$来计算乘数，其中的 MPC(边际消费倾向)是当做一个常量来考虑的。但实际上，边际消费倾向在各企业、个人以及每一次循环当中都是不相同的，很难用统一的量来表示。

(3) 供给缺乏弹性。乘数理论假定了市场存在剩余的生产资料和消费资料，各企业的需求随时都可以得到满足。事实上，供给常常是缺乏弹性的。

参考资料

世界各地区和我国部分地区旅游就业乘数分别见表8-4和表8-5。

表8-4 世界各地区旅游就业乘数

地区	直接就业人数	间接就业人数	就业乘数
非洲	400	1 000	25
北美洲	1 000	2 400	24
拉丁美洲	1 200	3 100	26
加勒比地区	100	300	3
亚太地区	5 500	13 800	25
西欧	1 600	4 100	26
东欧	1 700	4 200	25
中东	200	600	3

表8-5 我国部分地区旅游就业乘数

地区	直接就业人数(%)	间接就业人数(%)	就业乘数	排序
广西	0.13	2.6	20	1
湖南	0.1	1.48	14.8	2
湖北	0.15	1.2	8	3
福建	0.2	1.1	6	4
山东	0.3	1.5	6	5
宁波	1.4	8.4	6	6
广东	3.2	18.88	5.9	7
河北	1.9	9.3	5	8
山西	0.4	2	5	9
内蒙古	0.1	0.5	5	10
辽宁	0.6	2.9	5	11
江苏	0.7	3.5	5	12
浙江	0.8	4	5	13
安徽	0.6	3	5	14
四川	0.08	0.4	5	15

续表

地区	直接就业人数(%)	间接就业人数(%)	就业乘数	排序
贵州	0.1	0.5	5	16
陕西	0.22	1.1	5	17
海南	3.3	11.6	3.5	18
北京	3.9	9.1	2.4	19
甘肃	1.1	2.4	2.2	20
宁夏	0.14	0.25	1.8	21
西藏	27	40	1.5	22

(资料来源：周玲强. 旅游产业整合提高竞争力研究[M]. 北京:航空工业出版社, 2005.)

8.5.3 旅游收入的漏损

从公式$M=1/(1-MPC)$可以看出，旅游乘数与边际消费倾向(MPC)有关，也与溢出目的国经济系统的收入流失部分(1−MPC)有关。边际消费倾向与目的国的经济发展水平存在着密切的联系。如果经济发展水平高，各种物质资料丰富，能够满足企业和个人各方面的需要，那么，收入的大部分将会用来购买本国、本地区的产品，边际消费倾向就大，乘数也大；反之，收入的一部分将会用来购买本国、本地区不能提供的产品，边际消费倾向就小，乘数也小。这些流失的部分称为漏损，不再在目的国的经济系统中循环。

对于旅游收入来说，其漏损主要是外汇损失，用来购买国外的设施、设备、原材料等。尤其是发展中国家，由于它们接待的是发达国家的游客，这些游客对硬件设施要求高，日常生活也要求与其国内生活保持一致。因此，需要从发达国家进口物资设备、原材料、食品、饮料、日用品、水果等，甚至支付外国管理费和职工工资，以及培训费、广告费、贷款及利息等。这些都需要用外汇去购买和支付，从而导致外汇的漏损比较大，乘数就变小。

可以看到，为了提高旅游收入对国民经济的影响，即提高乘数效应，必须减少漏损，增强自身的供给能力，尽量以本国、本地区的产品、设备、原材料和人才来满足旅游业发展的需要。

本章小结

本章介绍了旅游产业的概念和特征，说明了旅游产业的结构体系，阐释了旅游产业结构优化的要求，介绍了旅游产业关联的概念、方式和效应，介绍了旅游产业效益的内涵、评价方法和衡量指标，提供了旅游产业乘数分析的方法。

复习思考题

一、填空题

1．旅游乘数效应的形成必须以一定的________为前提。

2．旅行社在不同地区的配置情况，包括不同数量、规模、性质的旅行社在不同地区的布局特点以及区域内各旅行社的协作发展关系称为________。

3. 对国民经济相关产业的带动，一般通过计算旅游产业同其他产业的关联性________等指标来反映旅游业的重要作用。

4. 旅游经济效益是指________和________的比较关系。

二、名词解释

1. 旅游产业
2. 旅游产业结构
3. 旅游的乘数效应
4. 市场绩效

三、简答题

1. 说明旅游产业结构优化的标志与路径。
2. 说明旅游产业的绩效评价的方法。
3. 说明旅游产业的乘数效应的原理与应用。
4. 说明市场绩效的评价标准。
5. 说明衡量旅游企业市场绩效的指标体系与计算方式。
6. 试评价我国饭店业的市场绩效现状。
7. 说明产业关联和旅游产业关联的内涵。

四、案例分析与计算题

2014年11月13日，港中旅在上海召开新闻发布会，发布集团旅游产业发展战略和产业结构调整优化思路。港中旅旗下的香港中旅国际投资有限公司、中国旅行社总社、港中旅酒店公司同时发布了港中旅景区业务、旅行社业务和酒店业务的发展规划。港中旅总经理姜岩表示，港中旅从中国人自己创办的第一家旅游企业——“中国旅行社”起步，经过86年拓展发展成为包括旅游、地产、金融、钢铁、物流、电力等产业的多元化企业集团。多年来，港中旅始终坚持“旅游为本，主业优先”的战略，以“服务大众，创造快乐”为宗旨，以“诚信为本，追求卓越”为理念，致力于为旅游者提供优质、舒心、快乐的旅游产品和服务，旅游主业形成了香港、内地和海外一体化产业布局，业务涵盖旅行社、酒店、景区、在线旅游、旅游客运、旅游演艺、高尔夫等多个领域，是国内旅游产业链最为完整、服务要素最齐全、经营规模最大的企业集团之一，也是中国最大的旅游央企。

(资料来源：港中旅发布旅游主业新战略，优化产业结构[EB/OL].
http://travel.news.cn/2014-11/14/c_127 209 586.htm[2015-08-01].)

依据所学知识，对港中旅的战略规划进行评价。

参 考 文 献

[1] 迈克尔·帕金. 经济学[M]. 张军，等译. 北京：人民邮电出版社，2009.

[2] 曼昆. 经济学原理[M]. 6 版. 梁小民，译. 北京：北京大学出版社，2012.

[3] 和炳全. 微观经济学[M]. 重庆：重庆大学出版社，2003.

[4] 厉新建，张辉. 旅游经济学：理论与发展[M]. 沈阳：东北财经大学出版社，2002.

[5] 黄羊山. 新编旅游经济学[M]. 天津：南开大学出版社，2010.

[6] 罗明义. 现代旅游经济学[M]. 昆明：云南大学出版社，2008.

[7] 许南垣. 现代旅游经济学：学习指导、练习与案例[M]. 昆明：云南大学出版社，2010.

[8] 李卉妍，王浩. 旅游经济学[M]. 北京：电子工业出社，2009.

[9] 魏翔. 旅游经济数量分析方法[M]. 天津：南开大学出版社，2009.

[10] 罗明义. 旅游经济分析：理论·方法·案例[M]. 昆明：云南大学出版社，2010.

[11] 吕宛青. 旅游经济学[M]. 北京：科学出版社，2009.

[12] 张辉. 新编旅游经济学[M]. 天津：南开大学出版社，2007.

[13] 王起静. 旅游产业经济学[M]. 北京：北京大学出版社，2006.

[14] 唐留雄. 现代旅游产业经济学[M]. 广州：广东旅游出版社，2001.

[15] 宁泽群. 旅游经济、产业与政策[M]. 北京：中国旅游出版社，2005.

[16] 陈楠，乔光辉，刘力. 出境游客的旅游风险感知及旅游偏好关联研究——以北京游客为例[J]. 人文地理，2009(6):97-102.

[17] 戴斌，束菊萍. 旅游产业关联：分析框架与北京的实证研究[J]. 北京第二外国语学院学报，2005(5):13-21.

[18] 陈永昶. 基于信息不对称的旅游市场信号传递机制构建研究[D]. 济南：山东师范大学，2007.

后　记

为了适应旅游业在国民经济中地位的不断提升，旅游消费日渐成为大众化消费的发展趋势，北京大学出版社组织编写了《旅游经济学》一书。本书依据经济学的规范体系，将经济学理论与方法引入旅游领域，回归“旅游”“经济”学科的本义和学科要求，并以旅游行业实际需要为出发点，突出理论规范性、应用实践性、大众通俗性、前沿新颖性。本书遵从学生认知的规律，通过“结合实际案例的理论介绍——参考数据与研究成果——问题解答”的基本路径，增强教材对学生学习的支撑力。本书密切关注旅游经济研究的新成果以及我国旅游业发展的实际，适应旅游经济发展的现实需求。本书依照教材编写规范，在每章开始明确教学要点，并在相关理论说明之后附有实际参考数据、研究成果等，便于学生理解知识、把握重点、掌握方法，在每章最后均有本章小结以及复习思考题，以帮助学生深入了解该章内容，强化理解。

编者在撰稿过程中参阅了大量专家、学者的优秀成果，虽列出了参考文献，但也难免挂一漏万，敬请见谅。本书出版得到北京大学出版社刘蒨老师的大力支持与帮助，在此一并致谢！

本书中使用的部分图片资料来源于网络，因各种原因未能一一联系原作者，相关人士请与作者联系(邮箱：490038542@ qq.com)。

由于时间仓促，加之编者水平所限，书中难免会有缺陷和疏漏之处，敬请读者及同人批评指正，以便在以后的使用中不断补充完善。

编　者